Verbrechensaufbau

阶层犯罪论的构造

车浩 著

法律出版社
LAW PRESS·CHINA
北京

车浩

北京大学法学院副教授，博士生导师。教育部首批青年长江学者。国家“万人计划”青年拔尖人才。北京大学博雅青年学者。主要研究方向为刑法学。

在《法学研究》《中国法学》《中外法学》等期刊发表论文数十篇。在《人民日报》《南方周末》《中国法律评论》等报刊发表评论数十篇。主持国家社科基金、教育部人文社科基金等课题项目。兼任北京大学刑事法治研究中心副主任、《刑事法判解》执行主编、北京市检察院检察改革与发展研究中心高级研究员等学术职务。曾获教育部高校科研优秀成果奖、北京市哲学社会科学优秀成果奖、董必武青年法学成果奖等科研奖励。曾获北京市优秀教师、宝钢优秀教师奖、北大正大教师奖等教学奖励。

出版说明

放在读者面前的这本书，凝聚了我近年来对于阶层犯罪论体系的思考。

过去十多年间，中国刑法学发生了剧烈而深刻的知识转型。若为此选出两个最具有代表性的关键词，则非“犯罪论体系”与“刑法教义学”莫属。其中，围绕着犯罪论体系，展开了对转型最具有实质性贡献和象征意义的学术争鸣；而法教义学，则意味着这场知识转型的方法和方向。我读博伊始，便一脚踏进了这一波澜壮阔的转型期。亲历其中，犯罪论体系的问题始终萦绕心头，记录点滴心得，遂成此书。

刑法的知识转型，首先是指刑法总论的知识转型。而要实现刑法总论的知识转型，先要建立一个合理的犯罪论体系。“这种体系性思考可以分为两个方面：一是针对犯罪论体系进行的思考；二是根据犯罪论体系进行的思考。”[1]本书以阶层犯罪论体系的构造为主题，分上下两篇，分别探讨了这两方面的内容。

上篇共四章，分别从历史、话语、逻辑和功能四个角度，整体性地考察在中国语境下引入阶层犯罪论体系的境遇、理由和前途。第一章是“犯罪论体系的历史钩考”。自晚清变法修律起，中华法

---

〔1〕 陈兴良：《刑法的知识转型（学术史）》，中国人民大学出版社 2012 年版，第 8 页。

系瓦解，律学传统断绝，德日刑法知识被引入国内，中国刑法学从此走上了向域外学习和移植的道路。一百多年的学习轨迹，清晰地呈现出“德日—苏联—德日”的循环状态。以犯罪论体系为核心，大陆法系的刑法理论，在中国遭遇了“全面移植—彻底否弃—重新兴起”的曲折命运。这是我在《政法论坛》上发表的第一篇论文。回顾历史，勘察成因，有助于更深切地理解当下的刑法知识转型。

第二章“犯罪论体系的话语转型”，是我在《浙江社会科学》上发表的第一篇文章。借助“大众话语”与“精英话语”的分析模式，我表达了对于传统理论的不满和对未来趋势的判断。包括犯罪论体系在内的刑法理论，必将从智识含量较低的、大众化的操作手册，发展成为有较高专业门槛的、更加精细化的学科知识。这不仅是学者个人的期待，而且是由于，一个权利意识觉醒、人权保障理念日显的社会，将更加谨慎、细致、有说服力地对待对公民的定罪量刑，对法律共同体的职业水准也会有越来越高的要求，一个“人人皆可判案”的和稀泥司法的时代，终将成为历史。

在第三章“犯罪论体系的逻辑进阶”中，我提出了“要素集合”与“位阶体系”的理想类型，由此分别把握四要件理论与三阶层理论的基本特征。要素集合是位阶体系的必由之路，位阶体系是要素集合的高级阶段。从一个理论体系形成的规律来看，四要件与三阶层不是简单的竞争或替代的关系，而是处在不同阶段的进化关系。后者是前者的进阶和升级。一个体系化的阶层犯罪论，不仅是理论上的自洽性追求，而且相比于无体系，具有司法实践上的显著优势。

但是，也不能忽视过度体系化中蕴含的危险。在第四章“犯罪论体系的功能导向”中，我探讨了体系内部各个阶层的功能主义转向。这种从本体论向功能论的转向，是为了克服体系化可能带来的弊端：为了逻辑自洽与体系完美，不惜扭曲法律材料，即使体系性结论明显有悖于事理。这就是从无体系走向体系封闭，从一个极端走到另一个极端，阻碍了具体问题的解决，甚至牺牲个案中的正义性。因此，犯罪论体系不能完全奠定在各种本体性的“事物本质”之上，而是要根据刑法的目的设定引导体系构造。在方法上，要协调逻辑与经验的关系；在方向上，追求体系化的同时，也要重视刑法的社会任务。

以上四章，体现了一种反思性和整体性的立场，属于“针对阶层犯罪论体系进行的思考”。下篇五章，则是在各个阶层内部的一些具体构建，属于“根据阶层犯罪论体系进行的思考”。

第五章讨论的是构成要件阶层的客观归责问题。客观归责领域下位规则众多，争点密布。这里主要讨论的是假定因果关系与结果避免可能性的关系，并由此进一步论及风险升高理论以及罪疑惟轻等问题，最后引出客观归责理论的方法论意义。这是我在《法学研究》上发表的第一篇文章。该文发表后引发了一些商榷，各种批评意见令我受教良多。值得欣慰的是，正反观点共同推进了国内学界在假定因果关系、风险升高以及合义务替代行为等问题上的研究进度，形成了螺旋式上升的学术积累。

第六章的主题是被害人同意的体系性地位。被害人同意究竟是在一律定位在构成要件阶层，还是分别在构成要件阶层和违法性阶层发挥出罪功能，刑法理论上至今存在争议。但无论怎样，从构成要件阶层与违法性阶层合称为不法阶层的意义上，被害人同意最终都是排除不法，因而我将其称之为一种不法阻却事由。这是我在《中国法学》上发表的第一篇文章。在排斥阶层犯罪论体系的情况下，被害人同意的体系性地位只是一个比较法意义上的“德国问题”；但是，随着阶层犯罪论的引入并在中国语境下获得学术身份，对这个问题的讨论将会日益深入。

第七章探讨了行政许可的出罪功能。与被害人同意一样，行政许可也是一个穿梭在构成要件阶层与违法性阶层之间的概念。

处在构成要件阶层的控制性许可,与处在违法性阶层的特别许可,在面临欺骗、贿赂等瑕疵时,其出罪功能的发挥存在差异。由此显示出区分两者的意义所在。这是我在《人民检察》上发表的第一篇文章,体现了教义学理论对司法实践的指导功能。随着经济犯罪、环境犯罪中具有行政附属性的条文逐渐增多,未来将出现越来越多的关于行政许可的刑事案件,反过来激发和带动刑法理论研究。这就是理论与实践之间的互动与共进。

第八章的主题是责任阶层的违法性认识错误问题。法定犯时代的到来,凸显了违法性认识错误问题的意义与复杂性。不仅要强调违法性认识必要性的理念,更要围绕着违法性认识错误的可避免性判断,构建兼顾责任主义与刑事政策、能够为司法实践接纳的解决方案。这是我在《清华法学》上发表的第一篇文章,也是与当下司法时弊链接较为紧密的一篇文章。近年来出现的天津持枪案、内蒙古玉米案、河南兰草案、深圳鹦鹉案等一系列影响性案件,之所以引发广泛关注,都存在着未能妥当处理违法性认识错误的因素。透过此文,期待焦点案件形成倒逼压力,督促立法者和司法者突破在违法性认识上的陈旧观念,积极回应普通人的正义直觉。

第九章站在学术史的视角,描述并分析作为刑罚减免事由(定位尚存在争议)的罪量,在中国刑法理论研究中的境遇和前景。罪量与犯罪论体系的其他问题一样,其研究轨迹一直随附于晚近整个刑法知识的转型态势,鲜明地体现出一种"自转加公转"的特点。本章逐一梳理罪量与但书规定、社会危害性判断、客观处罚条件以及责任主义的关系,力图揭示出理论研究的深层逻辑。这是我参加第四届中德刑法研讨会的报告论文的一部分。以这种学术史梳理的方式与德国学者对话,或有助于国际同行认识到中国刑法学者在知识转型的过程中,所承载的错综复杂的多重学术使命,以增进学术交流时彼此间"理解之同情"。

以上五章，是以三阶层犯罪论体系为框架背景，在各个阶层之内展开的一些构造性的具体努力。事实上，每个阶层之下的三、四级标题，已有不少成为国内外专著或论文的选题。阶层犯罪论体系内部的研究脉络，可谓是星罗棋布，甚至盘根错节，自非一本小书所能涵盖。本书以《阶层犯罪论的构造》为题，包含了对未来工作的一种目标设定：阶层大厦的基本框架确立之后，还需要有更多的构造工作陆续展开。

在方法论上，本书使用了历史的方法（第一章和第九章）和比较的方法（第二章和第三章），但最主要的，还是教义学的方法。犯罪论体系的构造，意义和必要性可以来自于历史或比较，但是构造工作本身，只能通过法教义学的方式完成。教义学既是方法，也是知识。作为刑法理论皇冠上的明珠，犯罪论体系本身，就是一种最典型的体现学术创造力的教义学产品。它处在刑法典条文明确规定之外，却又成为刑法思考的基本语法和最大的教义，笼罩和支配着几乎所有刑法问题的展开。

按照周光权教授的说法，"一个刑法学者，在其学术生涯中，如果对犯罪论体系的问题避而不谈，其'问题意识'和'难题意识'都不可能得到充分展现"。[1] 而我对犯罪论体系的兴趣，可以追溯到2003年11月24日，在北大2003级刑法博士生的专题讨论课上，听完陈兴良教授关于犯罪论体系的授课之后，提出的疑问：

"德日的递进式犯罪构成体系比我国现在通行的耦合式的犯罪构成体系在逻辑上更为严谨，在内涵上也更为深厚。因此，从推动学术进步的角度说，我赞成陈老师舍弃旧的学说，引进德日的犯罪构成体系的观点，也更期待我国学者自己的、富于个性的犯罪构成体系不断涌现。但是，我还是有一点忧虑：一方面由于我国耦合式的犯罪构成体系长期以来以在司法实践部门产生了很大影响，

---

〔1〕 周光权：《犯罪论体系的改造》，中国法制出版社2009年版，第1页。

在某种意义上取得了一定的现实合理性；另一方面，也是由于传统的原因，我国刑法学界对于德、日理论的研究还很不深入，加之语言工具的障碍，我很担心这样的一个学习和引进的过程会不会是'路漫漫其修远兮'？我们什么时候能够追赶上刑法理论发达国家的脚步呢？"[1]

十几年过去了。回头去看，感慨系之。当时，传统刑法理论暮气沉沉，渐入"瓶颈"，而知识转型的大势若隐若现，只是初现端倪。我在博士生第一年课堂上的疑问，何尝不是那个年代所有对现状不满又对未来困惑的年轻学人的共同疑问！陈兴良老师当时的回答是，"时不我待，我们现在如果不努力，差距将会更大"。[2] 诚哉斯言！学术危机的克服，端赖于学术共同体的勠力同心。如今，自己走上了这条漫漫长路，追慕前贤，自知愚钝，只求驽马十驾，功在不舍。我相信，犯罪论体系的多元化，以及刑法知识的教义学化，是当代中国刑法知识转型成功的标志。如今，阶层犯罪论体系已经在中国刑法语境下获得"学术合法性"。我们正在一点点向着转型成功的目标靠近。

感谢陈兴良老师为我们这一代人引路，用他的一系列著作身体力行地答疑，感谢他为我这本自我解惑的小书赐名赐序。感谢法律出版社编辑赵明霞女士，她的敏锐、专业和高效促成了本书的诞生。感谢《法学研究》《中国法学》《政法论坛》《清华法学》等刊物的编辑老师，本书部分章节曾蒙厚爱发表。感谢我的学生蔡颖、徐成、邓卓行、李金龙、李佳馨以及远在德国的王华伟博士为本书校对付出的努力。

"江边踏青罢，回首见旌旗。"犯罪论体系，是在被害人教义学与财产犯罪之外，让我流连忘返的领域。只是一路走来，总是贪慕

---

〔1〕 陈兴良主编：《犯罪论体系研究》，清华大学出版社2005年版，第45页。
〔2〕 陈兴良主编：《犯罪论体系研究》，清华大学出版社2005年版，第45页。

更远处山色空蒙，奋力划桨向前，怠于停泊整顿的决意。如今种种因缘际会，助推之下，竟而九章成书。始信冥冥之中自有安排。想起考夫曼，在回顾他的作品出版历史时发出的感叹，“小书！你有你的命运”。[1]

车　浩

2017年9月于京郊见山居

〔1〕［德］阿图尔·考夫曼：《法律哲学》，刘幸义等译，法律出版社2005年版，第二版序第1页。

序

车浩的第一本专著《阶层犯罪论的构造》即将在法律出版社付印出版，车浩嘱我写序，我十分高兴，乐而为之作序。

自从2007年获得刑法专业博士学位以来，车浩从事刑法的学术活动已经十年。在此期间，车浩先后在《中国法学》《法学研究》《中外法学》等刊物发表了具有学术影响力的论文数十篇，加上尚未出版的博士论文和博士后出站报告，已经完成了百万字以上的著述。这在年轻学者中亦属多产，学术积累可谓深厚。车浩对这些学术作品一直疏于整理出版，因而专著的空白始终未能填补。按照我的理解，车浩是想将学术蓝图绘就以后，以整体性和体系性的面貌呈现给读者。这是一盘很大的棋，不仅需要宏大构思，而且还要精耕细作，如果不假以时日，是不可能完成的任务。对车浩所秉持的这种著述出版思路，我并不十分赞成。因为学术对于一个学者来说，是一个路途遥远的跋涉过程，作为学术中人，我们其实并不能预知自己的学术能够走得多远，达到什么境界。因此，我们只能走一步算一步，留下向前的脚印。在这种情况下，我们不能等到收获了学术的圆满结果才考虑著述的出版，而是应该及时出版自己的作品。就像直播一样，将自己学术跋涉的艰辛和喜悦呈现给读者。通过不同时期、不同年代出版的作品，在时间横轴上展示学术成长的历程。不过，车浩出书虽晚，却出手不凡。本书虽然是在以往发表作品的基础上进行编写而成，但它并不是这些论文的简单编排，而是对这些内容进行了二度创作，无论是观点的提炼还是资料的更替，都使本书以一种全新的面貌与读者见面，可谓旧貌换新颜。

本书的主题是犯罪论体系，而这正是当前我国刑法学界讨论的热点问题，没有之一。在本书导言中，车浩引用了我的一句话"三阶层与四要件之争已经硝烟不再"。这里所谓硝烟不再，是指大规模的争辩式的讨论已经结束。但这并不等于以三阶层和四要件之争为内容的犯罪论体系的理论热度已经降温，而是在理论建构上展开深层次的学术竞争。因此，在将来相当长的一个时期，犯罪论体系还会是我国刑法学界的理论热点，并且也是刑法的学术增长点。

车浩是较早进入这个学术领域的年轻学者，在某种意义上说，犯罪论体系的探讨是他进行刑法学术研究的起点。2003 年 11 月 24 日我为车浩所在的 2003 级的博士生讲授刑法专题，讲授的内容就是犯罪论体系。课后，我布置 2003 级博士生同学就犯罪论体系问题进行专题性研究，并多次组织共同讨论，在此基础上同学们完成了各自论文。这些论文经过整理于 2005 年以《犯罪论体系研究》为书名在清华大学出版社出版，车浩撰写了第二章：犯罪构成理论：从要素集合到位阶体系。这是车浩完成的一篇高水平的论文，现在经过修改收入本书的第三章，标题改为：犯罪论体系的逻辑进阶。在该文中，车浩将犯罪论体系区分为要素集合和位阶体系这两种类型。所谓要素集合是指只要所需要素齐备，犯罪即可认定。被车浩归入要素集合的犯罪论体系的包括苏联和当代中国的犯罪构成理论；贝林之前的德国理论和早期日本学者的观点；以及直接师法日本的民国时期的刑法学等。其中，车浩重点分析了苏联和我国四要件的犯罪构成理论，指出：将犯罪构成的要件分为犯罪主体、犯罪的主观方面、犯罪客体、犯罪的客观方面四个要件。但是，在指出犯罪构成的四个要件的同时，却没有指出四个要件之间的关联，这些要件之间几乎是平行存在的，没有严格的排列顺序，仅仅在犯罪构成理论之下集合在一起，是一种典型的要素集合式的犯罪构成理论。应该说,车浩对四要件的犯罪论体系的结构分析还是直指要害的。四要件的犯罪论体系只是把犯罪成立条件区分为四个,将这些犯罪成立条件集合在一起,虽然从形式上考察,犯罪客体与犯罪主体相对应,犯罪客观方面与犯罪主观方面相对应,似乎这些犯罪成立条件之间存在某种逻辑秩序。但深入分析就会发现,这些犯罪成立条件之间只是一种相互依存的关系,而并没有设定这些犯罪成立条件之间的逻辑关系。因此,要素集合这个用语比较准确地揭示了四要件的犯罪论体系的性质。

与之不同,车浩将三阶层的犯罪论体系称为位阶体系,“位阶”一词恰好生动地揭示了三阶层的犯罪论体系的逻辑特征。车浩指出:在三阶层的犯罪论体系中,各种要素被进一步整合成彼此相关的几个范畴,确立出逻辑始项、逻辑基项和逻辑终项,按照一定的顺序和阶层去构建体系,以此为根据在认定犯罪时具有步骤性和历时性的特点。车浩认为,在学术史上,自学者贝林和李斯特提出了古典的三阶层犯罪论体系之后,德国、日本、意大利、西班牙、波兰、希腊以及中国部分学者的犯罪构成理论,都逐渐地采用了各种形式的阶层体系。由此可见,阶层体系已经成为犯罪论体系的现代版。车浩肯定了刑法阶层理论的功能,指出;这种阶层犯罪理论不满足于仅仅说明犯罪成立的各种要素,更在于提供一套精确的定罪量刑的思维工具。根据犯罪事实的经常形态、特殊情况以及行为人个人的特殊状况,设计出一个决定行为的刑事可罚性条件的检验程序。既然是程序,就必然要求有严格的前后顺序,不能仅仅是要素和检验标准的罗列。阶层犯罪构成理论就是这样一种注重程序性要求的理论类型,它按照一定的顺序和阶层来依次检验行为,最终得出是否成立犯罪的结论。阶层理论是一种典型的位阶体系。

可以说,车浩以位阶体系概括三阶层的逻辑特征是极为到位的,逼近了事物的本质。在我看来,阶层和位阶,这是两个既有联系又有区别的概念。阶层具有层级的含义,描述了不同性质的事物各自分布、排列所呈现出的一种秩序关系。因此,阶层具有实体性的特征。而位阶则揭示了不同阶层事物之间的逻辑关系。三阶层的犯罪论体系的位阶关系,存在以下两种逻辑关系:

就前一个要件与后一个要件的关系而言,存在着:即无后者,亦有前者。即,即使没有后一个要件,前一个要件也能成立。也就是说,前一个要件独立于后一个要件。

就后一个要件与前一个要件的关系而言,存在着:若无前者,即无后者的关系。即,如果没有前一个要件,后一个要件就不能成立。也就是说,后一个要件以前一个要件为前提。

以上两种关系深刻地揭示了作为犯罪两大实体要素的不法与责任的关系。不法与责任之间的位阶关系可以表述为:存在没有责任的不法,而不存在没有不法的责任。对于不法与责任的关系来说,即无后者,亦有前者。因此,即使没有责任,也不能否定不法的存在。对于责任与不法的关系来说,若无前者,即无后者。因此,如果没有不法,也就没有责任。

《犯罪构成理论:从要素集合到位阶体系》一文,虽然是车浩在读博期间的一篇作品,带有习作的性质。但这篇作品所反映的车浩对于学术问题的概括能力,对于历史发展线索的梳理能力,对于不同观点的分析能力,都是较为成熟的。这些观点,即使是在十多年以后,也并没有过时。在编入本书的时候,车浩又对内容做了精心剪裁,可以说,本书第三章"犯罪论体系的逻辑进阶",是全书的点睛之作。

《阶层犯罪论的构造》一书虽然不是一部一气呵成的体系性著作,但却是车浩在过去十多年里,持之以恒地思考和探索犯罪论体系的成果。本书从阶层犯罪论的整体考察和具体展开这两个方面为读者展示了车浩对犯罪论体系理论思考的深度与广度、方向把握的气度与风度、问题解决的难度与力度,都令人耳目一新,留下深刻印象。

在整体考察部分，车浩从历史叙述与逻辑推演这两个维度，对犯罪论体系的一般性理论问题进行宏观展开。其中，车浩采用精英话语和大众话语的分析工具，对犯罪论体系进行考察，可以说是别出心裁，独辟蹊径，为读者观察与理解犯罪论体系提供了一个十分独特的视角。

车浩指出，过去十多年中，我国刑法学界关于犯罪论体系变革大讨论的背后，隐藏着精英话语与大众话语之间的对立。由于历史原因和现实考虑，我国传统的犯罪论体系不同于德国等大陆法系国家，结构相对简单，学术含量较低，体现了一种大众话语的立场。但是随着法治社会的建立，法律专业化的趋势要求司法队伍精英化，学术界必须能够提供与之相匹配的理论工具，因此，犯罪论体系面临着从大众话语模式向精英话语模式的转型。在此，车浩提出了犯罪论体系从大众话语模式向精英话语模式的转型的命题，并对此做了具有说服力的论证，给人印象深刻。车浩认为，德国的犯罪论体系比较典型地代表了一种精英话语的理论模式。其精英性集中表现在理论所使用术语的专业性和理论体系的逻辑性上。与德国的犯罪论体系相比，中国当下通行的四要件的理论，基本上是一种大众话语的理论模式。这一点首先也体现于这种理论所使用的术语上。类似"主体"、"客体"、"主观方面"与"客观方面"这样的理论概念，并不是一种为刑法专业所独有的概念，在法律体系的各个部门法中随处可见这几个概念的使用，甚至也不是一种法律专业的特有概念——在哲学、文艺理论以及大多的人文和社会科学中，我们常常会遇到"主体""客体"等概念。车浩在此对于德国犯罪论体系的体系性和逻辑性的揭示，展示了其所具有的专业性，因而车浩将其归纳为精英话语。而我国从苏联引入的犯罪论体系更多使用主体与客体等普及程度较高的哲学用语，因而车浩将其归纳为大众话语。就这一分析而言，我认为还是在一定程度上揭示了两种不同犯罪论体系的各种特征。当然，精英话语往往具有深奥性,掌握起来具有一定难度。而大众话语则具有一定的通俗性,司法人员容易理解。这两者之间需要取得一种平衡。以往我国的犯罪论体系的内容过于粗浅,结构过于粗糙,虽然具有通俗易懂的优点,但对于疑难案件和疑难问题的解决上有时捉襟见肘。因此,对于更具有逻辑性和实用性的三阶层的犯罪论体系的追求,具有现实合理性。

在具体展开部分,车浩对三阶层的犯罪论体系在认定犯罪中若干具有代表性的理论问题做了分析。从内容来看,涉及构成要件、违法性、有责性三个阶层,涉及面较广,由此为读者打开了视野,能够接触到三阶层的实际运用,这也是本书较为接地气的理论叙述。三阶层的犯罪论体系具有理论部分和实践部分,这两者共同构成了体系内容,使之既具有理论价值,同时又具有实践品格。

本书第六章"不法阶层之被害人同意",涉及车浩所擅长的被害人同意的法理。被害人同意是车浩的博士论文题目,因为博士论文尚未出版,读者还不能见到车浩对被害人同意的完整论述,但通过本书第六章,读者可以欣赏被害人同意法理在犯罪论体系中的实际运用情况。车浩是在我国刑法学界较早研究被害人同意的学者,在被害人同意法理的基础上,近年来车浩对刑法分则的被害人教义学投注了不少学术心血。在我国刑法理论中,被害人同意的体系性地位等问题都还没有完全解决,因此这是一个前沿性的理论问题。在本书中,车浩将被害人同意定位为不法阻却事由,并对此进行了探讨。在进行这种探讨的时候,我们首先需要明确讨论被害人同意的理论意义。对此,车浩指出,支撑德国刑法学界讨论被害人同意的体系性地位的深层思想,对于解决关于被害人同意的"中国式困扰",非常具有启发性和解释力。因此,在目前暂时未对四要件理论从最根本上来一个总解决的情况下,本书希望通过对这一"德国问题"在四要件语境下的引入和转化,来提供一个局部的解决方案。最后,"二元论"与"一元论"之争尽管是一个

"德国问题",但是由其引申出来的一般性、跨语境思考的理论命题,超越了各个犯罪论体系架构的不同(无论是三阶层、二阶层还是四要件理论)。在此,车浩将被害人同意的体系性地位称为是一个"德国问题",这是意味深长的。但"德国问题"只是表明,这是一个德国刑法学者提出的问题,而并不意味着它对于解决中国的刑法问题是没有意义的。作为一名中国学者,我们的职责在于将其作为一种分析工具,以此解决中国问题,由此而将"德国问题"转化为"中国问题"。车浩在这方面所进行的学术努力,具有重要的意义。我相信,随着刑法知识的转型,越来越多的德日刑法知识引入我国,对于这些舶来的刑法知识,我们应当结合我国的刑法规定和司法实践进行解读、理解和消化,最终实现本土化,由此形成中国的刑法知识体系。由此,在我国刑法理论的发展过程中,我们无论如何也不应当排拒来自他国的刑法知识。唯有如此,我国刑法理论才能获得跨越式的发展,从而为我国的刑事法治建设提供学术资源和理论引导。

学者的本职工作是从事学术研究,而著述正是学术成果的产出,是学术思想的载体。学者著述如同经过十月怀胎,而学者作品的出版如同一朝分娩。《阶层犯罪论的构造》是车浩的心血之作,本书的出版对于车浩的学术生涯具有象征意义。随着本书的出版,车浩的其他作品都将会陆续出版。这是一个收获的季节、一个收成的季节、一个收割的季节。过往付出的汗水与心血,大自然都会给予加倍的回报,这就是所谓天道酬勤。预祝车浩在学术的道路上行稳至远,为读者奉献更多更好的学术成果。

是为序。

陈兴良

谨识于北京海淀锦秋知春寓所

2017年9月

目录

导言
阶层犯罪论与当代中国刑法知识转型

在展开本书的具体讨论之前，有必要先交代本书写作的主题与背景。“每个人都是他那时代的产儿(黑格尔)。”本书也是如此。它是被努力把握在这几百页中的它的时代。任何一个经历过晚近二十年的刑法学者，都会深切地感受到，这是一个刑法知识剧烈转型的时代。它构成了学者及其作品无法摆脱的约束性条件。而犯罪论体系的变革，是这场知识转型中最引人注目的学术焦点。围绕着犯罪论体系展开的一系列争论，呈现出学术开放、学术自由与学术自主的多重意蕴，深刻地折射出当代中国刑法知识转型的面貌，也构成了本书写作的主题与背景。

一、德日阶层犯罪论的引入

中国近代刑法学发轫于清末法律改革。1902年清廷颁诏修法。[1]中国刑法学对外开放，以日为师，[2]近代刑法学由此发端。

---

〔1〕 1903年清政府成立修订法律馆，沈家本、伍廷芳出任修订法律大臣。

〔2〕 学习形式包括：大规模翻译日本法典和著作，派员到日本学习和考察法制，聘请日本学者为修律顾问。

由于日本刑法学师承欧陆，效法日本的中国刑法学，自始便跻身大陆法系。[1]新中国成立之后，大陆法系的法统中断。期间又经历了各种社会动荡，学术研究基本陷入停滞状态。自1979年刑法颁布之后，中国刑法学重新以苏俄为师，在废墟上重建。但是，由于苏俄刑法理论资源供给不足，中国刑法理论逐渐出现前行乏力的局面。作为知识形态的刑法学，只有海纳百川，才能避免走向暮气沉沉。这种局面在1997年刑法之后发生显著改变。在陈兴良、张明楷等学者的大力推动下，德日刑法理论再次涌入中国。相隔百年，中国刑法学与欧陆传统再续前缘，学术开放的格局初步形成。

但是，学术开放不必然意味着学术禁区的彻底消失。刑法学中各个具体问题的研究程度，与整个刑法知识体系的内部结构关系密切。其中，作为刑法理论最核心的结构，即犯罪构成理论，对刑法理论的发展起到至关重要的制约作用。简言之，不同的犯罪论体系决定了刑法理论研究的不同面相。而犯罪论体系，就是学术大开放格局中最不易撼动的一块禁区。

在2000年之后，随着学术对外开放的大门完全打开，在中国刑法理论格局中，苏俄刑法学知识与德日刑法学知识存在一种消长趋势：苏俄刑法学的影响日益萎缩，德日刑法学知识的影响逐日隆盛。但是，中国刑法学整体上仍然笼罩在苏联刑法学的阴影之下。为何在已经形成开放局面的情况下，与其他早已摆脱苏联法学影响的部门法学相比，刑法学始终难以从苏联刑法学的桎梏中解脱呢？陈兴良教授(2006)提出了发人深思的问题，并给出了回答。在他眼中，中国刑法学整体上仍然笼罩在苏联刑法学的阴影之下无法走出，问题的关键在于犯罪论体系。“我国刑法学目前仍然采

---

〔1〕“正是通过民国时期刑法学家的引进、译介和发展大陆法系刑法制度和刑法学说，中国现代刑法学的体系才初步形成，并在许多刑法学基本理论问题的研究上取得了相当的成就。”梁根林、何慧新：《二十世纪的中国刑法学》(上)，载《中外法学》1999年第2期。

用苏联刑法学中的犯罪构成理论,而犯罪构成理论是整个刑法学知识的基本架构。因此,如欲摆脱苏联刑法学的束缚,非将目前的犯罪构成理论废弃不用而不能达致。"[1]

中国刑法理论通说的"四要件"包括四个方面:犯罪客体、犯罪主体、主观方面和客观方面。在20世纪50年代,中国刑法学以苏联为师,引入了这套犯罪构成理论。此后,在80年代后期法制建设恢复之后,在高铭暄教授主编的教科书中正式地确立了"通说"的地位,也被司法实践广泛接受,在理论和实务中都占据了主导地位。在此过程中,尽管包括何秉松教授在内的一些学者对四要件理论提出过质疑,[2]但由于缺乏系统性和深厚的法理支撑,并未形成真正的挑战。这些挑战都是零星的、不成气候的,并没有形成对"四要件说"的真正威胁。因此,直到20世纪末,"苏联犯罪构成体系仍然统治着我国刑法学",四要件说仍然是绝大多数刑法学教科书在编撰"犯罪构成"一节时理所当然采纳的通说。[3]

但是,站在理论的立场上进行审查,四要件说的教义化水平不能令人满意。尽管从基本要素来看,认定犯罪通常需要具备的行为、结果、因果关系、故意过失以及责任能力等,都在四要件理论中得到体现。但是,应当以何种逻辑结构将这些要素有机地联结起来,司法者在认定犯罪时,又应该以什么样的思维模式和顺序去考虑这些要素,四要件理论对此基本上是沉默的,或者说,仅仅给出了一些随意性较大的说明。这种理论模式可以被称为一种"要素集合"式的犯罪构成理论。与之相反,目前在德日等大陆法系国家

---

〔1〕 陈兴良:《刑法知识的去苏俄化》,载《政法论坛》2006年第5期。周光权也指出:"使中国刑法学陷入失语状态的,主要就是犯罪构成理论体系问题。"周光权:《无声的中国刑法学》,载《清华法治论衡》2005年第5辑。

〔2〕 对苏联犯罪构成理论的反思始于1986年,以何秉松教授发表在《法学研究》1986年第1期上的《建立具有中国特色的犯罪构成新体系》一文为标志。进一步的展开,可参见何秉松:《犯罪构成系统论》,中国法制出版社1995年版。

〔3〕 详见本书第一章。

普遍采用的阶层理论，则将上述各种要素整合成具有逻辑相关性的基本范畴，并确立出逻辑始项、逻辑基项和逻辑终项，按照一定的顺序和阶层去构建体系，在认定犯罪时具有步骤性和历时性的特点。在这种阶层理论内部，构成要件阶层、违法性阶层与责任阶层之间，形成了明确的位阶关系，[1]后一个阶层以前一个阶层的认定为前提条件，“第二步永远不能先于第一步”，因而可以被称之为一种“位阶体系”。

四要件理论与三阶层理论之间的教义学区别，主要表现在体系化程度上的差异。例如，四要件理论在基本概念上的缺位。四要件理论中的主观方面、客观方面、主体以及客体的要件，已经位于逻辑结构的最高层，在它们上面不存在更高级的概念。但是，这些概念仅仅停留在对下位的具体要素的集合性记叙，其抽象程度还处于一种很浅的层次，并没有显示出一种经过整合后的功能增量。因此，无论名义上叫要素还是叫要件，这四个要件在规格和功能上都没有达到基本概念的要求，没有超出原始概念和普遍概念的限度和范围。相反，阶层理论中诸如责任或构成要件这样的概念，不仅是对行为人主观情况或客观情况的事实性概括，而是更具有规范性和价值判断的功能，而且在这种功能的指引下，可以不断地将下位要素吸纳整合，使得理论保持一种常新的开放性。同时，由于这些概念的价值内涵，使得不法与责任之间，构成要件与违法性之间，形成了一种不能随意改变的逻辑关系（存在没有责任的不法，不存在没有不法的责任）。这样的概念，就具备了成为体系基石性范畴的基本概念的资质。而欠缺这种基本概念的四要件理论，不仅在理论的解释力和包容度方面匮乏，而且整个理论缺乏内在的逻辑统一性。

---

〔1〕 关于犯罪论体系内部的位阶关系的最新阐述，可参见陈兴良：《刑法阶层理论：三阶层与四要件的对比性考察》，载《清华法学》2017年第5期。

再如，四要件耦合式的逻辑结构，存在难以克服的缺陷。这主要表现在概念之间缺少推导性。一个体系化程度高的理论，内部的各个概念之间具有一种可以相互推演的性质。概念自身有严格准确的定义，同时又与其他概念保持逻辑关联。由此决定了，每个概念在体系中的地位不是任意排放的，而是存在相互的制约，固定在体系的特定环节之上。这样一来，体系内部才可能形成逻辑的内力。而四要件理论里的几个要件之间，恰恰缺少这样一种推导性，相互间不能够实现合乎逻辑的过渡。而且，四个要件很难说谁是明确的逻辑始项，属于一个不确定"从哪里开始"的理论。相比之下，在三阶层理论中，构成要件该当性被当作构造理论的逻辑始项，整个判断犯罪的过程正是以行为是否符合构成要件为起点来展开的，在构成要件之后，才继续进行违法和责任的检验。构成要件该当性、违法性与有责性之间，有着紧密的推导关系和确定的环节，这种次序具有内在的逻辑联系，不能任意颠倒。

刑法教义学成熟的重要标志就是体系化。[1] "刑法总论的教义学化，要求采用体系性的思考方法。体系性思考是以存在一个体系为前提的，没有体系，也就没有体系性思考。"[2]而上述对比恰恰说明，四要件理论在体系化程度方面，与阶层理论存在较大距离。四个要件之间缺乏内在的逻辑联系，欠缺明确的逻辑始项，彼此之间没有明显的逻辑层次，基本概念之间未能形成内在的递进或推导的关系，而是以一种平面耦合的方式拼合在一起。要言之，整个理论缺乏内在的逻辑统一性。[3] 一般认为，理论体系的建构

---

〔1〕 如德国学者李斯特所言，"只有将体系中的知识系统化，才能保证又一个站住脚的统一学说，否则，法律的运用只能停留在半瓶醋的水平上。它总是由偶然因素和专断所左右。"[德]李斯特：《德国刑法教科书》，徐久生译，法律出版社2000年版，第1页。

〔2〕 陈兴良：《刑法的知识转型（学术史）》，中国人民大学出版社2012年版，第8页。

〔3〕 详见本书第三章。

需要两个阶段：在第一阶段，主要是对基本要素的提炼和归纳。在第二阶段，则是将各个要素按照一定的认知规律或逻辑方法联结起来，形成体系。犯罪论体系的理论建构也是如此。四要件犯罪构成理论尚未走出体系构建的第一阶段，仍然停留在“要素集合”的水平上。相比之下，阶层犯罪论体系则是在体系化的道路上更进一步，属于四要件理论的升级和进阶。而四要件理论的体系化程度不足，也必然影响到整个刑法理论的教义化水平，也制约着处置这个理论之内的各层级概念的发展。

基于上述原因，在学术开放的大背景下，近年来一些学者从不同角度对四要件理论提出了批评和挑战。与以往不同的是，这一轮的批评，吸收了或依托于德日三阶层犯罪论体系作为批判武器。在这套发展业已百年、相对比较成熟的阶层犯罪论体系的支撑下，新的挑战显得更为厚实和有力。挑战者或是访学过海外、轻装上阵的新生代，或是脱胎于传统，但又不满于现状的中坚力量。

例如，陈兴良教授主编的《刑法学》(复旦大学出版社 2003 年版)一书，是学者们引入三阶层犯罪论体系的集体努力。此前，学界往往在专著、论文或教科书某个章节中讨论或介绍德日的三阶层理论。如陈兴良教授所言，在当时的语境中，三阶层的犯罪论体系是被当作“他者”看待的，是一种理论的对立物或者对应物，在外国刑法学或者比较刑法学中加以讨论。但是，在这本复旦版的《刑法学》教科书中，直接采用了三阶层理论作为整个刑法总论和分论的基本构架，是在三阶层的体系之内，安排和讨论总论中的各个概念以及分论中的具体问题。这就不再是把三阶层犯罪论体系当作一个作为外国刑法学知识来定位的“他者”，而是直接将其视作是中国刑法学知识的一部分，甚至作为整个刑法学知识表述的基本平台了。这一大胆引入的意义如何评估也不为过。“三阶层犯罪论体系进入我国刑法教科书，使得刑法教科书中的犯罪论体系可以采取不同模式，从而促进了不同的犯罪论体系之间的竞争，也进

一步普及了三阶层犯罪论体系,为其中国化提供了可能。"〔1〕

当然,阶层犯罪论体系的引入,也遭遇了强大的反对力量。以三阶层理论进入2009年的国家司法考试大纲中引起的巨大反响为契机,刑法学界围绕着犯罪论体系展开了激烈的论战。例如,赵秉志教授主编的《刑法论丛》专门设立"犯罪构成理论专栏",对犯罪论体系问题进行专题研讨。专栏的编者按指出:"2009年5月,德日三阶层犯罪论体系被贸然纳入国家司法考试大纲,这在刑法理论与实务界引起了轩然大波,同时亦使犯罪构成理论之争再次成为学界关注的焦点。因为这一问题不仅事关刑法理论的核心与基础,亦直接决定中国刑法学发展的未来走向。"〔2〕该专栏刊登了"对主张以三阶层犯罪成立体系取代我国通行犯罪构成理论者的回应"(高铭暄)、"简评三阶层犯罪论体系"(马克昌)、"中国犯罪构成理论的发展历程与未来走向"(赵秉志、王志祥)等6篇论文,表明了对四要件理论的维护立场,以及对阶层犯罪论体系的批评。

此外,作为四要件理论的奠基人,高铭暄教授在《中国法学》专门撰文指出,四要件犯罪构成理论逻辑严密、契合认识规律,符合犯罪本质特征。与德日三阶层犯罪论体系相比,相对稳定、适合中国诉讼模式,具有比较优势。因此应当得到坚持。〔3〕赵秉志教授在坚持维护四要件基本结构的前提下,提出了调整要件间顺序的一个内部方案。他认为四要件的逻辑顺序存在两种排列方式:若以认定犯罪的过程为标准,则顺序应为"犯罪客观要件—犯罪主体要件—犯罪主观要件—犯罪客体要件";若以行为自身形成过程为依据,则顺序应为"犯罪主体要件—犯罪主观要件—犯罪客观要件—犯罪客体要件"。在赵秉志教授看来,这两种排列顺序基于不

〔1〕 陈兴良:《刑法教义学的发展脉络》,载《政治与法律》2017年第3期。

〔2〕 赵秉志主编:《刑法论丛》(第19卷),法律出版社2009年版,第1页。

〔3〕 高铭暄:《论四要件犯罪构成理论的合理性暨对中国刑法学体系的坚持》,载《中国法学》2009年第2期。

同标准,从不同角度、不同方面揭示了犯罪构成诸要件之间的逻辑关系,具有不同的功用,不能彼此替代。[1] 黎宏教授认为,四要件理论的确存在缺陷,但没有必要推翻重构。"我国犯罪构成体系并非被抨击的那样一无是处,而为重构论者所推崇的德日犯罪判断体系同样存在前后冲突、现状和初衷背离、唯体系论等弊端。我国犯罪构成体系所存在的犯罪构成要件之间的关系不明、根据犯罪构成所得出的犯罪概念单一等问题,可以通过贯彻客观优先的阶层递进观念以及树立不同意义的犯罪概念的方法加以解决。"[2]

应当说,上述关于四要件理论应当维持或改良的声音,目前在刑法学界仍然占有相当比重的话语权和影响力。除了高铭暄教授与马克昌教授主编的《刑法学》[3]之外,从国内学界的教科书体例来看,四要件犯罪构成理论仍然占据着多数说的地位。例如,赵秉志教授主编的《刑法新教程》[4]、阮齐林教授独著的《刑法学》[5]、冯军教授和肖中华教授主编的《刑法总论》[6]、贾宇教授主编的《刑法学》[7]、齐文远教授主编的《刑法学》[8]、刘宪权教授主编的《刑法学》[9]、孙国祥教授主编的《刑法学》[10]等,均采取了四要件

〔1〕 赵秉志:《论犯罪构成要件的逻辑顺序》,载《政法论坛》2003年第6期。

〔2〕 黎宏:《我国犯罪构成体系不必重构》,载《法学研究》2006年第1期。

〔3〕 高铭暄、马克昌主编:《刑法学》(第7版),北京大学出版社2016年版,第53页。

〔4〕 赵秉志主编:《刑法新教程》(第4版),中国人民大学出版社2012年版,第65页。

〔5〕 阮齐林:《刑法学》,中国政法大学出版社2011年版,第71页。

〔6〕 冯军、肖中华主编:《刑法总论》(第3版),中国人民大学出版社2016年版,第139页。

〔7〕 贾宇主编:《刑法学》,中国政法大学出版社2017年版,第67页。

〔8〕 齐文远主编:《刑法学》,北京大学出版社2016年版,第62页。

〔9〕 刘宪权主编:《刑法学》(第4版),上海人民出版社2016年版,第89页。

〔10〕 孙国祥主编:《刑法学》,科学出版社2012年版,第52页。

犯罪构成理论。[1]

与之相对,陈兴良教授、张明楷教授、周光权教授、李立众教授、付立庆教授等学者,则完全站在了批判四要件理论、引入阶层犯罪论体系的立场上。陈兴良教授、张明楷教授、周光权教授关于犯罪论体系的系列论文,[2]以及周光权教授、李立众教授和付立庆教授关于犯罪论体系的专著,[3]代表了阶层犯罪论体系的主张者的基本观点。其中,陈兴良教授关于犯罪论体系位阶性的论述,张明楷教授关于违法与责任作为犯罪论体系支柱的基础理论的论述,周光权教授对四要件理论内部关系混乱的批判,以及付立庆教授和李立众教授关于犯罪论体系的比较和改造的系统研究,从不同的角度和层面,阐述了传统四要件理论的缺陷,论证了阶层犯罪论体系的优点,对于阶层犯罪论体系在中国的引入、传播和扩散,做出了各自独特的理论贡献。

---

〔1〕 其中值得注意的是,赵秉志教授主编的《刑法新教程》,调整了四要件的顺序,采取的是"犯罪主体—犯罪主观方面—犯罪客观方面—犯罪客体"的排列次序。此外,刘艳红教授在其主编的《刑法学》教科书中,采取了"客观方面—犯罪主体—主观方面"三要件构成理论。去除了犯罪客体的要件,可谓是一种针对四要件理论的局部改良。参见刘艳红主编:《刑法学》(上)(第2版),北京大学出版社2016年版,第91页。

〔2〕 例如,陈兴良:《犯罪论体系的位阶性研究》,载《法学研究》2010年第4期;陈兴良:《转型中的中国犯罪论体系》,载《现代法学》2014年第1期;陈兴良:《刑法学:向死而生》,载《法律科学》2010年第1期;张明楷:《以违法与责任为支柱建构犯罪论体系》,载《现代法学》2009年第6期;张明楷:《构建犯罪论体系的方法论》,载《中外法学》2010年第1期;张明楷:《犯罪论体系的思考》,载《政法论坛》2003年第6期;周光权:《犯罪构成理论关系混淆及其克服》,载《政法论坛》2003年第6期;周光权:《犯罪构成与价值评价的关系》,载《环球法律评论》2003年秋季号。

〔3〕 周光权:《犯罪论体系的改造》,中国法制出版社2009年版;李立众:《犯罪成立理论研究》,法律出版社2006年版;付立庆:《犯罪构成理论:比较研究与路径选择》,法律出版社2010年版。

二、犯罪论体系之争的意义

犯罪论体系的四要件与三阶层之争，是晚近20年中国刑法学史上的最重要事件。这场学术争论的意义，甚至超越了哪一种理论更值得选择这一问题本身。它意味着，一种外来理论可以因为其学术优势，而在传统话语场域中获得“学术合法性”。一般而言，一项制度（或政策）的优劣，需要通过实践效果来加以检验，得出是否有必要废改该制度的结论。但是，犯罪论体系不是一种制度安排，更不是基本国策，不能用“制度（政策）运行良好没有出大错”也就不需要改变这样的思维，来论证某一种学说的理论优势。无论是三阶层还是四要件，都从来没有被明确规定在刑法典之中，而仅仅是一种学术理论。学者不是政治家，因而既不可能“制定”也不可能“废除”，而只能是创造、主张、支持或反对某一项理论。如果把犯罪论体系制度化或政策化，则是政治性思考入侵学术领域的表现，是对刑法教义学的学术属性和刑法学者的职业属性的一种误会。

回看历史，任何重大学术成就的取得，关键的问题是争鸣，而不是简单的取代。即使最后出现取代的结果，也只是一个优胜劣汰的自然结果，而不应当是人为的命令。这里需要呼唤的，是一个百家争鸣的春秋时代。我们既排斥秦朝的专用法家，也反对汉代的独尊儒术。因为在这两种情况下，法家和儒术都已经不再是一种学问，而是统治者的专制工具。学者首先需要纠正的，就是在学术上非此即彼、你死我活的心态。无论是支持还是反对，都应当在一个允许百家争鸣的学术市场中，采用平等说理、自由竞争的方式进行，坦然地接受成为“通说”或者“少数说”的命运。即使在四要件理论的维持者的眼中，犯罪论体系之争也被赋予学术属性，即争论的目的，是“为了强化基础理论研究，在纯粹学术层面使真理越辩越明”。[1] 要言之,基于学术立场而非政治立场,是评价四要件与三阶层之争的正确打开方式。

随着教科书体例逐渐多元化,四要件理论一统天下的格局已经被打破了。人们逐渐认识到并开始接受,犯罪论体系没有对错之分,更没有是非之分,只是理论上的学术竞争而已。正如日本学者平野龙一教授所言,“犯罪论体系的主要功效是整理法官的思考方法,其作为统制法官判断的手段而存在。显然,并不存在唯一‘准确’的体系。在某些场合,用不同的体系看问题,反而能够揭示事物的不同侧面。”[2]所以,犯罪论体系仅仅是服务于刑法解释和适用的一种工具性理论,刑法教科书可以有多种写法,犯罪论体系也存在多元模式。以德国为例,历史上长期并存着古典犯罪论体系、新古典犯罪论体系和目的论犯罪论体系。对此,德国学者耶塞克教授认为,“每一种体系都得从其精神史根源和前一阶段人们通过学术体系的重建而加以改造和克服的计划的联系中去解释。因为没有哪一种理论试图完全取代另一种理论,时至今日所有三种犯罪概念的体系思想仍然并列存在。”[3]习惯了只有四要件理论一枝独秀的中国刑法学界,正是要改变以往“犯罪论体系只能有一种”的思维惯性,如周光权教授所呼吁的,应当容许不同犯罪论体系并存和对抗。“每一个中国刑法学者都必须要有足够宽广的胸怀,要有接受多种犯罪论体系在中国刑法学中并行不悖、‘长期共存’的思想准备”。[4]

概言之,打破理论禁区,远离非学术话语的压制,让学术争论脱敏,在最核心的刑法问题上形成平等自由、百家争鸣的学术氛

---

〔1〕 赵秉志主编:《刑法论丛》(第19卷),法律出版社2009年版,第1页。

〔2〕 转引自周光权:《犯罪论体系的改造》,中国法制出版社2009年版,第9页。

〔3〕 [德]汉斯·海因里希·耶赛克、[德]托马斯·魏根特:《德国刑法教科书》(上),徐久生译,中国法制出版社2017年版,第276页。

〔4〕 周光权:《犯罪论体系的改造》,中国法制出版社2009年版,第10页。

围，是犯罪论体系之争值得纪念的学术史意义。

如今，经过学者们的不懈努力，阶层犯罪论体系已经不再是“他者”，而是作为我国刑法教义学发展的组成部分，正式进入刑法学界学术讨论的话语场域，具有了在中国刑法语境下活动的学术身份，或者说“学术合法性”。“这场学术论战（注：四要件与三阶层之争）如同在传统四要件的阵营中打开了一个缺口，后续的学术研究按照三阶层指引的路径向前展开。可以说，这是一场改变了学术发展方向的论战。此后，对三阶层的犯罪论体系的研究不断深入，如构成要件理论、客观归责理论、违法性理论、责任理论、期待可能性理论等都成为我国学者在讨论刑法问题的时候不可或缺的分析工具。”在不同的犯罪论体系中，各个概念的研究角度、层次甚至地位都存在差异。本书下篇分析的，包括构成要件阶层的客观归责理论、违法性阶层的被害人同意理论以及责任阶层的违法性认识错误理论等，都是在三阶层的体系框架之内展开。这些具体的范畴和概念的构建，能够在一个深入的方向上探索下去，皆获益于阶层犯罪论体系在中国刑法学语境中的“学术合法性”的确立。

综上，刑法理论的深入发展，包括各种层级的教义学概念的日益丰富，与犯罪论体系挣脱单一模式的束缚、在学术自由的氛围中多元化发展密不可分。这是理解当代中国刑法知识转型的重要维度。

三、阶层犯罪论的本土探索

任何针对传统的变革都会带来反弹，以及对未来的困惑。在学术开放的大门彻底打开，学术自由的空气日益浓厚，德日刑法知识大规模引入之后，作为刑法理论根基的犯罪论体系也终于遭遇严峻挑战。面对国外刑法理论全方位的进入，一种学术自主的情绪在学界蔓延开来。人们从不同的角度理解和实践着中国刑法学者的主体意识，由此深刻地影响着刑法理论在晚近十余年中错综复杂的沟壑形态。

关于犯罪论体系的争论，一个重要的角度就是对“拿来主义”的态度，即中国刑法学的自主性问题。明确反对引入德日阶层犯罪论体系的理由之一，就是认为传统的刑法理论已经在中国扎根，不能盲目学习国外，妄自菲薄，最多只需要做些局部改良即可。例如，高铭暄教授认为，来源于苏联的四要件理论是“一种历史性的选择”，也“经受住了历史的考验”。“以四要件犯罪构成理论为核心的中国刑法学体系早已建立数十年，深入人心。”“强行掐断已经生机勃勃的中国刑法学，再移植进一个完全没有生存土壤的德日犯罪论体系”，属于“舍本逐末”。[1] 冯亚东教授认为，中德两国的刑法典规定存在诸多差异，决定了不可能采用同样的犯罪论体系。[2] 黎宏教授认为，“我国现有的犯罪构成体系并不像批判者们所说的那样糟糕，而被拿来主义者们所顶礼膜拜的德日犯罪判断体系也不是想象的那么美好。我国的犯罪构成体系存在一些问题，但这并不是其与生俱来、不可克服的顽疾，完全可以通过改良加以消除。”[3]

有的学者承认传统的四要件理论存在弊端甚至应当放弃，但对于是否再引入一个新的外来的理论体系，也充满疑惑和警惕，而是主张中国学者应当创造自己的理论体系。例如，杨兴培教授提出，“在众多的方案当中，却让人看到了、听到了并能够感觉到了一种悲伤，即对于犯罪构成理论，中国好像除了要么选择这一套犯罪构成的理论体系，要么模仿那一套犯罪构成的理论体系外，自己在这个

---

〔1〕 高铭暄：《论四要件犯罪构成理论的合理性暨对中国刑法学体系的坚持》，载《中国法学》2009 年第 2 期。

〔2〕 “中国刑法典中单一样态主客观相统一的犯罪，决定了犯罪论体系无须采阶层式构造而只需在既定的四要件体系的基础上，切实理解并诚心接受德国理论分析犯罪‘从客观到主观’的路径模式。”冯亚东：《刑法典对犯罪论的制约关系》，载《中外法学》2012 年第 3 期。

〔3〕 黎宏：《我国犯罪构成体系不必重构》，载《法学研究》2006 年第 1 期。

问题上注定是无所作为,是无法构建自己应有的理论体系的……我们既没有必要闭门造车,拒他人于千里之外,也没有必要妄自菲薄,以为只有采用域外某一种犯罪构成模式才是刑法的唯一正道。"[1]对于中国学者自己创造和构建新的犯罪论体系,杨兴培教授充满信心,"我们中国刑法学完全可以在借鉴和吸收域外犯罪构成理论体系和犯罪构成规格模型之后,博采众长,走自己的路,形成中国自己的犯罪构成理论体系和构建自己的犯罪构成规格模式,服务于我国的刑事司法实践。"[2]

这种拒绝"拿来主义"而追求自创一套的心态,体现了刑法学者在对外开放中面对外来知识大规模进入时的一种茫然和学术自尊。"无论是苏俄还是德日,对于我们来说都是'异邦'。为什么不能有本土的责任理论?这当然是一种羞辱。"[3]但是,陈兴良教授针对自己的感慨同时给出了化解之道。一方面,由于历史进程和学术传统的原因,中国刑法学自近代开始就不再是中学而是西学。"中华法系传统中断,律学也无从接续,我们只能引入大陆法系的刑法话语,这是我们这一代中国刑法学人的宿命。"另一方面,刑法学理论本身是没有国别的。[4]"在一个全球化的时代,刑法的趋同性越来越明显,刑法学的互相沟通也应当是一种进步。"因此,对于"我国能否完全排拒外国刑法学建立起一套中国独特的刑法学知识体系呢?"这样的问题,陈兴良教授的回答是:"既不可能也无此必要……刑法相关问题在国外都已经得以充分研究,积累了丰富的刑法文化知识。我国不可能自外于此,另创一套。"[5]

当然,外国理论的全盘引入并不意味着学术主体性的丧失,而

---

〔1〕 杨兴培:《中国刑法学对域外犯罪构成的借鉴与发展选择》,载《法学论坛》2009年第1期。

〔2〕 杨兴培:《犯罪构成的中国春秋》,载《法学》2009年第2期。

〔3〕 陈兴良:《从刑事责任到责任主义》,载《清华法学》2009年第2期。

〔4〕 樊文:《没有国别的刑法学》,载《法学研究》2010年第1期。

〔5〕 陈兴良:《刑法学:向死而生》,载《法律科学》2010年第1期。

是达到最终的学术自主目标的一种手段。一方面,要吸收和借鉴德日理论来解决中国刑法问题;另一方面,学者也担负着提出新概念和新理论的创新使命。

事实上,已经有不少学者在努力将德日的阶层犯罪论体系进行本土化。例如,陈兴良教授提出了“罪体—罪责—罪量”的犯罪论体系。在2001年出版的《本体刑法学》一书中,作者首次提出了罪体与罪责的二分体系:罪体是犯罪构成的客观要件,罪责是犯罪构成的主观要件,两者是客观与主观的统一。〔1〕此后,在2003年出版的《规范刑法学》一书中,陈兴良教授又在二分体系的基础上提出了罪体、罪责、罪量三位一体的犯罪构成体系。其中,罪体相对于犯罪构成的客观要件,罪责相对于犯罪构成的主观要件,两者是犯罪的本体要件;罪量是在罪体与罪责的基础上,表明犯罪的量的规定性的犯罪成立条件。在这个体系中,罪量是一个独立的犯罪成立要件,数额、情节都属于罪量的表现形式。这是根据我国刑法的犯罪概念存在数量因素这一特殊立法体例而设置的,具有较为鲜明的中国特色。陈兴良教授的新体系区分了罪体与罪责,并使二者之间呈现出一种递进式的位阶关系,这使得该体系在本质上与德日的三阶层理论分享着共同的理论特征。但是,这一体系的最大问题,是将正当化事由放置在外。而这一点,恰恰是未能完全跳出传统的四要件理论的窠臼之处。

这里涉及正当化事由的体系性地位的问题。传统的四要件理论沿袭了苏联刑法学的传统,将正当化事由是放在犯罪构成要件之外来考虑。以正当防卫和紧急避险为例,苏联学者认为,在犯罪构成学说的范围内,没有必要而且也不可能对正当防卫和紧急避险这两个问题作详细的研究。〔2〕四要件理论沿袭了这种看法,认

〔1〕 参见陈兴良:《本体刑法学》,商务印书馆2001年版,第220~221页。

〔2〕 [苏]A. H. 特拉伊宁:《犯罪构成的一般学说》,薛秉忠、卢佑先、王作富、沈其昌译,中国人民大学出版社1958年版,第272页。

为社会危害性是犯罪的本质特征，而不是犯罪构成的一个要件，因而关于排除社会危害性的行为，不在犯罪构成体系内论述。[1] 有学者提出，正当化事由成了“游离于犯罪构成体系之外，与犯罪构成体系不发生任何关系的活泼元素，一个可以在犯罪构成体系之外对犯罪主观方面进行判断，进而对行为性质的认定即犯罪成立与否的认定发挥作用的自由战士。”[2] 在犯罪论体系的争论中，关于正当化事由的体系性地位被认为是传统“四要件”犯罪构成理论的最大问题，受到了比较猛烈的攻击。既然认为四个要件是认定犯罪的唯一根据，那么，在四个要件之外，又因为正当化事由而否定犯罪，其理据就必然遭受质疑。

正是在这一点上，陈兴良教授在《本体刑法学》(2001 年版)与《规范刑法学》(2003 年版)中提出的新体系，存在与四要件理论未能完全剥离的不彻底性。这是令人遗憾的。但是，作者很快就觉察到这一体系上的缺陷。在《规范刑法学》(2008 年版)第 2 版中，陈兴良教授调整了罪体和罪责的内容，将三阶层的犯罪论体系中的违法阻却事由与责任阻却事由分别作为罪体排除事由与罪责排除事由，由此，处在体系之外的出罪事由进入罪体—罪责的体系之内，这就与四要件理论划分出本质的区隔，彻底完成了从平面式、耦合式的犯罪构成理论到阶层犯罪论体系的升级和进阶。

张明楷教授在 1997 年出版的《刑法学》中，采取了四要件理论的通说，按照犯罪客体要件、犯罪客观要件、犯罪主体要件、犯罪主观要件的顺序排列四个要件。在该版中，张明楷教授指出：“各种教科书均采取四要件说，但这并不意味着该说完美无缺，理论上仍有必要对犯罪构成的共同要件进行研究。这种研究应以刑法规定为依据，以具体要件为基础，以有利于认定犯罪和保护合法权益为

---

〔1〕 正当行为在犯罪构成理论之外的体系安排，可参见高铭暄、马克昌主编：《刑法学》(第 7 版)，北京大学出版社、高等教育出版社 2016 年版，第 127 页。

〔2〕 田宏杰：《刑法中的正当化行为》，中国检察出版社 2004 年版，第 144 页。

原则,同时应照顾到刑法理论的体系性和协调性。"[1] 在此,张明楷教授表达了想要努力完善和改进四要件理论的愿望。而在之后的各版中,这种改变的幅度也越来越大。在第二版中,张明楷教授从四要件中删除了"犯罪客体要件"。基本理由是,犯罪客体实际上就是法益,而法益本身不应当被视作是构成要件的内容;犯罪客体本身是被侵犯的法益,但要确立某种行为是否侵害法益,不是由犯罪客体来解决,而是要通过客观要件的检验;犯罪客体与犯罪构成的其他要件并不处于同一层次;排除客体要件,不会给犯罪定性带来什么困难;犯罪侵犯法益,不等于法益本身是构成要件。[2] 在此基础上,作者提出,"犯罪构成的共同要件为犯罪客观要件、犯罪主体要件和犯罪主观要件。"[3] 遗憾的是,与陈兴良教授一样,在2003年的这版教科书中,张明楷教授同样把排除犯罪的事由,即正当化事由放在了他的三要件理论之外,使得正当化事由成为一个游荡于犯罪构成理论之外的存在。从整体上来看,第二版教科书虽然从四要件中删除了客体要件,但是论证犯罪构成理论的思维方式,仍然是处在四要件的框架束缚之中,并没有完全摆脱。

到了2007年的第三版中,张明楷教授进一步删除了主体要件,将其纳入客观要件之中,建立了客观构成要件与主观构成要件的二要件说。最重要的是,在这一版中,作者将违法性阻却事由纳入客观要件之下,将有责性阻却事由纳入主观要件,在整个理论体系的逻辑架构上,与陈兴良教授一样,彻底解决了出罪事由的体系性

---

[1] 张明楷:《刑法学》(上),法律出版社1997年版,第110页。

[2] 参见张明楷:《刑法学》(第2版),法律出版社2003年版,第121页。

[3] 关于各个要件之间的排列顺序,作者认为,"犯罪构成共同要件的排列不只是一个形式与逻辑顺序问题,而是一个关系到人权保障、刑法学研究方向与犯罪构成理论深化的问题,传统的排列顺序具有妥当性;如果采取'三要件说'也应当按客观要件、主体要件与主观要件的顺序排列;新的排列顺序(指前述主体、主观要件、客观要件、客体)值得商榷。"张明楷:《刑法学》(第2版),法律出版社2003年版,第122~123页。

地位问题,完成了与四要件理论的决裂。[1] 作者在第三版前言中表示,“第二版乃妥协之作”,第三版已经是“体系面目全非,观点也改弦更张。”此后,在第四版中,张明楷教授进一步将客观要件与主观要件的二要件说,更新为违法构成要件与责任要件。[2] 这就对犯罪成立条件从纯粹本体论上的理解转向了规范评价,也更加贴近阶层犯罪论体系。到了第五版,作者直接用不法与责任构筑犯罪构成体系,[3] 这就是直接采用德日通行的阶层犯罪论体系了。至此,在犯罪论体系的问题上,张明楷教授完成了从四要件理论向德日阶层论的彻底转向。

作为引入德日阶层犯罪论体系的积极倡导者,周光权教授在他 2007 年第 1 版的《刑法总论》中,却没有直接采取“构成要件该当性—违法性—责任”的德日三阶层体系,对此,周光权教授表示,这是“出于借鉴大陆法系阶层理论总体合理性的考虑,同时也照顾到观念转换、接受程度上的困难”,因此,将犯罪成立要件分为犯罪客观要件、犯罪主观要件与犯罪排除要件。其中,犯罪排除要件包括违法阻却要件与责任阻却要件。[4] 在 2011 年第 2 版《刑法总论》中,周光权教授做了进一步的解释。尽管仍然使用了客观要件和主观要件这样的术语,但是,“这里的客观要件可以直接推导出行为的违法性,主观要件可以直接推导出有责性,所以,客观要件、主观要件的用语与四要件理论在精髓上貌合神离,有很大的不同。”周光权教授的自我评价是,“仅仅从形式上看,可以说我是温和的改革派。但是,如果从实质上看,我对四要件理论的改造应该说是有相当力度的。”[5]

---

〔1〕 参见张明楷:《刑法学》(第 3 版),法律出版社 2007 年版,第 98 页。

〔2〕 参见张明楷:《刑法学》(第 4 版),法律出版社 2011 年版,第 105 页。

〔3〕 参见张明楷:《刑法学》(上册)(第 5 版),法律出版社 2017 年版,第 103 页。

〔4〕 周光权:《刑法总论》,中国人民大学出版社 2007 年版,第 104 页。

〔5〕 周光权:《刑法总论》(第 2 版),中国人民大学出版社 2011 年版,第 67 页。

到了2016年第3版《刑法总论》，作者进一步提出，在犯罪论体系的问题上，必须从要件的思考转向体系思考，“通说所坚持的四要件理论在很大程度上，只是犯罪构成要素的堆积，而缺乏体系化思考”。同时，作者表示，“对四要件理论进行重构，不是完全照搬三阶层体系，也丝毫不意味着必须使用构成要件符合性、违法性、有责性这样的术语……对于我国四要件说的发展方向，我也丝毫没有必须依欧陆刑法理论画瓢的意思。问题的关键在于，只要四要件不能够区分事实判断/价值判断，不能够区分违法和责任，其就必须被重构，从而被改造成为阶层体系。”〔1〕

值得注意的是，周光权教授虽然在教科书体例中先后列出客观要件、主观要件、排除要件（违法阻却要件与责任阻却要件），但是他又认为，不必按照这一排列顺序来认定犯罪。在他看来，司法实务中是在检验客观要件之后，立即检视是否存在违法阻却事由，在没有推翻违法性的情况下，再检讨主观要件与责任阻却事由。〔2〕按此说法，这就是一个德日阶层理论的古典模式，即在纯粹客观的构成要件阶层之后，再进行违法性阶层的检验，然后再在责任阶层进行故意、过失以及其他责任要素的检验。但是，作者又认为，“如果将故意、过失作为违法要素看待，那么我的理论是三阶层的理论：先判断客观要素，再考虑主观要素，这是关于构成要件符合性的判断。在得出肯定结论的前提下，判断是否存在违法排除事由，这是关于违法性的判断。如果能够得出没有违法排除事由的结论，就最后判断有责性。”〔3〕按此说法，这就是一个德日阶层理论的新古典模式，即将故意移至构成要件阶层，然后将主客观要素整

〔1〕 周光权：《刑法总论》（第3版），中国人民大学出版社2016年版，第85页、第88页。

〔2〕 周光权：《刑法总论》（第3版），中国人民大学出版社2016年版，第88页。

〔3〕 周光权：《刑法总论》（第3版），中国人民大学出版社2016年版，第89页。

体地在构成要件阶层检验完毕之后，再检验违法性阶层和责任阶层。当然，无论是古典模式还是新古典模式，无论是构成要件不包含故意的结果无价值论，还是构成要件包含“故意的行为—结果”二元论，在基本性质上都属于递进式的、有内部位阶关系的阶层理论。但是，这毕竟是两种影响整个教科书体系架构的不同的阶层体系，至少在一部教科书中，不能同时容纳两种体系，作者应当对此有明确的选择和安排，而不能说“怎样理解都行”，否则会造成读者的困扰，无法把握作者的立场。

曾经明确提出“我国犯罪构成体系不必重构”的黎宏教授，在其2012年版的《刑法学》中，也对通说的四要件理论提出了批评。他一方面肯定四要件理论的长处，认为四要件是对德日三阶层犯罪构成体系的简化，在明确地指出成立犯罪所必须的各种要件，并且指出其排列先后顺序的一点上，满足了犯罪构成体系的基本要求。而且认为，四要件理论不区分形式要件与实质内容，而是将二者结合起来一体考虑，具有结构简单、方便实用的优点。但是，黎宏教授也指出了四要件理论的问题所在：一是造成了犯罪概念单一化的结果，使得不罚的犯罪概念没有存在的余地。二是尽管四要件排列有序，但由于在形式上将四个方面并列于一个平面上，则大大弱化了犯罪构成体系所应具有的指引法官思考方向的作用。而这一点，恰恰是三阶层犯罪论体系的长处，“这种从德日刑法学中移植过来的犯罪构成体系最大的长处在于，将对法官认定犯罪的指引作用发挥得淋漓尽致。”〔1〕不过，在黎宏教授看来，三阶层犯罪论体系也存在缺陷，那就是采用形式与实质分开的分析方法，将构成要件符合性的判断和违法性、有责性的判断分为三个不同的层次，会导致犯罪认定上的混乱。〔2〕

〔1〕 黎宏：《刑法学》，法律出版社2012年版，第62页。
〔2〕 黎宏：《刑法学》，法律出版社2012年版，第64页。

在这种情况下，黎宏教授提出了自己的犯罪构成理论。第一，将传统的四要件区分为客观要件和主观要件两大部分。第二，将四要件中的犯罪主体，拆分为行为主体与责任能力两部分的内容。然后将前者归入客观要件，将后者归入主观要件。第三，将正当防卫、紧急避险等排除社会危害性事由，归入客观要件，将期待可能性等内容归入主观要件。[1] 在2016年版的《刑法总论》中，黎宏教授继续维持了这一理论。[2] 尽管他声称"将现有的四要件的犯罪构成体系进行改良"，尽管他将形式判断与实质判断放在一起，但是在我看来，这恐怕也不是一种局部修补式的改良，按照本书的标准，这已经接近升级和进阶到阶层体系的阶段。一方面，黎宏教授的理论突出强调了犯罪判断的递进式和层次性，这背离了传统四要件平面集合式的思维方式；另一方面，四要件理论的最大特点也最为人诟病之处，就是正当防卫、紧急避险等事由处于犯罪成立条件之外，而这也是与阶层犯罪论体系在形式上的一个最大区别。现在黎宏教授将其放置入客观要件中，也就是纳入犯罪成立条件之内，在这一点上彻底与四要件决裂了。因此，黎宏教授的犯罪构成理论，与陈兴良教授、张明楷教授、周光权教授的理论一样，在基本性质和根本特征上，都已经彻底地告别了四要件理论，而进阶到阶层犯罪论体系的行列中。

曲新久教授在2009年版的《刑法学》教科书中，采取了"客观罪行—主观罪责"的所谓双层次二元理论。一方面，将构成要件与正当化事由并列，从正反两个方面判断危害行为是否构成犯罪。另一方面，将犯罪分解为客观罪行与主观罪责两大要件，在罪行与罪责之下进一步分解为一系列的客观构成要素与主观构成要素。其中，罪行是犯罪客观方面之事实与评价的统一，包括实行行为、

---

〔1〕 黎宏：《刑法学》，法律出版社2012年版，第65～66页。

〔2〕 黎宏：《刑法总论》，法律出版社2016年版，第66页。

行为对象、危害结果、行为人身份、因果关系、时间与地点等具体的客观构成要素。罪责是犯罪主观面的事实与评价的统一,其中包括刑事责任能力、罪过、目的与动机等具体要件,统称为主观的构成要件要素。[1] 在2012年版的《刑法学》中,曲新久教授进一步提出,"彻底放弃以往的'犯罪构成'概念,并对犯罪论体系进行了适当调整。以往的'犯罪构成理论'存在很多问题,将'犯罪构成'作为静态的定罪标准与模式意义上的概念,是其技术构造层面上的大缺陷。因此,本书彻底放弃这一意义上的'犯罪构成'。"在该版教科书中,作者继续维持了"客观罪行—主观罪责"的基本结构,正当化事由位于两要件之外。[2]

黎宏教授对曲新久教授的理论提出批评认为,这种理论"将我国传统的犯罪构成体系所特有的形式要件与实质要件统一的特点给折中掉了,将犯罪构成转化为了一个完全形式的构成,从而陷入了德日学者所存在的在犯罪构成判断上形式与实质分开、构成要件符合性的判断属于形式判断的窠臼。"[3] 但是,一方面,黎宏教授把形式与实质相结合作为传统四要件理论的核心特征,这一判断本身的妥当性存在疑问,因为四要件理论将正当防卫、紧急避险等正当化事由放在四要件之外,最终仍然起着决定犯罪成立与否的作用,就这一点而言,就是最典型的将违法性的实质判断单独拿出来作为一个范畴。另一方面,黎宏教授的批评也存在准确的地方,那就是,曲新久教授的理论,的确在强调层次递进方面,向着阶层犯罪论的思维方式迈出了重要一步。所谓"窠臼"在我看来,恰恰是值得肯定之处。

---

〔1〕 曲新久:《刑法学》(第2版),中国政法大学出版社2009年版,序言、第75页。

〔2〕 曲新久:《刑法学》(第3版),中国政法大学出版社2012年版,序言、第92页。

〔3〕 黎宏:《刑法总论》,法律出版社2016年版,第64页。

此外，林亚刚教授在其《刑法学教义(总论)》的教科书中，采取了“构成客观必备要件—构成主观必备要件—违法阻却事由”的犯罪论体系。[1] 叶良芳教授在其《刑法总论》的教科书中，采取了“客观构成要件—主观构成要件—犯罪阻却事由”的理论结构。[2] 李晓明教授在其《刑法学总论》的教科书中，采用了“犯罪客观要件—犯罪主观要件—犯罪度量要件”的三要件理论，将犯罪数额、情节以及正当防卫和紧急避险纳入犯罪度量要件。[3] 这些新式教科书都在不同程度上疏离了传统的四要件理论，而更加贴近递进式的阶层犯罪论体系，推进了刑法理论话语的多元化，为我国刑法教科书市场带来了一股新鲜的空气，做出了各自的学术贡献。

上述种种，都是中国学者在犯罪论体系的改造方面做出的探索和努力：尽可能用较易被接受的、本土化的表述方式，在中国引入和传播阶层犯罪论体系。这些教科书中的新体系，都在不同程度上体现了阶层犯罪论体系的位阶性、递进式的核心特点，但在具体架构和术语使用上，则进行了大量调整和改造。

在我看来，从2000年之后至今的关于犯罪论体系的讨论，可以分为三个阶段：第一个阶段，主要是为来自于德日的阶层理论，在中国刑法语境下争取与四要件理论平等竞争的进场资格，即争取“学术合法性”。三阶层与四要件之间的争论，主要发生在这个阶段。第二个阶段，是在阶层理论进场之后，为了使其更易被接受和传播而采取的各种本土化改造。陈兴良、张明楷、周光权等学者根据阶层理论的精髓而自创犯罪论体系，并通过各自不断调整的教科书而摧城拔寨地扩大影响力，就属于这一阶段的工作。第三个阶段，则是在阶层理论已经在中国刑法学界落地扎根之后，就需要

〔1〕 林亚刚：《刑法学教义(总论)》(第2版)，北京大学出版社2017年版，第83页。

〔2〕 叶良芳：《刑法总论》，法律出版社2016年版，第75页。

〔3〕 李晓明：《刑法学总论》，北京大学出版社2016年版，第216页。

在各个阶层内部,不断地引入和研究归属于各个层级的教义学概念和理论。

从目前的情况来看,第一阶段的工作已初步完成。陈兴良教授所说的"三阶层与四要件之争已经硝烟不再"[1],意指这一阶段已经完结。不过,学术论争不可能完全摆脱时势影响。在统编教材又一次呼啸而来的历史时刻,阶层理论的学术正当性与合法性,很可能再度遭遇质疑和挑战。这也是本书设置上篇,对犯罪论体系持续进行整体性论证的意义。第二阶段的工作,即阶层犯罪论体系的整体框架的稳定,主要是通过教科书来完成的。随着学者们的教科书不断地面世和修订,这将是一项在持续的修补和完善中实现的任务。至于第三阶段的工作,即在阶层理论的框架结构之内,进行各层级概念和理论的研究,必将是一项长期且没有尽头的漫漫长路。

第三阶段工作的顺利开展,必须是以前两个阶段的学术工作为前提的。回顾过去十几年的学术发展,虽然有了学术开放的格局,但是,引入和讨论各种教义学理论时遇到的最大困扰和阻力就是:如果保持理论原貌,则难以在四要件结构中找到合适位置予以安放。在保持原有四要件结构不变的情况下,将一个产生于其他不同体系中的概念移植过来之后,最大的疑问就是体系性地位:无论怎样安放,都存在兼容困难的阻碍。

最初,面对这种外来概念与现有体系的不兼容,一些学者给出的解决方案,是对外来概念本身予以彻底改造,努力使其适应四要件理论。例如,期待可能性就是一个典型的从域外引入的概念。在阶层理论中,处在责任阶层的期待可能性概念,是以行为符合不法阶层为前提的。为了将期待可能性安插进四要件理论中,一些学者尝试将期待可能性与行为违法性脱敏,即讨论期待可能性不

---

〔1〕 陈兴良:《刑法教义学的发展脉络》,载《政治与法律》2017 年第 3 期。

以行为违法性为前提。“围绕我国刑法理论,期待可能性,是指根据行为时的具体情况,能够期待行为人进行行为选择的可能性。”[1]这种意义上的期待可能性,就与行为人的意志选择自由基本上等同了。讨论一个人的行为有没有期待可能性,就是在讨论他行为时是否有意志自由。可是这样一来,期待可能性的概念变得非常宽泛,它可能从一个位于不法之后的概念上升到一个不法之前的“行为选择可能性”的概念,甚至可能在最一般的意志自由的意义上去使用。按照这种观点的逻辑,刑法总则中几乎所有规定,都能被挖掘出期待可能性的含义。事实上,当时的讨论也是这样处理的,故意、过失、不可抗力、刑事责任能力、正当防卫、紧急避险、胁从犯……无一不在期待可能性理论的覆盖之下。但由此带来的后果是,期待可能性变成了一个边界被不断拓展、缺乏前提约束因而解释力宽泛无边的超级概念。这就离被滥用的命运只有一线之隔了。

期待可能性理论在中国引入之后的遭遇,具有普遍性和代表性。任何一个概念都是在特定语境中产生和适用,根据体系的内部结构特点和要求,被发明和培育出来。要素离不开整体,概念依托于体系,脱离开原来的体系,概念就会发生异化。当把一个原产于三阶层体系中的概念引入现行四要件理论之内时,会高概率地造成这个概念与四要件理论之间的内在冲突。对此有三种解决方案。第一条路是彻底改造概念,让它与现有体系兼容。第二条路是排斥引入新概念,不让它进入现有体系之中。第三条路是彻底更换体系,在新体系中讨论新概念。究竟选择哪一条道路?在20世纪90年代,多数学者选择第一条路。但是,在2000年之后,随着四要件与三阶层的犯罪论体系之争愈演愈烈,道路分化的格局愈加明显起来。

---

〔1〕 李立众、刘代华:《期待可能性理论研究》,载《中外法学》1999年第1期。

部分四要件理论的坚定支持者选择第二条道路，明确地反对引入期待可能性理论。在四要件理论的支持者眼中，只要维持四要件的理论结构不变，那么无论是在四要件之内或还是在四要件之外，都很难为期待可能性理论找到合适的栖身之所。在四要件维持论者眼中，如果强行将期待可能性理论引入，很可能是“引狼入室”，最终侵蚀四要件犯罪构成理论。而越来越多的学者选择第三条道路。即直接更换作为背景的犯罪论体系，在新体系之内讨论期待可能性，这样就可以彻底地解决不兼容的问题。既然“四要件犯罪构成体系的结构性缺陷导致其无法接纳期待可能性理论”，因此，“有必要采行区分违法阶层（包括违法阻却事由）和责任阶层（包括责任阻却事由）的犯罪构成体系，为期待可能性理论的引入奠定体系基础。”〔1〕

比上述呼吁者更进一步的是，一些学者已经身体力行，在教科书中采用了新的犯罪论体系并引入了期待可能性理论。例如，陈兴良教授在自创的“罪体—罪责”的犯罪论体系中，将期待可能性视作故意和过失的规范评价要素，纳入故意和过失的内容。〔2〕后来他又将期待可能性设定为一种消极的罪责排除事由，放在故意和过失之外。〔3〕采取了“违法—责任”的两阶层犯罪构成体系的张明楷教授，则将缺乏期待可能性视作责任阻却事由。〔4〕周光权教授在其犯罪客观要件、犯罪主观要件和犯罪排除要件的体系中，将缺乏期待可能性定位在一种责任排除事由。〔5〕如前所述，上述几种犯罪论体系表面上看起来不同，但就呈现出阶层递进性这一

---

〔1〕 钱叶六：《期待可能性理论的引入及限定性适用》，载《法学研究》2015 年第 6 期。类似观点，还有付立庆：《期待可能性的体系地位》，载《金陵法律评论》2008 年春季号。

〔2〕 陈兴良：《本体刑法学》，商务印书馆 2001 年版，第 331 页。

〔3〕 陈兴良：《规范刑法学》，中国人民大学出版社 2008 年版。

〔4〕 张明楷：《刑法学》（第 4 版），法律出版社 2011 年版，第 97 页。

〔5〕 周光权：《刑法总论》，中国人民大学出版社 2011 年版，第 67 页。

点而言存在共性，而与传统的四要件理论之间存在根本性差异。这种以“不法—责任”的位阶性为核心特征的阶层体系，本来就是期待可能性理论最初萌芽和生长的语境，在这个原生态语境中引入期待可能性理论，结构性冲突或者说兼容性的问题自然地得到了消解。

上述期待可能性理论引入中国的命运充分说明，域外各种丰富的教义学理论，是与作为其生长环境的阶层犯罪论体系血肉相连、密不可分的。拒斥了阶层犯罪论体系，就相当于是拒斥了引入和学习其内部的大量教义学知识的机会。而那种试图不引入犯罪论体系，只是从其内部摘取局部理论为我所用的想法，注定只能是断章取义地利用，随意地改造，任意拆解其教义学逻辑，最终落得南橘北枳的下场。只有在阶层犯罪论体系的平台上，随着学术开放之门洞开后蜂拥而至的域外知识，才能在不流失其教义学内涵的情况下，彰显出它们对于中国刑法学发展的真正价值。

这就是关于犯罪论体系的前两个阶段的学术工作的重大学术史意义。近年来，学者们在此基础上，于第三阶段的学术工作取得了可喜的硕果。例如，在构成要件阶层中对客观归责理论和故意理论的研究，在违法性阶层中关于各种正当化事由的研究，在责任阶层中关于违法性认识以及期待可能性理论的研究等，都取得了突飞猛进的成果。本书的下篇，就是在三阶层犯罪论体系之内，对于各个阶层中的一些重大教义学问题展开的研究。只有深入地研究这些具体问题，才会真正地显示引入阶层理论的价值和意义。而中国学者的任何创造性工作，也只有在这个过程中，才可能在一个深厚的学术传统中得以充分的展开。因此，笔者将本书的下篇命名为“阶层犯罪论的具体展开”。

俯瞰当代中国刑法知识转型之路，刑法学者可谓步履维艰。既要清理传统的四要件理论，又要引入阶层犯罪论体系，还要改换话语表述方式，使得阶层理论能够在中国被接受和传播。在确立了阶层犯罪论体系的框架之后,要利用这个平台,进一步引入各个阶层内的刑法教义学知识。在此过程中,不仅要运用各种新知识解决中国的问题,更不能丧失学术主体性,还需要尝试各种教义学改造,提出立足本土的新的教义学理论。这就是中国刑法学者面临的错综复杂的学术任务。

上篇

阶层犯罪论的整体考察

第一章
犯罪论体系的历史钩考

今天我们研究前天，
为的是昨天也许不会使
今天无所作为。
——梅特兰

本章从历史的视角，对近现代中国犯罪论体系的演变进行考察。回首走过百年历程的中国刑法学，是一段向异域学习和移植的历史。历史轨迹清晰地呈现出一种循环状态：德日—苏联—德日。在“大历史的视野”中，去考察“犯罪论体系”在近现代中国一百余年的命运，描绘中国刑法学理论在近现代一百年间演变的脉络，从而揭示出频繁的社会变革、目标的功利性以及意识形态的渗透对于犯罪论体系乃至整个刑法理论发展的深刻影响。最终可以看出，所谓“未竟的循环”，不是简单的重复，而是一种螺旋式的上升，是在痛定思痛后，所做出的理性抉择。

一、进入历史

对中国刑法学史来说，当前是具有反思与回顾意义的一个时间点。一百多年前，也就是公元1906年，沈家本上书朝廷，聘请日本刑法学者冈田朝太郎博士着手修订《大清新刑律》，意味着中国刑法典及其理论学说开始由中华法系向大陆法系转变；同年，在执大陆法系牛耳的德国刑法学界，贝林（Beling）提出独特的“构成要件”概念，由此开创的“古典犯罪论体系”，标志着大陆法系的刑法学理论开始进入新的发展阶段。一百多年后，我们回头去看，如何理解一百多年前的这两个事件对于近现代中国刑法学的意义？作为整个刑法学理论的基石，诞生于德国的“犯罪论体系”在一百年间是否以及如何影响了中国刑法学的发展？而中国刑法学从1906年起向大陆法系转变的过程中，又在“犯罪论体系”这个核心问题上经历了怎样缓慢和艰难的历程？这些问题，对于我们把握中国刑法学理论在近现代一百年间演变的脉络，从而展望刑法学理论未来的发展，无疑具有重要的意义。

事实上，中国刑法学界在十多年前已经开始了这方面的工作。从2003年起，中国刑法学界对现存的犯罪论体系（即犯罪构成理论）出现了前所未有的集体性反思。在学术刊物方面，《政法论坛》、《环球法律评论》、《法商论坛》先后在2003年邀请陈兴良、张明楷等国内一流刑法学者参与关于犯罪论体系的专题研讨；在学术会议方面，2003年11月在山东大学法学院由何秉松教授主持召开了关于犯罪论体系的国际研讨会，有国内外刑法学者近50人参加，而在2003年12月北京大学法学院举办的“刑事政策与刑事一体化”论坛上，关于“犯罪论体系”的分会场上学者云集、发言踊跃；在学术出版方面，北京大学的陈兴良教授双管齐下，先于2003年8月在复旦大学出版社出版了由其主编、完全按照大陆法系的犯罪论体系来撰写的《刑法学》一书，又于2003年9月在中国政法大学出版社出版了其专著《规范刑法学》，提出了“罪体—罪责—罪量”三位一体的新犯罪论体系；最后，作为对2002年刑法学年会首要议题之一“犯罪构成与犯罪成立基本理论”的讨论总结，中国政法大学出版社于 2003 年合集出版了《犯罪构成与犯罪成立基本理论》一书。根据从中国期刊网上检索的资料，自 2003 年起至 2005 年，短短 3 年间，各种学术期刊上讨论犯罪论体系的论文将近 50 余篇；而在 2003 年之前，从 1997 年到 2002 年 6 年间，以犯罪论体系或犯罪构成理论为主题的论文也不过 20 余篇。因此，无论在研究的质量还是数量上，可以说，自 2003 年起，关于犯罪论体系的学术讨论已经在中国刑法学术史上掀起了一个持续至今的小高潮。

按照日本刑法学者大塚仁教授的说法，“犯罪论体系就是论证怎么样去逻辑地构建刑法中犯罪的各个成立要件的这样一个体系”。[1] 它被称为“刑法学皇冠上的一颗明珠”，在很大程度上代表了一国刑法学界的学术研究水平。在当前的中国刑法学界，相当于犯罪论体系的是“犯罪构成要件”理论，其权威演绎是“四要件说”，该理论包括四个方面：犯罪客体、犯罪主体、主观方面和客观方面。这一学说自 20 世纪 50 年代从苏联引入，又在 80 年代后由高铭暄教授主编的统编教材《刑法学》和杨春洗教授等编著的《刑法总论》等教科书中正式提出以来，在理论界和司法实务界占据了主导地位。尽管之后也出现过一些挑战和质疑，但这些挑战都是零星的、不成气候的，并没有形成对“四要件说”的真正威胁；因此，迄今为止，“四要件说”仍然是绝大多数刑法学教科书在编撰“犯罪构成”一节时理所当然采纳的通说。而这一次的大讨论应该是几十年来规模最大也最为集中的一次。

本章的写作正是在这一背景下展开。但是勾勒从这十几年间的当代学术史并不是我的兴趣所在，因为相对于犯罪论体系在中国的命运，这十几年来所浓缩的内容还不具有“万历十五年”那样能够横穿千年的代表性；然而它却提醒我们，如果把这一次的“挑

---

〔1〕［日］大塚仁：《犯罪论体系的基本问题》，冯军译，载陈兴良主编：《刑事法评论》（第 14 卷），中国政法大学出版社 2004 年版，第 1 页。

战”作为一个回头去看的起点，在“大历史的视野”中，去考察“犯罪论体系”这一中国刑法学理论中的“顶级舶来品”在近现代中国一百余年的命运，是否会得到一些新的启示呢？如苏力所说，“其实没有昨天的未来是完全不确定的，人之所以能够期望明天恰恰是因为他有对于昨天的记忆。在生活实践中，一切对于未来的预期都必然——至少是在一定程度上——建立在对于昨天的确认和记忆之上。”[1]那么，犯罪论体系在昨日中国的记忆又是什么呢？通过梳理这一理论体系在近现代中国的发展脉络，不仅仅在于提供一个粗略的史料背景，更重要的是，我寄希望于能为理论的变迁和模式的选择开辟一个重新理解的角度。这就是本章的写作目的。

二、犯罪论体系在晚清与民国的发展

（一）晚清以前：中华法系缺乏滋生的逻辑土壤

总的来说，20 世纪之前的中国刑法，是以唐律为最典型代表的、与其他诸法合体共生于所谓的“中华法系”；20 世纪之前的中国刑法学，是受儒家思想影响的、以条文注疏为主要研究模式的传统律学。晋代的张斐注律，对刑律中的一些核心用语作了注释，指出：“其知而犯之谓之故，意以为然谓之失……唱首先言谓之造意，二人对议谓之谋……凡二十者，律义之较名也。”及至清代，律学达到相当精致的程度，也只是解释之学。例如，清代学者王明德提出读律八法：一曰扼要，二曰提纲，三曰寻源，四曰互参，五曰知别，六曰衡心，七曰集义，八曰无我。这些读律之法即使在今天看来仍然颇具启发。当正如我国学者指出的，中国古代的刑法理论，仅仅局限于对律条进行注释和解释，对具体的犯罪作一些说明和阐发，而

[1] 苏力：《道路通向城市——转型中国的法治》，法律出版社 2004 年版，第 24 页。

没有提出对任何犯罪都适用的犯罪构成的概念及要件问题。[1] 也就是说,中国古代的中华法系,尽管有着发达的刑律制度和律学研究,也孵化了丰富的刑法思想并对周边诸国产生深远影响,但其旨趣与抱负,却是与近代以来发轫于西方的"法律科学"大相径庭。概言之,精于条文解释而疏于理论体系的建构,是晚清以前中国刑法学(实际上就是律学)的总体特点,在这样的土壤中,很难滋生出某种一般性的、具有内在逻辑性的理论模型。

对此,陈兴良教授认为,"中国古代律学之所以没有形成犯罪论体系,与中国古代的思维方式与法律文化都是有关系的。犯罪构成是一种理论模型,是建立在对犯罪成立条件的理论概括基础之上的,需要具备相当程度的逻辑水平与思维能力,尤其是形而上的抽象思维能力。而这一点恰恰是中国人所欠缺的,中国人擅长的是语言而非逻辑。"[2] 苏力教授对于中国传统学术的特点也有过类似的感慨,即"很少精细严格的论证"、"不追求体系化"。[3] 我认为这些见解都是切中要害的。中国是一个"诗歌的国度",而传统的山水诗或神韵诗的语言讲求的是空灵,说"实"了就落了下品。[4] 对语言的这种诗性追求渗透到不止于诗歌的领域,即使是议论的文体,更看重的也是靠文采的汪洋雄肆来感染人,或者简洁精当以发人深省;这确实很不同于西方社会科学中那种以概念和公理为起点,通过逻辑的层层推进和分析,来演绎和建构体系的论

---

〔1〕 钱大群、夏锦文:《唐律与中国现行刑法比较论》,江苏人民出版社 1991 年版,第 86 页。

〔2〕 陈兴良:《犯罪论体系:比较、阐述与讨论》,载陈兴良主编:《刑事法评论》(第 14 卷),中国政法大学出版社 2004 年版,第 61 页。

〔3〕 苏力:《川上曰》(《阅读秩序》一书的序言),载苏力:《批评与自恋》,法律出版社 2004 年版,第 220 页。

〔4〕 对此的详细评论可参见宗白华:《美学的散步》,安徽教育出版社 2006 年版,第 115 页以下;叶维廉:《中国诗学》(增订版),时代出版传媒股份有限公司、黄山书社 2016 年版,第 80 ~ 94 页。

文风格。放在一个更为宏观和庞大的历史背景中去看，这里牵涉东西方文明的不同特点甚至孕育和发展不同文明的不同环境，包括经济的、社会的和自然的。因此，包括“犯罪构成”在内的诸多法学概念和理论，何以未能在绵延数千年的中华法系中出现，我们也只有在“诗与哲学的冲突”这样的层面上去考察理论滋生所必需的土壤，才能给予客观和同情的理解。

（二）晚清时期：变法修律奠定“法定性”基础

一般认为，20 世纪的中国刑法学是指 19 世纪末 20 世纪初西学东渐以来受西方刑法制度和刑法学说影响而形成和发展起来的近现代法学，有别于此前主要受儒家思想影响的传统律学。中国刑法学发端的基本标志是沈家本在 20 世纪初引进西方立宪法治思想和现代法律体系，主持进行具有深远历史影响的变法修律运动。[1] 1902 年清廷颁诏：“著派沈家本、伍廷芳，将一切现行律例，按照交涉情形，参酌各国法律，悉心考订，妥为拟议，务期中外通行，有裨治理。”1903 年修订法律馆奉旨成立，沈家本、伍廷芳出任修订法律大臣。虽说是“参酌各国”，但必然是有所重心。在此之后的十年间，中国基本走的是一条以日为师的路子，大量翻译日本的刑法典和刑法学著作，派员到日本学习和考察法制，并聘请日本刑法学家冈田朝太郎等为修律顾问。

从已有的资料看，在这一时期，犯罪论体系仍未在中国刑法学理论研究的视野中出现。我认为，这主要是由于：首先，当时政府和修律大臣的主要精力先放在移植和制定新式的刑典上，换言之，变法初期，法制未稳而变动频仍（《大清律例》、《大清现行刑律》、《大清新刑律》等颁布先后之间都不过几年），理论研究的对象也就

〔1〕 参见梁根林、何慧新：《二十世纪的中国刑法学》（上），载《中外法学》1999 年第 2 期。

是规范本身还不明确。而《大清新刑律》施行不到一年，晚清政府即告覆亡，理论体系的建构自然还不能成为、也来不及成为最紧要的案头之事。其次，从学术史的时间表看，晚清修律的同期，德国的刑法学界对于犯罪论体系的研究也是刚刚起步，贝林于1906年提出了独特的、区别于以前刑法学者的“构成要件”(Tatbestand)的概念，并由此开创了以“构成要件该当性、违法性和有责性”为成立要件的、古典的“犯罪论体系”。而从德国到日本，再从日本到中国，这个传播渠道在客观上存在的时间差，也必然使“以日为师”的中国不可能在第一时间大范围地接触到这一“前沿理论”了。

但是，没有出现，是否就意味着没有贡献？我的初步看法是：尽管还没有出现对于犯罪论体系的系统研究，但这一时期的修律工作在很大程度上为犯罪论体系日后在中国的生发奠定了“法定性”的基础。一般认为，比较成熟和完善的犯罪论体系会对刑法典的体例、立法技术和具体规定有一定程度的要求，这就是通常所说的犯罪构成的“法定性”。“法定性”体现在刑法总则关于“主体”、“罪过”以及未完成犯罪形态等一般性规定中，更主要地体现于刑法分则关于各个罪名成立要件的详尽列举。这些特殊化了的、具体的构成要件是罪刑法定原则的必然要求，也是建构犯罪构成“理论性”的基石。因为只有在对各个具体的构成要件的提炼和概括之上，才可能抽象出一般性的理论模型。

在这个意义上，“法定性”是“理论性”的前提。尽管我们可以从不同的理论角度去解释一部刑法典，因而使理论超然于法律规定而形成体系多元的局面，[1]但毕竟我们还是需要一个合格的解释对象，也就是说，能够放在近现代刑法理论框架中去予以解释和分析的近现代刑法典。换言之，“器”与“道”之间不能差距太大。

---

〔1〕 参见陈兴良：《犯罪构成：法与理之间的对应与紧张关系》，载《法商研究》2003年第3期。

但晚清之前“诸法合体”的各代法典无论在结构、体例还是具体的条文规定上，显然还不能充分符合一部近现代刑法典的标准；相应地，也就不能满足近现代刑法理论的大成——“犯罪论体系”对于“法定性”的前置要求。正是在这里，凸显出晚清末期变法修律的贡献和意义，它使得绵延数千年的“诸法合体”的中华法系开始解体，标志着以大陆法系为基础和样本的近现代法律体系初步形成；而刑法作为一门独立的部门法也开始在法典体例和立法技术上向德日为代表的大陆法系看齐，打破了以往刑、民不分的旧格局——按照德日通例将刑法典分为总则和分则，在总则中规定全编之纲领，在分则中规定具体之事例，从而使中国刑法典迅速与近现代各国刑法典接轨，实现了刑法体系的转型。这一转型，无疑为犯罪论体系的出现清除了法律上的障碍，廓清了进行理论抽象的法典原型，奠定了犯罪构成的“法定性”基础。

（三）民国时期：提炼“要素”奠定“理论性”基础

民国时期的刑法学，进一步引进和移植大陆法系的法理和法律。这一阶段，中西刑法文化进一步碰撞和融合，在继续学习、仿制以大陆法系为主的外国刑法学说和思想的基础上，中国现代刑法学的体系也初步形成，出现了许多曾负笈海外、学识渊博的刑法学家，一些外国主要是日本的学者也受聘来中国讲学。

在这一时期，许多刑法学著作和教科书里开始出现了对于犯罪成立的一般性要素的概括和阐述。比如，在曹寿麟口述、王选注疏的《朝阳大学法律科讲义（刑法总则）》中，就有关于犯罪的定义和成立要素的详尽说明：

> “……犯罪者国法上以刑罚为制裁之不法行为也。质言之，即列举刑罚法令之有责不法之行为也……
>
> 犯罪成立要素，有普通与特别要素之分。普通要素，为各种犯罪所必不可缺者。特别要素，则限于一定

犯罪之成立……刑律总则即以研究普通要素为其最要之主眼者也。犯罪普通成立要素本无一定分类，兹为便于论述故约分为六种：（一）犯罪以人为主体；（二）以法益为客体；（三）律有正条；（四）行为；（五）责任；（六）不法……”〔1〕

同一时期的刑法学著作还有赵琛的《刑法总则》，书中认为：

“成立犯罪的一般要素包括犯罪主体、犯罪客体、责任（意思与能力）、行为的危险性以及违法性等。”〔2〕

在郭卫著的《刑法学总论》中，作者对何谓犯罪提出自己的定义：

“犯罪者，即有责任能力者，于无违法阻却时，因故意或过失，违反刑罚法令所列举之行为也。”〔3〕

在徐石松编著的《刑法》第一编第一章中关于“犯罪的要件”列举如下：

“犯罪须是人的行为；犯罪须是违法的行为；犯罪须是有责任能力人的行为；犯罪须是有故意或过失；犯罪须是刑法所列举的行为。”〔4〕

由这些例子可以看出，在这一时期的刑法学理论中，“主体”、“客体”、“违法性”、“责任”等近现代刑法学关于犯罪论体系的一些关键性和普通性的要素都已经开始从具体的、特殊的分则条文中被抽象出来。这里尤其值得一提的是所谓“律有正条”。早在晚

〔1〕 曹寿麟述、王选疏：《朝阳大学法律科讲义（刑法总则）》，北京朝阳大学1927年版，第25～27页。

〔2〕 赵琛编著：《刑法总则》，商务印书馆1945年版，第45页。

〔3〕 郭卫：《刑法学总论》，上海法学编译社1946年版，第81页。

〔4〕 徐石松编著：《刑法》（上册），商务印书馆1936年版，第49页。

清变法修律之时，沈家本就曾指出："一切犯罪须有正条乃为成立，即刑律不准比附援引。"[1]这一思想在当时的《大清新刑律》第10条中得到了具体体现，该条规定："法律无正条者，不问何种行为不为罪。"如果说，晚清时期的"律有正条"是作为罪刑法定原则的一种中文表述体现在刑法典总则中；那么到了民国时期，"律有正条"被很多刑法学者在理论上视为与"责任"、"违法性"等并列的一种"普通性的犯罪构成要素"，则颇为近似于近现代德日刑法犯罪论体系中的"构成要件该当性"了。

这一时期刑法学研究的另一个显著特点是，刑事古典学派和新派的一些基本的刑法思想和刑法理念被大量地传播到中国来，形成刑法学研究中的热点。民国的很多刑法学家致力于刑法谦抑性（王宠惠）、犯罪根本原因及死刑（居正）、主观主义和目的刑（王谨）等刑法"元问题"的探讨和宣扬。同时代的另一位杰出的刑法大家蔡枢衡对刑法学的这种"思想繁荣"给予了严厉的批评，在蔡看来：

> "刑法学者把旧派、新派和折中派当作刑法学人的标识，并且常常自认为属于某一派，或表示赞成某一派。民国时期中国刑法学是'洋化'的刑法学，帝国主义的刑法思想都可以发现于当时的中国刑法学界，但却趋于低劣化和简单化——理论上和事实上都不是原装货，中国刑法之次殖民地性却须眉必现。"[2]

应该说，蔡先生的这种批评是一针见血的，表现了一个具有独立的学术人格的学者风范；但是，从另一个角度看，这种新旧两派的思想和理念的大量传播，对于正在起步的中国刑法学界来说，也

---

〔1〕 参见沈家本：《历代刑法考·明律目笺一》，中华书局1985年版，第1807页。

〔2〕 蔡枢衡：《刑法学》，独立出版社1947年版，第72～73页。

的确是一种"刑法的启蒙"。刚刚从几千年的封建刑法体系和思想中解放出来,当时的刑法学界所面临的最紧迫的任务,不是也没有能力立刻进入刑法本体理论和规范细则的深入研究,而是更需要放眼看世界,更需要一些"头脑风暴",对整个刑法理论界、实务界乃至广大民众进行刑法观念的更新和启蒙。而对于犯罪论体系的发展,这种理念上的传播,无疑也为体系的建构渲染上思想的背景,是有益无害的。

由此可以看出,经过了晚清的变法修律,犯罪论体系有了相当的"法定性"基础(民国时期的刑法典基本没有超出晚清刑法典的模式);到了民国时期,随着刑法理念的迅速发展和传播,以及构成犯罪的一般性的、普遍性的要素开始被抽象出来,犯罪论体系的"理论性"初显气象;至此,可以说,是当时的中国刑法学界于进一步澄清和挖掘各个要素之间的逻辑关系,从而概括和提炼出一套认知体系,也就是我们今天所说的"犯罪论体系"的研究条件已经基本具备。假以时日,到20世纪中后期,相信以大陆法系为依托的犯罪论体系当会在中国逐步成熟。但是,这毕竟只是逻辑中的学术史,而非历史的真实逻辑。

三、犯罪论体系在1949年之后的境遇

(一)新中国成立初期:清算旧法后的新一轮移植

1949年2月新中国成立前夕,中共中央明令彻底废除国民党政府的六法全书,发出了《关于废除国民党〈六法全书〉和确定解放区司法原则的指示》,强调:

> "人民的司法工作不能再以国民党的六法全书为依据,而应当以人民的新的法律为依据"。

1949年9月为新中国成立颁布的《中国人民政治协商会议共同纲领》明确宣布:

“废除国民党政府一切压迫人民的法律、法令和司法制度,制定保护人民的法律,建立人民的司法制度。”

在这样的历史背景下,刑法学理论发展的轨迹脱离了原有的预期,发生了方向性的变化。晚清以来至民国时期按照大陆法系的模式逐步累积起来的“旧法”,遭遇了从形式到内容的彻底批判;无论是刑事古典学派,还是刑事实证学派,由于同样地隶属于“剥削阶级”而皆无幸免地受到彻底的清算。但是“破旧”之后如何“立新”?从1949年起至1957年的近十年间,刑法学界将学习和移植的目光由德日转向了苏联,中国刑法学进入了所谓的“转型时期”。[1] 之所以称作“转型”,在我看来,意味着中国以刑法为代表的整个法律体系又开始由“大陆法系”转向了“社会主义法系”,意味着刚刚起步的刑法学研究又调转车头,另起炉灶重新建造。建造的方法和民国时期基本一样:聘请外国专家来华授课;翻译外国刑法和刑法学著作;派员去外国学习。只是这次的“外国”由日本变成了苏联。这期间,除翻译了苏联及其他社会主义国家的刑法典外,仅翻译的苏联刑法著述就多达30多部,包括《苏联刑法总论》(彭仲文译,大东书局1950年版)、《苏维埃刑法总则》(中国人民大学刑法教研室译,中国人民大学出版社1954年版)、《苏维埃刑法论文选译》(中国人民大学刑法教研室编译,中国人民大学出版社1955年版)等,尤其值得一提的是,苏联著名刑法学家特拉伊宁的《犯罪构成的一般学说》(薛秉忠等译,中国人民大学出版社1958年版)一书,也是在这一时期翻译出版。

1954年以后,在译介和引进苏联刑法学理论和著作的同时,中国刑法学界开始了自己著述研究的艰难跋涉。其中以一部大纲和

---

〔1〕 梁根林、何慧新:《二十世纪的中国刑法学》(上),载《中外法学》1999年第2期。

四部教材为代表,[1]“比较系统地论证了与中国社会主义革命和社会主义建设的客观实际和基本要求相适应的刑法理念和刑法原理,勾画了刑法总则的体系,阐述了新中国刑法的主要内容,从而标志着新中国刑法学理论体系的基本形成。”[2]其中,中国人民大学法律系刑法教研室编写并出版(内部出版)的《中华人民共和国刑法总则讲义》尤其值得一提。这本教材首次勾勒出中国犯罪论体系的基本轮廓,指出中国的犯罪构成,即中国刑法所规定的,决定某一具体行为的社会危害性及其程度而为该行为成立犯罪所必要的一系列事实特征的总和,这种总和是追究行为人的刑事责任的唯一根据;包括犯罪客体、犯罪客观要件、犯罪主体和犯罪主观要件。[3] 这些关于犯罪构成问题的论述,为当时的刑事立法和刑事司法工作起了很重要的指导作用,也奠定了以后几十年间中国刑法学界研究犯罪论体系的基础和基调。

从1957年到1979年的20年间,中国社会基本上处于一个各类“斗争”和“运动”层出不穷的时期,没有形成一部成文的刑法典。尽管期间也组织过刑法典的起草工作,但是由于缺乏良好的环境,立法工作一再搁浅。相应地,这一时期的刑法学也进入了冰川时期,禁区林立,包括“犯罪构成”在内的许多重大理论问题无人问

[1] 这里的一部大纲是指《中华人民共和国刑法教学大纲》,四部教材则包括《中华人民共和国刑法总则讲义(初稿)》(上、下册),中国人民大学刑法教研室1957年编印;张中庸:《中华人民共和国刑法》,东北人民大学出版社1957年版;《中华人民共和国刑法总则讲义》,中央政法干部学校刑法教研室编写,法律出版社1957年版;《中华人民共和国刑法总则讲义(初稿)》,西南政法学院刑法教研室编印,1957年版。

[2] 张智辉:《回首新中国刑法学研究五十年》,载《国家检察官学院学报》2000年第1期。

[3] 高铭暄主编:《刑法学原理》(第1卷),中国人民大学出版社1993年版,第443页。

律。[1] 既没有一部正式的刑法典作为“法定性”的基础，也缺乏宽松的学术空间可以在“理论性”上深入，这一时期中国刑法学界对犯罪论体系的研究基本处于停滞状态。

（二）1979年以后：“四要件”理论的传播和遭遇的挑战

1978年中央十一届三中全会之后，法制建设重新得到重视，法学研究开始复苏，作为刑法学基本课题的犯罪论体系也重新受到关注。尤其是在1979年刑法颁布后，犯罪论体系问题显得愈加重要。1982年，由高铭暄教授主编的高等学校法学试用教材《刑法学》出版。这本教材继承了50年代刑法学教科书的体系并有所发展，吸收了刑法学研究的新成果，在体例和内容上有了新的突破，在犯罪论体系的论述上，也有了发展和深入。该书所建立的刑法学体系，为后来的各种刑法论著和教科书所接受，成为中国刑法学界公认的、权威的刑法学体系。而“四要件”的犯罪论体系，也因此得以更为广泛地传播，迅速地建立起“通说”的地位，为绝大多数刑法教科书所采纳。

自80年代中后期后，中国刑法学界对于犯罪论体系的研究开始进入探索和突破阶段。十多年间，发表了一系列探讨有关犯罪论体系问题的论文，对犯罪构成的概念、犯罪构成的要件等具体问题和整个犯罪构成体系问题进行了深入的探讨和争论。例如，关于犯罪构成的概念，出现了“法定说”、“理论说”、“折中说”等不同观点；关于犯罪构成的要件包括哪些内容，存在与“四要件”说相异的“二要件”说、“三要件”说和“五要件”说等主张；关于犯罪构成体系或系统如何建构，有人提出建立犯罪构成的层次结构与具体模型的观点，认为犯罪构成可以划分为“犯罪构成”、“构成部分”、

---

〔1〕 一些学者认为，犯罪论体系研究的停顿始于1958年《政法学习》第1期发表的邹石山的《犯罪构成是刑事责任的唯一根据吗？》。

"构成方面"、"构成要件"四个层次。[1] 从80年代中后期起，专门以犯罪论体系为主题或在书中对犯罪论体系进行重点研究的代表性著作有《犯罪构成论》、《犯罪通论》、《犯罪论原理》、《犯罪构成系统论》、《犯罪构成原理》和《犯罪构成及其关系论》等，[2] 这些著作都从不同的角度对犯罪论体系进行了更为深入的探索和研究，基本上都是围绕着"四要件"理论展开，并在不同程度上对其予以补充、修正甚至批评。这其中，何秉松教授于1995年出版的《犯罪构成系统论》由于旗帜鲜明地提出改革"四要件"理论，用"犯罪构成系统论"取而代之而格外引人注目。

不过总的来说，包括"系统论"在内的林林总总的反对声音都显薄弱，未成气候，很快就被反批评的声音淹没了，这在某种程度上更加凸显和玉成了"四要件"理论的强势地位。今天回过头来看，历史地、客观地分析"四要件"理论胜出和盛行的缘由，除了四要件自身的鲜明特点外，反对性理论的先天不足也是一个重要原因：一些新的理论框架基本上属于对"四要件"的修正、补充或者泛泛的、单纯的批评，缺乏能够从根本上颠覆并代替"四要件"的、更为厚实的理论源头和历史根基，因而也就未能从整体上跳出"四要件"的思维模式和立论起点；此外，反对的声音都是在后来出现的，同时期并没有出现强有力的竞争理论，加之传播渠道的顺畅也历史地赋予了"四要件"某种"先声夺人"的优势；最后，但并非最不重要的，由"四要件"创立者和支持者组成的"理论阵营"中"人"的因

---

〔1〕 高铭暄主编：《新中国刑法科学简史》，中国人民公安大学出版社1993年版，第83～89页；肖中华：《犯罪构成及其关系论》，中国人民大学出版社2000年版，第39页。

〔2〕 这些著作包括樊凤林主编：《犯罪构成论》，法律出版社1987年版；曾宪信等：《犯罪构成论》，武汉大学出版社1988年版；马克昌主编：《犯罪通论》，武汉大学出版社1991年版；张明楷：《犯罪论原理》，武汉大学出版社1991年版；何秉松：《犯罪构成系统论》，中国法制出版社1995年版；刘生荣：《犯罪构成原理》，法律出版社1997年版；肖中华：《犯罪构成及其关系论》，中国人民大学出版社2000年版。

素也同样不可忽略。凡此种种,可能都是回答“犯罪构成四要件说”何以在20世纪末期的20年中成为一种“传统”甚至“话语霸权”时需要考量的因素。

(三)21世纪的新气象

进入2000年以后,情况又有了一些新的变化。本章开篇所描述的、中国刑法学界在2003年对犯罪论体系的大讨论可以看作是这种新气象的集中体现。一些中青年学者开始从不同的进路对传统的“四要件说”提出挑战,与以往不同的是,新的挑战吸收了或依托于国外尤其是德国和日本等大陆法系国家关于犯罪论体系甚至整个刑法学体系的相关学说。这些发展业已百年、相对比较成熟的理论体系构成了新一轮挑战和冲击“四要件说”的大背景,也使得新的挑战显得更为厚实和有力。挑战者或是访学过海外,轻装上阵的新生代,或是脱胎于传统,但又不满于现状的中坚力量;挑战的思路或者是针对“四要件说”的根基“社会危害性”,或是提出不同于“四要件说”的新体系,或者干脆就直接以德、日刑法理论中的“犯罪构成三段论”为根基重写教科书。与此同时,在国内刑法学界有重要影响的几家刊物连续推出关于犯罪论体系的专题研究,一些以“犯罪论体系”为主题或者主题之一的研讨会也相继召开。学者们不仅通过学术性的论文和著作,甚至通过更为大众化也更具有影响力的法律类媒体进行呼吁,倡导犯罪构成理论的重构。

四、犯罪论体系发展的历史评价与溯因

在回顾了犯罪论体系在近现代中国的发展轨迹后,又该如何评价这一百年来中国刑法学界对犯罪论体系研究的总体水平呢?如果从理论发展的体系化程度来衡量,则发展近百年的中国刑法学,对于犯罪论体系研究始终徘徊在体系构建的第一阶段,即从不

同角度去提炼和归纳构成体系的要素。

这听起来也许有些苛严，但却是一个客观的、有节制的评价。从上文对于犯罪论学术史的粗略勾勒可以看出，在晚清、民国、新中国成立后（1949 年到 1979 年）和 1979 年以后这四个时期中，晚清和新中国成立后基本都属于体系建构的基础期或者蛰伏期，而只有在民国和 1979 年之后的刑法学才开始自觉地将犯罪成立的诸要件概括出来。但是，无论这种理论概括是一种简单的移植还是原创性的研究，无论是民国时期的“六种要素”还是盛行于今的“四要件”，都仅仅停留在研究要素本身的阶段和水平，其理论的总体特征还是一种“要素集合”。尽管在说法上也常常会改头换面为“有机的统一体”，但基本上仍然是在用一种“事物之间的普遍联系”来肤浅地解释要件之间的关联，到底应该依据何种原则或规律将之形成一个逻辑整体？这些进一步的研究，是形成和评价一个成熟的犯罪论体系所必需的，但基本上付之阙如。理论内部的各个要素之间缺乏内在的逻辑联系，彼此之间没有明显的逻辑层次，概念之间不能相互推导，要言之，整个理论缺乏内在的逻辑统一性。[1] 因此，以一个严格的体系标准来衡量，发展近百年中国刑法学对犯罪论的研究始终还没有进入理论体系建构的第二步，在体系的大门之外踯躅而不得其入。接下来，对于形成这种局面的原因，将从三个方面加以揭示。

（一）频繁的社会变革

犯罪论体系作为刑法学发展史上的钻石，是刑法学理论发展到一定程度的结晶。德国的犯罪论体系发展到今天的精致局面，是费尔巴哈（Feuerbach）以来几百年中数代刑法学者集体努力的结果，贝林、李斯特（Liszt）和宾丁（Binding）等学者在其中发挥了关键

---

〔1〕 从体系化程度的视角展开的具体分析，可详见本书第三章。

性的作用，而在费尔巴哈之前，数代学者的研究也是功不可没的。几百年间，德国刑法学承继了罗马法的传统，致力于法典化和理论体系的建构，这种一以贯之的立法思想和学术传统保证了刑法理论能够在延续前人的基础上向纵深方向发展。20 世纪以来，德国经历了两次世界大战，社会、经济和政治都发生了很大变化，刑法改革也历经数次，但是动荡之后社会很快又走上正轨，保持着一个法治国家的常态。这一方面使得刑法学有一个相对稳定的研究对象，另一方面也造就了一个可以不断积累的学术传统。德国著名学者雅科布斯（Jakobs）认为，在第二次世界大战之后，一些学者为了躲避政治压力，反而将更多的精力投入对于犯罪论体系的研究上来，因为相对于规范目的和规范本质等问题，犯罪论体系被认为是一个理论性和技术性更加纯粹的问题。[1] 因此，相对稳定的社会环境是犯罪论体系的理论研究向纵深发展的前提。

但是近现代中国的社会现实无法做到这一点。19 世纪末以来，中国首先是被西方列强凭着它们的坚船利炮拉进了世界性的现代化进程；最终，现代化又成为中国面对西方列强殖民扩张的一种自我选择。这意味着中国面临的第一位的任务就是必须“变”。从 19 世纪末开始，中国社会的统治界和有责任感的知识分子一直集中关注的是“变法维新”的问题，要改造中国，使之成为一个现代化的强国。这种“变”是一个全面的秩序破坏和秩序重建，是一个结构性的整体变迁，是略有夸张的“三千年未见之大变局”。[2] 一个世纪以来，改良、维新、革命、战争、改革……持续的、频繁的社会变革构成了中国社会近一百年的基本特征。

马克思在分析法律时曾经指出，法律就是将现状加以神圣化，

---

〔1〕 许玉秀：《犯罪阶层体系及其方法论》，台北，成阳印刷股份有限公司 2000 年版，第 1 页。

〔2〕 苏力：《道路通向城市——转型中国的法治》，法律出版社 2004 年版，第 21 页。

而之所以能够做到这一点,需要“随着时间的推移”。苏力教授敏锐地捕捉到这里的“时间”问题,认为马克思是把时间作为法治的一个构建性的内在变量,是法治的一个固有的或内在的要素,进而提出变法与法治之间的紧张关系:从短期看,这两者甚至不可兼容。即使变法对中国的现代化是必需的选择,从长远看,是唯一的选择,但是从制度建设的层面上看,至少在一段时间内,却不利于秩序的形成,因此也就不利于法治的形成。因为在一个急剧转型的社会中,往往发生普遍的、长期的社会动荡和社会变革,而这些动荡和变革本身就意味着打乱现存的社会秩序。[1]

因此,犯罪论体系的学习对象和发展水平的问题,也只有放在这一历史语境中才能得到确切的理解。频繁的社会变革阻滞法治形成的同时,也使得包括犯罪论体系在内的刑法学理论成为无源之水、无本之木。作为法治现实的理论表现形式之一的刑法学研究,不仅需要一个长期稳定的法治社会作为研究对象,还需要在此基础上才有可能稳定的学术环境,以及随着时间的推进才能形成的学术积累和研究传统。没有这些,学术研究无法深入。刑事法治是现代法治的重要组成部分,肇始于德国的犯罪论体系从一开始就是蕴涵着保障人权的罪刑法定的法治理念。然而近代中国一百余年的社会变革,使得法治无法形成,关于刑事法治的犯罪论体系研究自然也是无法深入。近百年中的学术环境随着社会大环境一样动荡,学术积累也无法形成。法治与社会变革之间的矛盾和冲突,直接导致了研究水平的浅尝辄止,表现在犯罪论体系上,就是始终停留于要素提炼的阶段而没有形成体系。

(二)目标上的功利性

回顾一百年来中国刑法学向国外学习的历史,有一个特点比

〔1〕 苏力:《道路通向城市——转型中国的法治》,法律出版社2004年版,第23页。

较明显:那就是在选择学习哪个国家的犯罪论体系时,不仅仅是甚至主要不是基于理论本身的优劣比较,而是受到种种功利主义认识的影响。这种法律工具化的倾向,使得学术研究难以纯粹。新中国成立后,学界选择引入苏联的“四要件”理论,并非是从理论角度认为“四要件”是多么的博大精深,而是进入“社会主义阵营”和建立专政工具的需要,这一点下文会再详细展开;这部分重点谈20世纪前50年的情况。在1949年之前,中国刑法学主要师法日本,也并不主要是由于日本刑法学理论本身的精致性或体系性,更多的是在当时社会变法图强的大潮流下期盼通过法律强国的一个必然结果,这其中,成文法典和语言的便利性考虑才是真正的原因。

18~19世纪,清政府对于学习西方语言的态度从总体上是采取压抑和禁绝的政策。自康熙禁教以后,雍乾两朝相沿不改,而且对任何外界事物的禁绝和排斥之风愈演愈烈,从而使中国自身封闭了西学输入的大门。在这种情况下,所谓西学输入,实际上完全成了由西方人自己发动并且有意识、有目的的一种冒险活动。从西学输入的主体来看,传教士是其中唯一的承担文化传播活动的角色。而传教士的国籍以英美国家为主,也决定了早期输入中国的西方政法知识以英美国家的内容为主。应该说,这一时期西方法的传播还较少带有功利主义的色彩。政府在这一过程中也未介入太多。以中国之接受西方法的概念为衡量标准,19世纪60年代到90年代末期可称之为中国近代输入西方法学的第一期。[1]

但是,这些引进还只是一些零散的知识和观念的引进,大规模和有体系的移植发生在20世纪初期清政府下决心变法之后,从此的一百年,中国开始走上追求现代化的道路,在这一现代化过程中,法律的主要作用并不是要确认社会秩序,转借孙中山先生的话

〔1〕 王健:《沟通两个世界的法律意义——晚清西方法的输入与法律新词初探》,中国政法大学出版社2001年版,第42页、第44页、第49页、第149页。

就是,法律是被当作一种“建国”方略,而不是“治国”方略。法律所扮演的角色,就总体来看,就是要推进对现有社会秩序的全面改造和重新构建。即使在最讲求“法治”的情况下,也只是国家以“立法”的形式来推进这一现代化工程。[1] 这就奠定了变法的功利主义基调。对于法律的认识,基本上是从工具主义的角度来进行的。法学研究承担着强国之梦的使命,理论自身无法超然。相比之下,德国刑法学理论研究虽然也不可避免地受到外部社会变动的影响,但是这种影响是一种外在的、附带的影响,尽管这种影响也对学术研究的稳定有所不利,但是这种影响的出发点和落脚点都不是基于学术研究本身,法律不是社会变革的工具和先锋,法学研究也当然不是社会变动的主角,这也就相对地守住了学术研究的独立性和纯粹性。

在众多的法典化国家中,日本由于其地理、语言以及包括战争在内的一系列的时代原因成为首选的学习对象。19 世纪 60 年代至 90 年代是中日两国同在西方的巨大压力下为实现近代化而竞争的关键时期。与中国对西学反应态度迟缓形成对照的是,日本在这个过程中迅速崛起,至 19 世纪 80 年代末,随着出洋学生的陆续回国、聘请外教造就的人才逐步开始任事,日本摆脱中译本而径自输入和吸收西洋文化的条件逐渐成熟,开始告别传统中国文化,即所谓“脱亚入欧”。中日两国传统的文化关系自此显示逆转之势。甲午战争后,国人受到极大刺激。自此,学习西学的途径和目标更趋明确和具体,这就是以日本为途径,以日本为榜样。1895 年,张之洞发表其名著《劝学篇》,广为刊布,风行海内外。被称为“留学日本宣言书”。他权衡了东西洋的各种因素,指出无论从哪方面来讲,游学日本和翻译日本书籍都是迅速达到富强的最有效

〔1〕 苏力:《道路通向城市——转型中国的法治》,法律出版社 2004 年版,第 21 页。

途径。"出洋以年,胜于读西书五年",而游学国,西洋不如东洋,理由之一是"东文近中文,易通晓"。在他看来,"各种西学书之要者,日本皆已译之。我径取于东洋,力省效速,则东文之用多。""中东情势风俗相近,易仿行。事倍功半,无过于此。若自欲求精求备,再赴西洋,有何不可?"总之,他的观点就是,"从洋师不如通洋文,译西书不如译东书。"[1]当时的"维新之子"梁启超,也差不多持同样的观点:

> 日本自维新以后,锐意西学,所翻彼中之书,要者略备,其本国新著之书,亦多可观。今诚能习日文以译日书,用力甚鲜,而获益甚矩。计日文之易成,约有数端:音少,一也;音皆中之所有,无棘刺扞格之音,二也;文法疏阔,三也;名物象事,多与中土相同,四也;汉文居十六七,五也。故黄君公度,谓可不学而能。苟能强记,半岁无不通者。以此视西文,抑又事半功倍也。[2]

张之洞和梁启超的观点代表了当时知识界和政界对于学习西学、变法图强的主流意见。在这种形势下,日本的刑法典成为首选。随着大量的日本法典被翻译进来并制定出中国自己的法典后,理论的跟进就是自然的事情了。如何理解和解释以日本刑法典为蓝本的中国刑法典,必然要借助于日本的刑法学理论。于是,聘请日本教员来华讲学,派遣人员到日本留学,组织翻译出版大量的日本刑法学著作成为当时学习西法的主要表现形式。

---

〔1〕 以上参见《劝学篇》游学第二、广译第五。转引自王健:《沟通两个世界的法律意义——晚清西方法的输入与法律新词初探》,中国政法大学出版社 2001 年版,第 247 页。这方面的进一步的资料可参见李贵连:《近代中国法律的变革与日本影响》,载李贵连:《近代中国法制与法学》,北京大学出版社 2002 年版,第 75 ~ 88 页。

〔2〕 梁启超:《论译书》,载梁启超:《饮冰室文集类编》,帝国印刷株式会社 1904 年版,第 78 页。

由此可见,选择日本作为学习对象,引进日本的犯罪论体系,这都并非是基于学术的立场比较后选择的一种优势理论,语言便于移植和学习才是更重要的原因。但是这种快餐式的关于法典和法学的翻译也潜伏着诸多的隐患,有学者指出:“近代中国的主题是救亡图存,寻求富强,对西方的学习,更多抱着一种功利的目的而缺乏启蒙之意义。这种大背景下,近代法的输入同样无法避免如此色彩,刑法语词的塑造即是这种情况的反映:由于日本的法律采取汉文体形式,刑法中存在大量的汉字,法律语词可以直接‘移植’(transplant)甚至‘拷贝’(copy)。当我们在用较为便捷的途径获得一套新的法言法语,并通过日本学者的讲义、辞典等方式熟悉、掌握它们的同时,也可能因此失去真正理解在翻译中流失的思想的机会,乃至接受了日本学者的误读或产生新的误读,并使传统的中国律学丧失了创造性转化的契机。”[1]我认为,这是一个富有穿透力的洞见。1949 年之后,一些法学教员和学者去了中国台湾地区,学习日本的风气一直延续,台湾地区的法律也一直被认为是属于大陆法系。时至今日,尽管德国已经代替日本成为台湾地区刑法学界学习的首选对象,但日本刑法学对它的影响依然存在。

回顾这段历史,从清末开始直到民国,法律始终被寄托成一种“强国工具”,加上关于何种语言便利学习的考虑,可以说,大大小小的功利主义目的占据了引进和移植法典和法学理论的各个阶段。这些功利主义的考虑在很大程度上影响甚至决定了中国刑法学界在 20 世纪前 50 年中在引入犯罪论体系上的选择,功利主义本身所具有的灵活性和变易性一方面难以形成自发的、一以贯之的、需要稳定积累的学术传统,另一方面也因此无法保持理论研究与

〔1〕 陈新宇:《近代刑法语词的塑造——以外国刑法典的翻译为研究对象》,载《环球法律评论》2004 年冬季号。

时局的相对独立性，易使法律沦为政治的工具，为日后进一步附庸于意识形态埋下了伏笔。

（三）意识形态的渗透

如果说20世纪前50年中国刑法学界学习日本，主要是基于“强国梦”的功利性目标，那么从1949年之后开始以苏为师，更是由于在当时的时代背景下，“加入社会主义大家庭”的必然要求。在当时的政治语境下，再学习德日的刑法理论是根本不可能的事情。“四要件”理论基本上是对以德日犯罪论体系为基础的民国时期刑法学的全盘否定，转向了对苏联犯罪构成理论的全盘照搬，与其说是这种理论自身的优秀，不如说是一种大环境的政治要求；而且，整个刑法学研究从一开始，就奠定了其为统治政权服务的工具主义基调，法律尤其是刑法成为镇压反革命，打击犯罪，实行专政的工具。新中国成立之初，社会矛盾错综复杂，为了巩固新生政权，镇压反抗，国家开展了镇压发革命运动、“三反”运动和“五反”运动，这个过程所产生的运用刑法手段作为斗争工具的需要，开创了新中国的刑法学研究。由此开始的刑法学研究，正如有学者指出的，“系统地批判了国民党统治时期形成的旧法观念，确立了无产阶级专政理论和人民民主专政思想在刑法学研究中的支配地位，并且导入了马克思列宁主义的理论、观点和方法，为新中国社会主义刑法学奠定了基础，同时也使新中国的刑法学研究具有鲜明的时代特征。”〔1〕这种“时代特征”体现了一种将刑法作为“刀把子”的价值取向，带上了浓厚的政治色彩，已经远远地偏离了学术的立场。

回顾新中国成立后的几十年，犯罪论体系的发展水平反映了当时整个中国刑法学研究的水准；犯罪论体系的遭遇和命运也代

---

〔1〕 张智辉：《回首新中国刑法学研究五十年》，载《国家检察官学院学报》2000年第1期。

表着当时整个中国刑法学研究的遭遇和命运。全面否定之后的又一轮全面移植,这种根据非学术因素的变更和需要而随时调整和转向的"快餐式"学术研究,使得学术和学术的研究者与自身历史之间的内在联系被人为地割断,从而迷失了在学术传统中的坐标。意识形态的渗透不仅使得学术研究在价值层面丧失了独立性,即便从功利主义角度看,也因为缺乏需要累积才能深厚的根基和学术传统中的前后关照,而难以对自身的发展作出及时准确的检讨和批判。以意识形态为背景支撑的中国刑法学,在犯罪构成理论的研究上,也已经不可能再做到从纯粹的理论角度去进行探讨和争鸣。事实上,苏联"四要件"犯罪构成理论的形成过程,本身就存在极其严重的意识形态化的倾向。其对于德国等大陆法系国家犯罪论体系的批判,正如陈兴良教授指出的那样,"是以政治批判代替学术评论,是苏联特定的历史环境下才有的,它从一种政治偏见出发,妨碍了对大陆法系犯罪论体系的科学认识。在此基础上建立起来的所谓主客观相统一的犯罪构成论,获得了政治上的正确性。"[1]中国刑法学界从苏联那里移植过来的,不仅仅是"四要件"理论本身,还有对于该理论进行政治性捍卫的一种论证方式,这也是与新中国成立后几十年间苛严的政治环境密切相关的。纯理论的探索和比较很容易成为一种政治立场不明朗和觉悟不够高的表现,动辄上纲上线,于是讨论枯萎,争鸣息声,承继于苏联的"四要件"理论成为唯一正确的理论。这可以看作时代背景对学术研究的消极影响的一个典型表现。

意识形态的渗透不仅在体现为对于理论争鸣的限制,也体现在刑法学研究对于"犯罪论体系"这样最为基本的、比较纯粹的理论研究比较漠视,而"紧跟"社会现实,更多地关注社会生活中的重

[1] 陈兴良:《犯罪论体系:比较、阐述与讨论》,载陈兴良主编:《刑事法评论》(第14卷),中国政法大学出版社2004年版,第19页。

大热点问题。从“三反”、“五反”到“经济体制改革与刑法”；从“刑法学研究如何坚持四项基本原则和为改革开放服务”到“廉政建设中的刑法问题”；从“市场经济与刑法的修改与完善”到“我国当前的经济犯罪问题”等，对此，张智辉教授的评价是，“中国刑法学的研究，始终是紧密结合国家的政治经济形势和刑事立法、刑事司法进行的。在中国，刑法学是一门政治色彩很浓的社会科学，它的兴衰存亡总是与法制在国家政治生活中的地位有关，以致刑法学者们总是有意无意地使自己的理论研究服从于、服务于国家和社会发展的现实需要，这就使中国刑法学的研究具有鲜明的实践性的品格。这种品格，既是中国刑法学研究的特色和优点，也表明中国刑法学研究可悲的一面。如何在保持刑法科学的应用价值的同时，避免它成为政治权威的附庸和现存制度和习惯的脚注，是我们在新的世纪里应当经常思考的一个问题。”这种不成熟的研究风气在最近几年已经开始改善，“犯罪构成与犯罪成立基本理论”、“刑法解释的基本问题”和“死刑问题研究”等成为近年来刑法学研究会的年会主题，可以看作刑法学研究的主流开始能与政治需要和意识形态保持相对独立，逐渐向学术性回归的一个迹象。

五、小结：未竟的循环

从晚清开始效法日本，移植大陆法系；到新中国成立后以苏联为师，加入社会主义法系的阵营；直到近年来反思求变，再度将目光投向德日——回首走过百年历程的中国刑法学，是一段向异域学习的历史，是一段移植的历史，这段历史的轨迹也是很清晰的：德日—苏联—德日。因此，这是一段在“拿来主义”的抉择中循环的历史。历史没有终结，学者们仍在探索，而这循环，也是历史的必然。建构犯罪论体系的立场转换，最好不过地象征着这场未竟的循环。似乎是“终点又回到起点”，这是中国刑法学的命运吗？

其实又何止是刑法学。整个法学理论的发展和命运莫不与中国社会一百年的发展和命运息息相关。但令人欣慰的是，时至今日，中国刑法学界又掀起对德日犯罪论体系讨论和引进的高潮，已经不需要再承担“强国梦”的沉重使命，已经不必要再保证“政治正确”，已经可以基于学术的立场、比较纯粹地进行理性的辩论。从这个意义上说，所谓“终点又回到起点”，不是无奈地回头，而是一种“否定之否定”；所谓“未竟的循环”，也不是简单的重复，而是一种螺旋式的上升，是在痛定思痛后，所做出的理性抉择。能够在沉淀了种种磨砺和教训之后出现这样的循环，实在也是学术空气日趋自由和民主的体现。若没有整个政治环境的日趋开明，整个社会言论自由度提高，则学术界的自由研讨也是不可想象之事。告别一枝独秀，多种理论百花齐放，学术研究的独立性和纯粹性才有可能，这种情况下对于犯罪论体系的选择才是基于学术立场的选择。“刑法教科书可以有多种写法，犯罪构成体系也可以进行多种尝试性的建构，而不能将某一种模式视为金科玉律。刑法教科书在犯罪论体系上的多元化探索，既有助于刑法学教学改革的推进，也对促进刑法学理论的繁荣和发展、刑事司法的民主和公正，具有积极意义。”〔1〕学者们的这种呼吁，正是一种基于学术立场的呼吁。开放的学术氛围，理论模式的多元化，以及犯罪论体系的深度探索，正是在学者们的这些呼吁和引导中，才有可能逐步达致。

---

〔1〕 陈兴良：《〈刑法学〉第一版序》，载陈兴良主编：《刑法学》（第3版），复旦大学出版社2016年版，第1页。

第二章
犯罪论体系的话语转型

法的形成和适用是一种艺术，这种法的表现形式为什么样式，取决于谁是艺术家。

——莱因斯坦

本章以理论的话语模式为切入点，比较中外犯罪论体系的差异。过去十多年中，中国刑法学界关于犯罪论体系变革大讨论的背后，隐藏着大众话语与精英话语之间的对立。由于历史原因和现实考虑，中国传统的犯罪论体系不同于德国等大陆法系国家，结构相对简单，学术含量较低，体现了一种大众话语的立场。但是随着法治社会的建立，法律专业化的趋势要求司法队伍精英化，学术界必须能够提供与之相匹配的理论工具，因此，犯罪论体系面临着从大众话语模式向精英话语模式的转型。本章以话语模式的转型作为切入，考察中国犯罪论体系的变迁。

一、"大众话语"与"精英话语"

"大众"与"精英"本来是政治学和社会学中的一对用语,被引入法学研究中来,在原有的词义上又被赋予了独特的分析功能。从语境论的立场来看,任何"法言法语"都有其存在的特定语境。无论是法律规范用语本身,还是对于法律规范的解释模式,总可以从中看到"大众话语"与"精英话语"之间或隐或现的对峙。有学者指出,法律解释中的"话语"可以被理解为一种"意识形态",其中含有知识状态和价值理路。"大众话语"是以社会需要、民众要求等法律的外在价值为基点,暗含了一种法律范围内的"民主"与"正当"的元叙事;而"精英话语"则是以法律本身的逻辑等内在价值为终极目标,暗含了"法治"与"合法"的元叙事。[1] 也有学者认为,刑事立法的语言也存在"大众话语"与"精英话语"之分,刑法典中的分则部分和关于自然犯罪的规定应尽量采用大众话语,便于一般民众的把握,而总则部分和法定犯的相关规定则宜采用精英话语,才能满足抽象和严谨的要求。因此在立法中不能简单地支持某一种语言立场,而是要合理地分配二者适用的场合和范围。[2]

由此可见,法学研究中的"大众话语"与"精英话语"基本上遵循了这样一种区分标准:即"大众话语"注重社会一般民意,要求"法言法语"应易于为一般民众所理解和接受,显露了理想化和普泛化的倾向;而"精英话语"则以法律职业的自治和法学理论的精密为出发点,追求法律自身的逻辑并与一般民众隔开距离,体现了精英化和专业化的愿望。要言之,"大众话语"与"精英话语"的区分在形式上表现为专业性的强弱和深浅,背后则蕴涵着不同的价

〔1〕 参见刘星:《语境中的法学与法律——民主的一个叙事立场》,法律出版社2001年版,第62页。

〔2〕 参见郭自力、李荣:《刑事立法语言的立场》,载《北京大学学报》(哲学社会科学版)2004年第3期。

值立场。其实，二者的矛盾不仅存在于立法语言内部和具体法律规范的解释中，而且也存在于披着“精英化”的外衣的一般性的法律理论建构中。笔者认为，晚近成为刑法学界讨论热点的犯罪论体系，就是这样一个例子。其中，倡导引进德日“递进式”犯罪论体系的观点与为现行的“四要件”理论辩护的观点，在一定程度上，就体现了这种“大众话语”与“精英话语”之间的对立。当然，笔者这里所说的对立，并不是指不同观点持有者本身有“大众”与“精英”之分，而是反映在对于推行哪一种犯罪论体系的立场背后所潜在的价值冲突。

二、德国阶层犯罪论中的“精英话语”

德国刑法学界对于犯罪论体系的系统建构肇始于20世纪初叶，由贝林等学者发起。在此之前，德国早期的刑法学家如施蒂贝尔（Stübel）和费尔巴哈等，仅仅是从“要素总和”的角度来表述犯罪成立的条件。在施蒂贝尔于1805年出版的《论犯罪构成》一书中认为，犯罪构成就是那些应当判处法律所规定的刑罚的一切情况的总和。[1] 费尔巴哈在1801年出版的《德国刑法教科书》中指出，犯罪构成就是违法行为中所包含的各个行为或事实的诸要件的总和。[2]因此，德国早期的犯罪构成理论只是条件和要素的简单罗列，至于以何种逻辑结构将这些要素有机地联结起来，以及司法者在认定犯罪时的思维模式和顺序，当时的理论并未对此进行深入的研究和解释。体系建构上的自觉是直到贝林才出现的，他将“构成要件”的概念赋予新的生命力，并以此为基础创立了构成要件该当性—违法性—有责性的体系结构，形成了刑法理论史上第一个成形的犯罪论体系。这种对体系自身建构的孜孜以求深受

〔1〕 Vgl. Stübel, *Über den Thatbestand der Verbrechen*, 1805, S. 1.

〔2〕 Feuerbach, *Lehrbuch des gemeinen in Deutschland geltenden peinlichen Rechts*, 1801, S. 68.

当时的法哲学思潮的影响,对于这段历史,台湾地区的韩忠谟教授曾做过追溯,"溯自19世纪初叶的'一般法学'盛行于欧陆以来,法律思想受其影响至为深巨,此一学派治学方法极端重视实定法之研究,尤于现行法制之共通概念与一般原则,从事于分析整理,不遗余力,因而所形成之法律见解与理论无不经过严密之推理,具备高度逻辑形式,使法律学成为有组织有系统之知识,是其特色。而在刑法方面,足为此种概念逻辑之代表者,殆无过于'犯罪构成要件'之理论。"〔1〕由贝林开始,德国的犯罪论体系又经过近一百年的持续发展,已经成为一个极其繁复的、完全专业化的逻辑体系。

德国的犯罪论体系比较典型地代表了一种精英话语的理论模式。其"精英性"集中表现在理论所使用术语的专业性和理论体系的逻辑性上。首先体现在专业术语的使用上。按照《中国大百科全书》中的解释:"术语是指各门学科中的专门用语,其基本特征是:1. 专业性。术语是表达各个专业的特殊概念,所以通行范围有限,使用的人较少。2. 科学性。术语的语义范围准确,与相似的概念相区别。3. 单义性。术语在某一特定专业范围内是单义的。4. 系统性。在一门科学和技术中,每个术语的地位只有在这一专业的整个概念系统中才能加以规定。"〔2〕因此,从专业术语的界定及其特征来看,非经系统和深入地学习不能准确掌握其含义。专业术语的交际环境和对象往往限定于一个很窄的范围,实际上表现为专家之间的交际,也就是笔者所说的精英话语。德国的犯罪论体系在所使用术语的专业性上表现得尤其突出。从早期的"构成要件该当性"、"违法性"和"有责性"这三个基本概念开始,又发展出诸如"社会相当性"、"期待可能性"、"保证人义务"、"客观处罚条

〔1〕 韩忠谟:《构成要件与刑法理论之体系》,载蔡墩铭主编:《刑法总则论文选辑》(上),台北,五南图书出版公司1984年版,第161页。

〔2〕 参见《中国大百科全书》总编委会编:《中国大百科全书》,中国大百科全书出版社1995年版,第4439页。

件”、“不法意识”、“不被容许的风险”等极其专业的术语，这些术语属于刑法专业所特有，是由刑法学者结合犯罪论体系中的特殊问题而总结、提炼出的专有概念，比如“社会相当性”（Soziale Adäquanz）就是德国刑法学者韦尔策尔（Welzel）为了解决违法阻却事由根据而将目的说与利益说综合考虑所提出的一个概念；“期待可能性”（Zumubarkeit）则是德国学者迈尔、弗兰克和戈尔德施密特等根据1897年德意志帝国法院关于“癖马案”的判决而总结提炼出的一个概念，成为解决归责理论的核心要素；“客观处罚条件”（objektive Strafbarkeitsbedingung）最早是由德国学者宾丁提出，用来称呼加重结果犯的加重结果，后来发展成为一种客观的犯罪成立条件，表示客观上存在使行为具备可罚性的事实。类似的概念和术语在德国的犯罪论体系中俯拾皆是，这些概念和术语都不是突如其来、随意创造的，也不是一般民众生活中的常用语，其背后凝聚着刑法学者们对于刑法专业问题的专门思考，在其之前、之后或其对立面都耸立着各种相近或相反的概念和术语，积淀着众多甚至数代学者的心血和讨论。这些专业术语既难以望文生义、一目了然地直接理解，也很难用一般的生活经验和感受去直接体会，因此与德国的普通民众甚至法院中的法官隔开相当的距离。

在逻辑层次方面，德国的刑法学者们将各种主客观要素分类、结合，按照一定的逻辑规律形成不同的层次内容，并按照一定的位阶关系和递进关系逐层推进，在形式上又表现为古典三阶层体系、新古典三阶层体系、新古典二阶层体系、新古典暨目的论综合阶层体系、目的理性阶层体系、实质的阶层体系等各种理论体系，让人眼花缭乱，各个体系在竞争中发展，内部的逻辑结构和彼此之间的区分也已经到了非常细微繁复的地步。总之，复杂精致的犯罪论体系是德国刑法学的标志性成就，德国刑法学界也因此成为世界刑法学研究的中心。正如许玉秀的评价：“犯罪阶层体系（犯罪论体系）可以算是刑法学发展史上的钻石，它是刑法学发展到一定程度的结晶，再透过它，刑法学的发展才能展现璀璨夺目的光彩。"[1]"而在世界刑法论坛上，至今领导流行、开创犯罪阶层理论新潮流、新款式的设计师主要集中在德国。"[2]德国的犯罪论体系在追求术语的专业艰深和体系的精致细密的同时，也必然因艰涩和繁复而远离同时期的一般大众甚至法官。这种不受一般大众的理解水平所制约的、几乎是"不食人间烟火"的犯罪论体系，是一种典型的精英主义的话语模式，反映了一种极端专业化的理论追求。

三、中国四要件理论中的"大众话语"

中国刑法学界现在作为通说的犯罪论体系承继于苏联，通常称为"四要体理论"，包括"犯罪客体、犯罪客观要件、犯罪主体和犯罪主观要件"。[3]

与德国的犯罪论体系相比，中国当下通行的"四要件"的理论，基本上是一种大众话语的理论模式。这一点首先也体现于这种理论所使用的术语上。类似"主体"、"客体"、"主观方面"与"客观方面"这样的理论概念，并不是一种为刑法专业所独有的概念，在法律体系的各个部门法中随处可见这几个概念的使用，甚至也不是一种法律专业的特有概念——在哲学、文艺理论以及大多的人文和社会科学中，我们常常会遇到"主体"、"客体"等概念。它们的应用范围极其广泛，尤其在中国，源于一种大众化的哲学影响，绝大多数受过教育的民众都会对"主体—客体"或者"主观方面"、"客观方面"这样的用语耳熟能详，甚至是烂熟于胸，这些字眼在一般的民众生活或交际中也会经常出现，有比较高的使用频率。

---

〔1〕 许玉秀：《犯罪阶层体系及其方法论》，台北，成阳印刷股份有限公司2000年版，第1~2页。

〔2〕 许玉秀：《犯罪阶层体系及其方法论》，台北，成阳印刷股份有限公司2000年版，第8页。

〔3〕 高铭暄、马克昌主编：《刑法学》（第7版），北京大学出版社2016年版，第53页。

在理论的逻辑层次方面，中国的犯罪论体系呈现为一种平面式/耦合式的特征，理论表述如下："犯罪构成是指我国刑法所规定的，决定某一具体行为的社会危害性及其程度而为该行为构成犯罪所必需的一切客观和主观要件的总和。"[1]"犯罪构成就是依照我国刑法规定，决定某一行为的社会危害性及其程度而为该行为构成犯罪所必需的一切客观和主观要件的有机统一。"[2]"犯罪构成是指我国刑法规定的某种行为构成犯罪所必须具备的主观要件和客观要件的总和。"[3]总体而言，四个要件之间的关系是一种简单的耦合，彼此间没有像大陆法系的犯罪论那样复杂的关联，甚至还没有形成真正的理论体系，专业色彩比较淡化。[4]

这种理论满足了一般司法工作人员甚至广大群众的理解能力，不仅仅在法律领域中，在人文社会科学的各个领域中，这样的表述都不鲜见。因此，并不一定需要专门的、长期的、特别的研究和培训，人们一般就能很快地掌握这种理论。"四要件"理论的简单易学在学界是一个公认的判断，而这也常常成为主张对"四要件"理论维持现状的理由。对此比较权威的辩护是：

> "从司法实践上看，可以毫不夸张地说，目前我国从事司法实践工作的学者，不管其他法学知识掌握得如何，一般都对犯罪构成的基本理论包括犯罪构成的四方面要件有一个基本的了解，并自觉以该理论为指导，去认定现实生活中的各种犯罪。可以说，犯罪构成理论已根植于司法工作人员的思想中，对这样一个既成的、已被广大理论工作者和

---

〔1〕 高铭暄主编：《刑法学原理》（第1卷），中国人民大学出版社1993年版，第444页。

〔2〕 高铭暄、马克昌主编：《刑法学》（第7版），北京大学出版社、高等教育出版社2016年版，第50页。

〔3〕 郭自力主编：《中国刑法论》（第6版），北京大学出版社2016年版，第42页。

〔4〕 参见车浩：《从体系的角度审视我国犯罪论体系的缺陷》，载《刑事法研究》2005年第1期。

司法实践工作者接受的犯罪构成理论，有什么理由非要予以否定呢？否定或者随意改变之后，怎么能不给理论界和司法实际部门造成极大的混乱呢？"[1]

这样一种不从理论体系本身的专业性出发，而从"理论学习应该便民"的角度去论证其存在正当性的思路，正是典型的大众话语的立场。

四、两种话语模式成因的比较分析

（一）对德国犯罪论体系"精英话语"模式的成因分析

莱因斯坦曾简洁而明确地说："法的形成和适用是一种艺术，这种法的艺术表现为什么样式，取决于谁是艺术家。"[2]在近代早期的欧洲，法律学院的教师不仅是知识渊博的人，而且也是富于创造精神的人。他们发挥作用最大的地方可能是德国、意大利和拉丁美洲。德国人夸耀他们有"教授法"，认为这种法律比起法国的"法律家法"更胜一筹。即使在今天，在大陆法系国家参与诉讼的当事人仍然可以要求或提交一项该方面的法律专家的意见书。在德国，学术论著仍受到律师以及法官的尊重和援引。这样也使得法学教师们与司法实践发生密切关系，因而更少教条气；同时又提高了他们对法律发展加以指导的能力。[3] 因此，茨威格特认为，德国最具代表性的法律家是包括大学教授在内的法学博士们。凯内赫姆认为，如果说在英国，法官所说的话就是法的话，那么在德国，教授所说的就是法。因此，可以说大学教授正是德国法律秩序的创造者。[4]

---

〔1〕 高铭暄主编：《刑法学原理》（第1卷），中国人民大学出版社1993年版，第457页。

〔2〕 ［日］大木雅夫：《比较法》，范愉译，法律出版社2006年版，第264页。

〔3〕 ［美］H. W. 埃尔曼：《比较法律文化》，贺卫方、高鸿钧译，清华大学出版社2002年版，第99页。

〔4〕 ［日］大木雅夫：《比较法》，范愉译，法律出版社2006年版，第294页。

萨维尼(Savigny)曾说,如果法官经过"科学性"的训练,也可以加入精英法律家集团;有学识的法官也可以承担发现民族法的使命。在历史法学派影响下,很多法律实务家都热衷于研读普赫塔、阿龙特、凡格罗等人的潘德克顿教科书。尽管在德国也发生过理论与实践的决裂和学校与法庭分离的现象,但由于教授们保持了其单方的优越地位,使得实务家始终追随其后。进而在此孕育诞生了堪称世界之冠的"法学"。对于创立"法学"的学者们而言,判例的引用主要是为了助成理论的体系性、批判性的论述,为其提供证明而已。[1]在德国,在判例一旁巍然耸立着"法学"(Rechtswissenschaft)的高峰。"Rechtswissenschaft"一词,就成为历史法学派乃至德国教授所创造的独特用语。本来在法语及其他外语中并没有此语,诸如science de droit、scienza di diritto、legal science 等用语,无一例外都是对德文"法学"一词的翻译而已。在这个意义上,必须承认,德国的法学及其承担者教授的地位显然与众不同。[2]

在这样一个以学者为中心的法律共同体中,司法实践深受学术研究的强烈影响。在判决书的撰写方式上,法官们都慎重分析先例,精心查找各种地方法,广泛涉猎学说,尽心竭力地撰写详细周到的判决书。从根本上,在潘德克顿法学的熏陶下培养出来的实务家们,由于对教授们怀着最大的敬意,较之判例,更热衷于频繁引用学说,并撰写内容可与学术论文相媲美的判决书。[3]《德国民法典》的理由书中甚至明确指出:"在缺少立法措施之场合,以法学为法"。这不啻宣告,在法律解释存在疑义时,对此拥有最终决定权的,不是法官,而是教授。[4] 教授们所结成的"学者共和国"保持了超然的地位,他们在象牙塔里竭尽全力进行着法学的精

---

〔1〕[日]大木雅夫:《比较法》,范愉译,法律出版社2006年版,第271页。

〔2〕[日]大木雅夫:《比较法》,范愉译,法律出版社2006年版,第272页。

〔3〕John P. Dawson, *The Oracles of the Law*, 1967, pp. 446 – 448, 494.

〔4〕[日]大木雅夫:《比较法》,范愉译,法律出版社2006年版,第280页。

雕细琢,并通过作为其弟子的官僚,领导了造就德国法律秩序的法典编撰,构筑了德国法的基本结构乃至其样式。

在这种学者中心化的法律圈中,学者们进行独立自由的学术研究,并对司法实践起到引领的作用,这势必走上精英化的道路。总之,德国大学的授课和研讨,具有极高的学术性和强烈的偏重理论的特征。在德国,学者们都是最杰出的系统化专家,他们总是以严谨的、逻辑数学般的演绎从最一般的、有牢固理性法基础的基本原理中获得最具体的个别法律规定,以至于起草法律制度就像是设计体系明确的建筑。理性抽象的思维方法越来越渗入大学里面,它为寻求学理上的概念化和逻辑上的自洽所做的努力常常要多于它寻求与社会现实的联系。如茨威格特(Zweigert)所说,"德国教授带着其所有的优缺点,趋向于理论上的,有些游离于世事的,以及其独有的教条主义进入了德国的法学院,而且直到今天还基本上规定着他们的特点。"[1]具体到刑法学的犯罪论体系的构造上,就形成了上文所说的精细繁复的、"精英话语"模式的犯罪论体系。可以想见,在由醉心于理论推理和体系建构的刑法学家们主导的德国刑法界,出现三段论这样逻辑严谨但也略显烦冗的犯罪论体系,就是不足为怪的事情了。相对于德国的刑事司法实践,刑法理论界对于犯罪论体系的研究在某种程度上一直处于一种自给自足的、超然的、独立的地位,对理论体系本身臻善臻美的追求已经成为一种内在的研究动力。

(二)对中国犯罪论体系"大众话语"模式的成因分析

中国现行的犯罪论体系是以苏联为模板的"四要件"理论。1949 年之后的政治语境下,中国刑法学界开始以苏为师,四要件"

---

〔1〕 [德]茨威格特、[德]克茨:《比较法总论》,潘汉典、米健、高鸿钧、贺卫方译,中国法制出版社 2017 年版,第 258 页。

理论基本上是对以德日犯罪论体系为基础的民国时期刑法学的全盘否定，转向了对苏联犯罪构成理论的全盘照搬。从一开始，中国刑法学研究就奠定了其为统治政权服务的工具主义基调，体现了一种将刑法作为“刀把子”的价值取向，带上了浓厚的政治色彩。

学术研究为政治服务，学者被边缘化，刑法作为专政工具，纯粹的理论探讨被压制，在这样的大背景下，可以想见犯罪论体系是不可能走上所谓的精英化、理论化的道路，而必然最大限度地成为一套有利于服务政治、服务人民的大众话语。既然整个中国刑法学界以苏联为师，理论的研究风格自然也必须要以马克思主义和毛泽东思想为指导。而对于某种形式的精英主义话语，斯大林曾经做过专门的批评：

> “……他们极力设法利用语言为自己的利益服务，把自己的特别的词汇、特别的术语、特别的用语，强加到语言中去。在这方面，那些脱离人们并且仇视人民的有产阶级上层，如贵族、资产阶级上层分子表现得特别厉害。他们创造‘阶级的’习惯语、同行语、客厅语言……它们有的只是一些反映贵族或资产阶级上层分子特殊趣味的特别的词，一些抛去了民族语言中的‘粗野’用语和辞句的特别风雅客气用语和辞句以及一些外国词……并非替人民群众服务，而是替狭小的社会上层分子服务。因此，它们无论如何不能发展成为独立的语言。”〔1〕

早在《新民主主义论》中，毛泽东就开始提倡一种“接近民众”的文风，他说：

> “文字必须在一定条件下加以改革，言语必须接近民

〔1〕［苏］斯大林：《马克思主义与语言学问题》，中共中央马克思、恩格斯、列宁、斯大林著作编译局译，人民出版社1957年版，第10、11、43页。

众，须知民众就是革命文化的无限丰富的源泉。”[1]

后来，在著名的《反对党八股》中，毛泽东大篇幅地引用苏联的季米特洛夫的报告，报告中批评某些文章：

> “写的那样艰深，甚至于我们党的干部都难于懂得，更用不着说普通工人了……我们每一个人，都应当切实领会下面这条起码的规则，把它当作定律，当作布尔什维克的定律：当你写东西或讲话的时候，始终要想到使每个普通工人都懂得，都相信你的号召，都决心跟你走。要想到你究竟为什么人写东西，向什么人讲话。”[2]

无论在苏联，还是在新中国，领袖的著作就是一种对各个行业的“最高指示”。在这种关于理论研究和写作文风的权威定位下，新中国的刑法学研究从一开始，就同苏联一样，走的都是一条通俗易懂的道路。理论必须贴近群众，至少必须贴近广大司法工作者；而在当时司法人员学历层次较低且有大批未经法律专业训练的人员的历史背景下，简单明晰而又容易迅速掌握的“四要件”成为首选的对象并得到广泛的传播，就是很自然的事情了。

五、小结：司法专业化的呼唤

比较两种犯罪论体系的话语模式，对中国现在的理论发展有何启发呢？笔者认为，犯罪论体系的“精英化”应该是下一步理论发展的走向。这主要有两方面的考虑。

法律语言的术语化或精英化是随着社会分工的发展、法律专业化以及刑事立法技术日趋成熟而必然出现的产品。精英话语在

---

〔1〕 毛泽东：《新民主主义论》，载毛泽东：《毛泽东选集》（第2卷），人民出版社1991年版，第680页。

〔2〕 毛泽东：《反对党八股》，载毛泽东：《毛泽东选集》（第3卷），人民出版社1991年版，第864页。

刑事立法中的运用,主要有以下原因:[1]第一,在诸多的刑事法律规范中,存在一些必须通过概括、总结而形成的内容,这些规范是无法通过大众自发形成的,而只能通过职业的法律集团以精英话语的方式表述出来。第二,在大社会或开放社会中,人们在思维方面的共同要素也几乎全是抽象的。如果要在法律规范中反映最大多数人的意愿,也需要通过职业法律集团总结、抽象,并以精英话语予以表述。第三,在刑法中尽可能地采用精英话语,对刑法典功用的实现具有推动作用。当某一用语在日常用语中存在含义上的多义性时,用精英话语表达便更严谨和规范。第四,精英话语的应用可以减少法律规范中的过多感情因素。以上这些对于刑事立法语言应该精英化的辩护,我认为可以同样适用于犯罪论体系的理论构造,甚至比立法对法言法语的精英化程度要求更高。对于刑事立法,也许一味强调精英化还不免失之片面,因为就刑法典而言,它还肩负着向一般民众昭示规范的功能,因而不能过于专业化和精英化;那么对于犯罪论体系来说,它是培养和训练司法人员正确运用法律的基本语法,它主要是面向司法工作人员而不是一般的普通民众的,要有相当的"专业槽"高度,因而应该对其有更高的精英化和理论化的要求。

由此,引出当前司法改革所面临的法官专业化、职业化的问题。姑且先不论这种通俗易懂的大众话语的理论模式本身能否胜任一些复杂的案件的解决;[2]前几年关于"复转军人进法院"的讨论中就从现实角度提供了一个生动的反思素材。[3] 在那场争论

[1] 郭自力、李荣:《刑事立法语言的立场》,载《北京大学学报》(哲学社会科学版)2004 年第 3 期。

[2] 对于"四要件"理论在应对一些复杂案件时的破绽,可参见陈兴良:《犯罪论体系:比较、阐述与讨论》,载陈兴良主编:《刑事法评论》(第 14 卷),中国政法大学出版社 2004 年版,第 45 页。

[3] 参见贺卫方:《运送正义的方式》,上海三联书店 2002 年版,第 261 ~ 293 页。

中,贺卫方教授认为,没有法律院校的专业出身,没有经过严格的专业训练,复转军人进法院是对司法尊严的侵害,有可能"葫芦僧乱判葫芦案"。值得我们反思的是,究竟是什么造成复转军人大量地进入法院系统呢?就刑法而言,中国基层的绝大多数复转军人出身的法官并没有表现出在学习"应该如何认定犯罪"这一刑法学核心理论上的太大困难。如果自学也可以轻易成才,那么,专业出身与从部队复转又有何区别呢?由此我们可以回应一些要求理论简单、清楚化的观点,[1]理论的繁复不仅仅是了理论本身,也要看到这种理论所指导的实践的重要性,要看到理论的简单化导致的执业人员大众化的危险,长此以往,司法的公正和权威必然会和法律职业人员的从业素质一起受到质疑。令人欣慰的是,最高决策层开始逐渐地意识到法治文明的重要性,随着"依法治国,建设社会主义法治国家"开始被写入宪法,情况悄悄地发生了变化,提高法律职业人员素质的呼声得到重视,国家统一司法考试制度终于伴随着《法官法》、《检察官法》和《律师法》的修改在2002年正式出台。对此,司法考试的主管人员指出:

> "……司法部紧紧围绕推进司法改革这个重点,严格把握司法考试的职业性、资格性和权威性这一定位,努力实现选拔高素质、精英化法律职业人员这一宗旨,进行制度框架设计……我们认识到,国家统一司法考试制度是一项与法学教育相衔接的,适应法律职业需要并与法律职业部门录用制度相配套的、选拔、培养、任用合格法律职业人员的制度。从司法考试的这一基本定位出发,我

---

〔1〕 2003年12月21日在北京大学法学院举办的"刑事政策与刑事一体化"论坛中,国内刑法学者就犯罪论体系进行了深入的研讨,其中,一些学者对理论繁复化的倾向提出了不同程度的质疑。参见王世洲等:《犯罪论体系的整体性反思》,载陈兴良主编:《刑事法评论》(第14卷),中国政法大学出版社2004年版,第78~91页。

国国家统一司法考试制度的建立，其目的不仅仅是考试制度本身，或为考试而考试，其最终目标应当国家通过一系列有效的制度和措施，选拔、培养、任用一批具有共同法律观念、共同意识、共同职业道德和共同专业素养的高素质的司法人员队伍和律师队伍，进而从制度上、根本上提高法律职业人员的整体素质，维护司法公正，保障国家法制的统一和权威……”〔1〕

在提高职业准入门槛，加强专业性要求的时代背景下，从一种简单的大众话语的教育中选拔出高素质、精英化的法律职业人员已不合时宜。学术界必须提供与专业性要求相匹配的理论体系。法律共同体想要维护职业的尊严，提高准入的门槛，理论上的深入是一个基本的前提；而作为决定一个人生杀予夺时的思维背景，刑法学的犯罪论体系应该首当其冲。当下的法官整体素质不高是一个不争的事实，而其素质提高又非一蹴而就。倡导培育法律人的思维，首先要做的是将法官们的话语系统从大众话语转化为法言法语，用法言法语过滤大众话语的入侵，从而阻隔非专业的思考，排斥法外因素的干扰。这就要求判决书以一种专业的方式说理。作为诉讼活动的载体，一份层次清楚、逻辑严密、论证透彻、说理充分的判决书，能充分展示法官深厚的法学功底和公正的办案立场，能真正达到调控利益、平息冲突的功能，也能够有效地回应舆论的质疑。

笔者在这里并不是要提倡中国的刑法学界追求理论上的“曲高和寡”，甚至远离司法实务，而是认为刑法理论应该向着精英主义的方向有所努力，这不仅仅是为了精英而精英，为了理论而理论，还有上文所提到的时代变迁，一个法治国家必将对法律知识的

〔1〕 此处引文系时任司法部副部长刘飏在接受《中国法律》杂志社专访时的谈话，全文可参见《中国法律》2003年第2期。

专门性有越来越高的要求，一个更注重保障人权的社会必将更加谨慎和细致地对待对公民定罪的标准，这一切，都注定了由一个“人人皆可判案”的大众话语主宰的时代向“加深专业槽”的精英话语主宰的时代的转型，注定了犯罪论理论体系必将由简单浅显、通俗易懂转向更加专业、更加精密甚至更加复杂。

第三章
犯罪论体系的逻辑进阶

刑法学必须自成体系……才能保证有一个站得住脚的统一学说，否则法律的运用只能停留在“半瓶醋”的水平上。它总是由偶然因素和专断所左右。

——李斯特

本章从体系化和逻辑性的角度切入，对四要件理论与阶层理论之争进行考察。与四要件理论相比，阶层犯罪理论具有高度体系化的特点。四要件理论尚停留在要素集合的阶段，阶层理论则形成了位阶体系。这两种理论模式之间的差异，是体系建构的第一步与第二步的区别，是初级阶段与高级阶段的区别。就此而言，四要件理论与阶层理论之间不是竞争或替代的关系，而是进化的关系，阶层理论是四要件理论的进阶，是四要件理论进一步体系化之后的升级版。高度体系化不仅会带来理论上的提升，而且具有实践优势。它能够为司法人员提供路标指引和检验清单，有助于保障法律适用的正义性和安定性，可以限制司法恣意使案件审查透明化，提供评价指引公民行为呼吁对法的忠诚。

一、理想类型的提出

在浩繁纷复的中外刑法学理论中，存在种种重要的理论争鸣，比如关于共犯问题、关于解释论问题等。然而对于这些问题的回答和解决最终必然落脚到一个更为基础性的提问上：如何认定犯罪？在何种情况下一行为成立犯罪？以及应该按照什么样的模式来认定？在今天的刑法学研究中，对这个问题的各种回答一般被称为犯罪构成理论、犯罪成立理论或犯罪论体系等。基于本章写作的历史和比较的角度，文中对类似概念统一采用"犯罪构成理论"的表述。

这是任何国家和时期的刑法学理论都必须面对和解决的元问题。诚如有学者所言，刑法中一切问题的解决，都在一定程度上与犯罪构成理论有关。中国刑法学中的四要件理论承继于苏联，近20年来占据了不争的理论统治地位。然而随着研究的日益深入，这一理论自身的浅显性逐渐暴露，影响和制约着整个刑法学的发展，亦不能及时和有效地回应司法实践对于理论解释力越来越高的要求。一些有识之士意识到了这种理论的整体性危机，开始从基础层面对犯罪构成理论进行反思和讨论，呼吁理论的引入、创新和重构。本章的写作正是在这样一种背景下展开。我选择了对历史上的各种犯罪构成理论进行梳理和归纳这样一个切入点，因为"法律文化的承继性，是一个不争的事实。任何一种文化，都不是突如其来的，而是在先前文化的基础上演化而来的。"[1]因此,通过对历史上和当下的各种理论进行清理,不仅仅在于提供一个粗略的史料背景,更重要的是,将我们对理论变迁的理解置身于学术传统之中,才能在模式的革新中保持清明的头脑。但这又谈何容易!迄今为止,各个国家、各个时期甚至不同的学者都形成了自己的理论,林立总总,蔚为大观。即以德国一国为例,自贝林之后,各种犯罪构成理论已经有不下十几种,加之德国早期、日本以及苏联和中国近现代的理论发展,要想系统地清理,毫无疑问是一项烦琐的工作。

好在这项工作已经有了一些基础。近些年来,随着德日等国的刑法理论被介绍进国内,讨论犯罪构成理论的论文大量涌现,总的来看,大致有四类:第一类是对某一国或某一法系的犯罪构成理论进行专门介绍或研究;[2]第二类是致力于对中国与其他国家或者几个国家之间的犯罪构成理论的比较;[3]第三类是关于犯罪构成理论研究的方法和思路;[4]第四类是都有所涉及的综合性论

---

〔1〕 陈兴良:《刑法的启蒙》,法律出版社 1998 年版,题记。

〔2〕 这方面的文章有阮齐林:《评特拉伊宁的犯罪构成论》,载陈兴良主编:《刑事法评论》(第 13 卷),中国政法大学出版社 2003 年版;黄丁全:《犯罪论体系的构成性考察》,载陈兴良主编:《刑事法评论》(第 13 卷),中国政法大学出版社 2003 年版;薛瑞麟:《嬗变中的俄罗斯犯罪客体》,载《比较法研究》2000 年第 2 期等。

〔3〕 这方面的文章有姜伟:《犯罪构成比较研究》,载《法学研究》1989 年第 3 期;李洁:《三大法系犯罪构成论体系性特征比较研究》,载陈兴良主编:《刑事法评论》(第 2 卷),中国政法大学出版社 1998 年版;刘艳红:《我国与大陆法系犯罪论体系之比较研究》,载《中外法学》2004 年第 5 期等。

〔4〕 这方面的文章有陈兴良:《犯罪构成:法与理之间的对应与紧张关系》,载《法商研究》2003 年第 3 期;赵秉志:《论犯罪构成要件的逻辑顺序》,载《政法论坛》2003 年第 6 期;曲新久:《犯罪论体系片语》,载《政法论坛》2003 年第 6 期;周光权:《犯罪构成理论与价值评价的关系》,载《环球法律评论》2003 年秋季号;夏勇:《我国犯罪构成理论研究视角疏议》,载《法商研究》2003 年第 2 期等。

述。[1] 这些论文基本上代表了我国犯罪构成理论研究的现状，奠定了后来者继续研究的基础，也是文章写作的营养来源。但是，就历史和比较的角度来看，仍有一些遗憾，在我看来，从更为宏观也更为抽象的理论史层面，以一种更开阔的视野，来把握和分析整个犯罪构成理论的发展轨迹、形态和走向，这样的论文仍显偏少。本章可以看作在这方面的一个努力。

基于这个目标，笔者采取一种截断众流、化繁就简的方法，提取各种犯罪构成理论中最具共性之处，根据这种根本特征，将历史上和现有的十几种理论归纳并区分成两个理论类型：要素集合与位阶体系。在前者中，研究者所做的工作主要是总结和提炼出各种事实性和规范性的要素。[2] 这些要素同时齐备即意味着犯罪成立，但是诸要素之间缺乏张力，也就是说，不存在或不明显存在连接、递进、交叉等关系，而基本上处于一种并列的状态，以此为根据在认定犯罪时具有一次性和共时性的特点。我将这种犯罪构成的理论模型称作一种平面式的要素集合；在后者中，研究者则将各种要素进一步整合成彼此相关的几个范畴，确立出逻辑始项、逻辑基项和逻辑终项，按照一定的顺序和阶层去构建体系，以此为根据在认定犯罪时具有步骤性和历时性的特点。可以将这种犯罪构成的理论模型看作是一种有内在秩序和逻辑位阶的位阶体系。

需要说明的是，这两个理论类型的提出是基于研究便利的考虑，是两种"理想类型"。正如韦伯所说，不曾有任何一个科学体系

---

〔1〕 这方面的文章有何秉松：《犯罪理论体系研究论纲》，载《政法论坛》2003年第6期；陈兴良：《犯罪构成理论：比较、阐述与讨论》，载陈兴良主编：《刑事法评论》（第14卷），中国政法大学出版社2004年版；张明楷：《犯罪构成理论的课题》，载《环球法律评论》2003年秋季号等。

〔2〕 这里的要素是一个广义的概念，既指一些最基本的要素比如"行为"或"结果"等，也指对这些同类要素的简单归类，即所谓"客观要件"或"主观要件"等。在本章中都以"要素"统一称之。

能再现全部的具体事实，也不曾有任何一个概念工具能完全概括各种具体现象的千差万别，一切科学都要选择和抽象。[1] 犯罪构成理论本身就是对具体事实的抽象，但在这里，我将各个国家各个时期的犯罪构成理论也看作一种现象和事实，对其予以进一步的提炼和再抽象，在其之上建立两个模型，是一种研究之研究。这里运用了韦伯的理想类型的概念，所谓理想类型，是以片面强调一种或多种方面，并结合许多分散的、不连贯的、时隐时现的具体独特现象，将它们按照那些片面强调的方面安排成一个统一的分析框架而形成的。它为研究者提供一种衡量尺度，以便确定具体现象与理想类型之间相似或相差的程度。但理想型永远不会与具体现实相符合，总是与现实相差一段距离，它是一种思想范畴内的人为预设。就像纯粹的三角形或球体是不存在的一样，我们从哪个角度抽象出来的要素集合与阶层体系的概念都与实际的理论观点有一定差距，被归类到要素集合里的很多观点和理论包含着体系性的因素甚至雏形，而被归类到位阶体系里的很多理论模型也存在体系性上的不完备性。但如果不利用这种纯粹的概念，对现实的科学的分析就是不可想象的，正如弗思德所指出的，尽管理想类型是不真实的，但它的优点是提供一个概念工具来衡量最真实的演变并澄清经验现实中最重要的因素。[2]

需要说明的是，要素集合与位阶体系的划分和提出，是基于一种纯粹理论的立场，是以理论本身的逻辑性、严谨性和精致性为衡量标准加以评判的。本着这种理论理想主义的立场，笔者首先将历史和现存的各种犯罪构成理论归入两个理论类型中，在此基础上进一步论证：从形成体系的三个标准来检验，要素集合的理论类

〔1〕 参见［德］马克斯·韦伯：《经济与社会》（第1卷），阎克文译，上海世纪出版集团2010年版，第108～109页。

〔2〕 ［美］科塞：《马克斯·韦伯的著作与学说》，载《国外社会学名著选读》，中国社会函授大学出版社1986年版，第132页。

型尚未形成一种体系；要素集合与位阶体系其实是理论体系发展的两个阶段；要素集合尚处于体系建构的初级阶段。这种低级阶段与高级阶段的划分，是为了宏观上的把握，不可避免地带有一种理论乌托邦的色彩，表达的是作者对于犯罪构成理论发展的期待。只是从现实的角度看，对此却不宜完全地、教条地、做庸俗进化论的理解，因为其中还与各个国家的法律文化传统以及各个历史时期的时代背景等因素相关，这些因素很难在线性意义上清晰地比较高低，因此需要研究者对其给予同情的理解。这一点，是应该在开头加以说明的。

二、要素集合与位阶体系

（一）要素集合

纵观中外刑法学的发展历史，存在这样一类犯罪构成理论，尽管它们产生于不同的国家和时期，其时代背景和理论基础各不相同，在具体的术语和理论细节上也相互迥异，但是其理论建构的核心意图和整体结构却具有一个共同的特征，即犯罪成立的要素集合。换言之，虽然这些犯罪构成理论对于犯罪成立到底需要哪些要素也许看法不一，但是它们都认为，只要所需要素齐备，犯罪即可认定；至于以何种逻辑结构将这些要素有机地联结起来，以及司法者在认定犯罪时应该以什么样的思维模式和顺序去考虑这些要素，这一类理论并未对此进行深入的研究和解释。总的来看，可以被归类到要素集合的理论模型中去的理论和学说包括：苏联和当代中国的犯罪构成理论；贝林之前的德国理论和早期日本学者的观点；以及直接师法日本的民国时期的刑法学等。接下来举例说明之。

1.“主观—客观”的要素集合（德日早期）

从主观和客观两个方面来解释犯罪现象，是欧洲早期启蒙思想家已经开始的努力。犯罪的主观归责与客观归责的区分在德切安诺（1590）、特窝多里古斯（1618）、普登多夫（Pufendorf）（1660）、沃尔夫(Wolf)(1738)、胡梅尔(Hummel)(1784)关于犯罪的理论中,已经得到了深入的展开。[1] 德国早期的刑法学家如施蒂贝尔和费尔巴哈等,则开始从“要素总和”的角度来表述犯罪成立的条件。在施蒂贝尔于1801年出版的《论犯罪构成》一书中说:“犯罪构成就是那些应当判处法律所规定的刑罚的一切情况的总和。”在费尔巴哈于1801年出版的《德国刑法教科书》中指出,“犯罪构成就是违法行为中所包含的各个行为的或事实的诸要件的总和。”[2] 费尔巴哈进一步指出,如果法规上的概念不同,则犯罪的构成要件也不同。但通常属于构成要件的要素包括:外部行为、主观性事由以及违反法规的一定行为的结果。[3] 这一思想在费尔巴哈主持制定的1813年《巴伐利亚刑法典》中得以体现,该刑法典第27条规定:“当违法行为包括依法属于某罪概念的全部要件时,就认为他是犯罪。”[4] 总之,这一时期德国刑法学中的犯罪构成理论,可以一言蔽之,即犯罪成立的要素或条件的总和。

比克迈尔(Birkmeyer)将这种要素集合的观点以及早期的主客观理论进一步发挥,把犯罪成立的条件分为客观的构成要素与主观的构成要素。迈尔将犯罪要素分成客观的违法和主观的归责可能性。[5] 德国早期的观点对日本也产生了很大影响。在日本,犯罪的“构成要素”一词,在旧刑法时代就已经使用了。根据小野清一郎博士的分析,该词是法兰西法学 elements constitutifs du delit 的译语,意味着各个要素的集合。巴苏奈特在日本旧《刑法》的草案中,将此观念用于有关错误的规定上。如日本旧《刑法》第77条第

---

〔1〕 李海东:《刑法原理入门》(犯罪论基础),法律出版社1998年版,第18页。

〔2〕 Vgl. Stübel, *Über den Thatbestand der Verbrechen*, 1805, S. 1.

〔3〕 [德]费尔巴哈:《德意志普通刑法纲要》(1801年),转引自何秉松:《犯罪理论体系研究论纲》,载《政法论坛》2003年第6期。

〔4〕 樊凤林主编:《犯罪构成论》,法律出版社1987年版,第370页。

〔5〕 张明楷:《外国刑法纲要》,清华大学出版社1999年版,第68页。

2 款"不知可成立犯罪之事实而犯之者,不论其罪"即是。可成立犯罪之事实这一概念,在日本明治 23 年的旧《刑事诉讼法》第 203 条中,用来规定有罪判决的理由,并且沿用到新《刑事诉讼法》第 335 条。直到泉二新熊博士的《日本刑法论》,仍在一般构成要件的意义上使用"犯罪的要素"一词。[1] 在日本比较明确提出犯罪成立需要主观要素和客观要素的是大场茂马,他将犯罪的要素分为主观的要素、客观的要素与中介要素(责任)。[2] 另外,牧野英一在其《日本刑法》一书中也是以区分主观要件和客观要件为基础构建其理论的。[3]

2."主体—客体—……"的要素集合(民国时期)

20 世纪之前的中国刑法学,是受儒家思想影响的、以条文注疏为主要研究模式的传统律学。中国古代的刑法理论的风格,正如我国学者指出的,仅仅局限于对律条进行注释和解释,对具体的犯罪作一些说明和阐发,而没有提出对任何犯罪都适用的犯罪构成的概念及要件问题。[4] 因此,中国刑法理论中关于犯罪构成问题的理论性研究,应该发端于清朝末年。

由沈家本主持的变法修律运动,基本走的是一条以日为师的路子,大量翻译日本的刑法典和刑法学著作,[5]这一时期虽然还没有对于犯罪构成理论的研究,但已开始形成能够放在近现代刑法

---

〔1〕 [日]小野清一郎:《犯罪构成要件理论》,王泰译,中国人民公安大学出版社 2004 年版,第 7~9 页。

〔2〕 [日]大塚仁:《刑法概说(总论)》(第 3 版),冯军译,中国人民大学出版社 2003 年版,第 104 页。

〔3〕 马克昌主编:《犯罪通论》,武汉大学出版社 1999 年版,第 47 页。

〔4〕 参见钱大群、夏锦文:《唐律与中国现行刑法比较论》,江苏人民出版社 1991 年版,第 86 页。

〔5〕 参见梁根林、何慧新:《二十世纪的中国刑法学》(上),载《中外法学》1999 年第 2 期。关于晚清的思想界和法律界为什么在学习外国方面如此推重日本,可参见李贵连:《近代中国法律的变革与日本影响》,载李贵连:《近代中国法制与法学》,北京大学出版社 2002 年版,第 75~88 页。

理论框架中予以解释和分析的近现代刑法典。到了民国时期，中国刑法学进一步引进和移植大陆法系的法理和法律。这一阶段，中西刑法文化进一步碰撞和融合，在继续学习、仿制以大陆法系为主的外国刑法学说和思想的基础上，中国现代刑法学的体系也初步形成，出现了许多曾负笈海外、学识渊博的刑法学家，一些外国主要是日本的学者也受聘来中国讲学。在这一时期，许多刑法学著作和教科书里开始出现了对于犯罪成立的一般性要素的概括和阐述。〔1〕 总的来看，这一时期中国刑法学，在引进和吸收日本刑法理论的基础上，开始关注犯罪成立的一般性要素。主体、客体、违法性、责任等近现代刑法学关于犯罪构成理论的一些关键性和普遍性的要素都已经开始从具体的、特殊的分则条文中被抽象出来；但是，对于这些要素之间的关系研究仍然付之阙如，整体上也没有形成有内在逻辑关系的理论。概言之，犯罪成立的条件就是包括“主体、客体、律有正条”等各种要素都具备，因此这种犯罪构成理论的实质其实就是要素集合。〔2〕

3. “客体—客观方面—主体—主观方面”的要素集合（苏联和中国）

犯罪成立需要四个要件：客体、主体、客观方面、主观方面，只要四个要件齐备，即可认定犯罪。这种四要素集合的犯罪构成理论主要见之于苏联刑法学和以苏为师的新中国刑法学。在很大程度上，这种四要件理论和前面所说的“主观—客观”的要素集合是

〔1〕 关于这一时期的来华授课的日本学者以及中国刑法学者的教科书体例和内容，可参见第一章“犯罪论体系的历史钩考”，其中有具体阐述。

〔2〕 对这一理论现象的理解要结合当时学术史进展的时间表，中国刑法学的进展一直是以比邻的日本为师的，而同时期在日本刑法学界，比较有影响力的代表人物有牧野英一、大岛茂场、宫本英销等，从他们著作和主要观点中都看不到对于犯罪构成理论的有力主张。事实上，在日本对于犯罪构成理论的真正的、有力的引进者和倡导者是小野清一郎，但是小野关于犯罪构成理论的系统论述直到《犯罪构成要件理论》一书出版，其时已是1953年。

一脉相承的，是“主观—客观”要素集合的发展和变种。这毫不为怪，因为在苏联革命前，俄国的犯罪构成理论与德国等大陆法系国家早期刑法学渊源颇深，特拉伊宁就曾指出：“在俄国的著作中，把犯罪构成作为主、客观因素的总和，作了比较深刻的论述。”〔1〕总的来看，苏联和中国的刑法学界也基本上承继了这种“主观—客观”的要素集合的传统。特拉伊宁在自己的《犯罪构成的一般学说》中指出：“犯罪构成乃是苏维埃法律认为决定具体的、危害社会主义国家的作为（或不作为）为犯罪的一切客观要件和主观要件（因素）的总和。”〔2〕

在中国刑法学界，由高铭暄主编的《刑法学原理》认为：“犯罪构成是指我国刑法所规定的，决定某一具体行为的社会危害性及其程度而为该行为构成犯罪所必需的一切客观和主观要件的总和。”〔3〕由高铭暄、马克昌主编的《刑法学》一书指出：“犯罪构成就是依照我国刑法规定，决定某一行为的社会危害性及其程度而为该行为构成犯罪所必需的一切客观和主观要件的有机统一。”〔4〕由杨春洗、杨敦先主编的《中国刑法论》认为：“犯罪构成是指我国刑法规定的某种行为构成犯罪所必须具备的主观要件和客观要件的总和。”〔5〕

不过，一方面考虑到在对主观要件和客观要件具体展开时，仍然是分成四个要件分别论述的；另一方面由于苏联和中国的四要

〔1〕［苏］A. H. 特拉伊宁：《犯罪构成的一般学说》，薛秉忠、卢佑先、王作富、沈其昌译，中国人民大学出版社 1958 年版，第 17 页。

〔2〕［苏］A. H. 特拉伊宁：《犯罪构成的一般学说》，薛秉忠、卢佑先、王作富、沈其昌译，中国人民大学出版社 1958 年版，第 43 页。

〔3〕高铭暄主编：《刑法学原理》（第 1 卷），中国人民大学出版社 1993 年版，第 444 页。

〔4〕高铭暄、马克昌主编：《刑法学》（第 7 版），北京大学出版社 2016 年版，第 50 页。

〔5〕杨春洗、杨敦先主编：《中国刑法论》，北京大学出版社 1998 年版，第 68 页。

件理论具有代表所谓社会主义法系的独特性，因此这里专门把它们从“主观—客观”的要素集合模式中分离出来，单独成章。

苏联的法学杂志《苏维埃国家和法》曾经对犯罪构成进行过大规模的集中讨论，这里择要叙之：“……对于确定人的行为中是否具备犯罪构成来说，一个或几个零散的特征是不够的，必须有一定特征的总和才行……”（古梁斯基）；“所谓犯罪构成，应当理解为刑事法律所确定说明相应的犯罪行为，也就是说明危害苏维埃制度或破坏社会主义法权秩序的行为的诸客观特征和主观特征的总和。”（契科瓦则）“犯罪构成就是那些根据苏维埃法律用来说明对社会主义国家利益所实施的危害社会行为是具体的犯罪行为，并作为其刑事责任基础的特征的总和。”（哈萨洛夫）“犯罪构成就是苏维埃刑事法律所规定的、说明某一具体犯罪的社会危害性，同时并以其总和作为每一具体场合的刑事责任的基础。”（布拉伊宁）〔1〕

在教科书方面，除了前面提到中国的几本权威教科书外，由苏联功勋科学家毕昂特科夫斯基教授主编的权威教科书《苏维埃社会主义刑法总则》指出：“犯罪构成是形成该犯罪行为的诸特征的总和。犯罪一般构成是社会主义刑法上关于犯罪构成的一般概念。这个概念是利用将各种犯罪构成的各个特征加以抽象，并从苏维埃刑事立法所规定的每一个犯罪构成所固有的相互联系中，抽出级别的一般特征的方法而制定出来的。”由苏联司法部全苏法学研究所主编的《苏联刑法总论》一书，对于犯罪构成的理论有一个简练的概括：“形成该种犯罪要件的总和，即称为犯罪构成。”关于犯罪构成理论的内容，该书认为：“社会主义刑法分则理论研究个别具体犯罪的构成，在总则种研究一切犯罪构成之共同要件。

---

〔1〕 以上论文均引自中国人民大学刑法教研室编译：《苏维埃刑法论文选译》，中国人民大学出版社 1955 年版，第 37 页以下。

每一犯罪构成系由于都是由四种基本因素形成起来的：一、犯罪的客体，二、犯罪的客观因素，三、犯罪的主体，四、犯罪的主观因素。这四种犯罪构成的要件，缺少一种犯罪构成即不能成立……"[1]由别利亚耶夫、科瓦廖夫编著的《苏维埃刑法总论》指出："每个具体的犯罪构成都包括犯罪主体和犯罪主观方面，以及犯罪客体和犯罪客观方面要件的总和。犯罪构成的一切要件互相联系：每一个要件都是有机统一体的一个组成部分。在某人的行为中，如果缺少一个要件，那就意味着缺少整个犯罪构成。"[2]

前面所提到的几本在中国比较权威的刑法教科书，基本上继承了苏联的这些观点，即将犯罪构成的要件分为犯罪主体、犯罪的主观方面、犯罪客体、犯罪的客观方面四个要件。但是，在指出犯罪构成的四个要件的同时，却没有指出四个要件之间的关联，这些要件之间几乎是平行存在的，没有严格的排列顺序，仅仅在犯罪构成理论之下集合在一起，是一种典型的要素集合式的犯罪构成理论。

（二）位阶体系

与上述要素集合式的犯罪构成理论形成鲜明对比的，是位阶体系式的犯罪构成理论。在这种理论中，各种要素被进一步整合成彼此相关的几个范畴，确立出逻辑始项、逻辑基项和逻辑终项，按照一定的顺序和阶层去构建体系，以此为根据，在认定犯罪时具有步骤性和历时性的特点。"第二步永远不能先于第一步"，这种认定犯罪的理论模型是一种有内在秩序和逻辑顺序的位阶体系。在学术史上，自学者贝林和李斯特提出了古典的三阶层犯罪论体

---

〔1〕［苏］苏联司法部全苏法学研究所主编：《苏联刑法总论》（下册），彭仲文译，大东书局1950年版，第315页。

〔2〕［苏］H. A. 别利亚耶夫、［苏］M. Л. 科瓦廖夫：《苏维埃刑法总论》，马改秀、张广贤译，群众出版社1987年版，第45页。

系之后，德国、日本、意大利、西班牙、波兰、希腊以及中国部分学者的犯罪构成理论，都逐渐地采用了各种形式的阶层体系。这种阶层犯罪理论不满足于仅仅说明犯罪成立的各种要素，更在于提供一套精确的定罪量刑的思维工具。根据犯罪事实的经常形态、特殊情况以及行为人个人的特殊状况，设计出一个决定行为的刑事可罚性条件的检验程序。既然是程序，就必然要求有严格的前后顺序，不能仅仅是要素和检验标准的罗列。阶层犯罪构成理论就是这样一种注重程序性要求的理论类型，它按照一定的顺序和阶层来依次检验行为，最终得出是否成立犯罪的结论。阶层理论是一种典型的位阶体系。

1.“构成要件该当性—违法性—有责性”的三阶层体系

由构成要件该当性、违法性和有责性所组成的三阶层体系，目前在日本居于通说的地位。这种三阶层的犯罪构成理论，肇始于德国学者贝林所创的所谓古典的犯罪构成理论。古典的犯罪构成理论曾经在20世纪初占不争的理论统治地位，这个体系是刑法理论史上第一个成形的犯罪阶层体系，又被称为贝林—李斯特体系(Beling - Lisztsches System)，因为完整的体系结构固然是贝林于1906年发表的，但李斯特在1881年第1版的教科书中已经区分违法性(Rechtswidrigkeit)和罪责(Schuld)，被视为最早区分刑法体系阶层之作，后世因而将贝林与李斯特合称为第一个犯罪阶层体系的创作者。这种三阶层的理论在德国经过迈尔和梅茨格(Metzger)等人的不断发展，传至日本后，又经小野清一郎和团藤重光等人的继承和创新，成为通说。

这种犯罪构成理论确立犯罪成立需要经过三个阶层的判断：构成要件该当性、违法性和有责性。在第一个阶层，首先判断一行为是否与构成要件相符合，构成要件是指刑法分则所具体描述的各种犯罪类型要件，如杀人罪中的杀人行为和被杀的人都是构成杀人罪的要件；盗窃罪中的窃取行为和他人动产是盗窃罪的要件等。早期的构成要件,被认为是对每一个具体犯罪事实的抽象的、纯外在的描述,是客观而不含有任何价值评价色彩的。后来,迈尔和麦兹格等学者质疑并推翻了中性无色的观念,开始提出有主观违法因素和规范的构成要件要素的看法。对此,日本的小野清一郎认为,构成要件从其在刑罚法规中所发挥的机能的性质来看,它是客观的、记叙性的,然而从其论理的、法的意义上看,从中又可以找出规范的和主观的要素来。构成要件被普遍认为是违法的类型(在日本还被认为是责任的类型)。接下去要进行第二阶段违法性的判断,方能确定行为是否在客观上不被刑法规范所许可,这一阶段的违法性判断,并不是根据具体的违法性要素来作积极的评判,而是消极地判断是否排除行为违法性的情形存在。因为一个行为一旦满足了构成要件,即具备了构成要件该当性后,即间接证明该行为事实具有不法,但如果有其他应该守法秩序容忍的情形存在,这个行为事实即未违反法规范的期待,而不具备不法。至此,可以进入第三阶段有责性的判断。在罪责阶段检验的是行为人的主观犯罪成立条件,包括行为人的故意、过失和责任能力。故意和过失是罪责形态,责任能力是罪责条件。早期对于故意除了对构成犯罪事实的认识之外,是否包含对违法性的认识,存在很多争议。后期由于规范罪责理论的提出,又增加了实质的罪责条件,以期待可能性作为超法规的阻却罪责事由。[1]

2."行为—构成要件该当性—违法性—有责性"的四阶层体系

所谓四阶层体系,就是在原来的三阶层之前又增加了行为作为一个独立的阶层。体系上的这种变革是由于韦尔策尔(Welzel)及其追随者在第二次世界大战后建立并发展起来的目的行为论,

〔1〕 三阶层体系的演变过程,可参见[德]汉斯·海因里希·耶赛克、[德]托马斯·魏根特:《德国刑法教科书》(上),徐久生译,中国法制出版社2017年版,第279页以下;柯耀程:《变动中的刑法思想》,中国政法大学出版社2003年版,第19页。

使得行为由早先通行的因果行为论受到挑战，行为的概念才引起注目。目的行为论的认识基点是，人通过意识性的参与和手段选择将因果发展推向一个具体的目的引导并有目的地决定着这一因果发展。此后又有社会行为概念加入对于行为的讨论，到了20世纪60年代再度引起独立的行为阶层是否为必要的争议。多数德国的刑法教科书开始接受行为作为第一个犯罪体系阶层，三阶层因而成为四阶层。但是，尽管是由于目的行为论的兴起尽管将行为推向前台，但目的行为概念本身并没有被多数学者接受，赞成独立行为阶层的学说中，大多采用的都是社会行为的概念。李斯特的高足施密特在修订李斯特《德国刑法教科书》第26版时，表明了不同于其导师自然主义因果行为论的社会行为论的立场："行为吸引刑法学家的不是其作为自然科学观中的生理现象，而是作为作用于社会现实的一个社会现象。"〔1〕总之，在现在的德国，行为阶层成为第一个阶层为不少学者赞同。至于行为学说，则包括因果行为论、目的行为论、社会行为论、消极行为论等行为理论，其中主张社会行为论的学说比较多些。〔2〕

但是在日本，行为作为独立阶层的观点没有被普遍接受。大塚仁教授认为，行为作为处于犯罪概念的核心的东西，当然也应该作为犯罪成立要件来考虑。但是，在以罪刑法定主义为基本原则的今日刑法学上，犯罪必须是符合刑法法规所规定的构成要件的东西，作为犯罪的构成要素，不应该把单纯的行为本身而应该以符合构成要件的行为作为问题对待。在犯罪论的基底上所思考的行为，毕竟只不过是刑法判断的对象，不能成为关于犯罪成立与否的

---

〔1〕［德］李斯特著、［德］施密特修订：《德国刑法教科书》，徐久生译，何秉松校订，法律出版社2006年版，第176页脚注1。

〔2〕许玉秀：《犯罪阶层体系及其方法论》，台北，成阳印刷股份有限公司2000年版，第32页。

刑法判断标准。[1]

3."不法—罪责"的二阶层体系

德国的古典犯罪构成理论体系不久就经历了一场深刻的变革。人们将以迈尔和梅茨格为代表的改革后的犯罪构成理论称为新古典犯罪理论,因为它本质上没有改变古典犯罪体系与理论结构,但它却在体系内部对古典理论做了根本的理论改造和发展。新古典犯罪构成理论无论在学术价值或国际影响方面都达到了德国刑法理论研究的一个高峰。但是,新古典犯罪构成理论只是一个概括的说法,在其内部,仍然有不同的阵营。这种不同主要体现在判断犯罪成立的阶段是划分成两个阶层还是三个阶层。这里的两阶层与三阶层之争,指的是构成要件阶层和违法性阶层是否分立,或违法性阶层其实等于消极构成要件,而属于构成要件阶层,也就是说,究竟是区分不法和罪责两个阶层,还是应该分成构成要件该当性、违法性和有责性三个阶层。

不法—罪责的两阶层体系在第二次世界大战后得到了很多德国学者的青睐,一度成为有力的学说。这种理论认为,构成要件应该与违法性合而为一成为一个"不法"的阶层,不必再单独存在。这主要是由于规范构成要件的发现否定性构成要件的主张,既然构成要件是基于不法角度而进行的一种评价,那么就没有必要把其中一部分归属于具体不法类型,而将另一部分划入违法性的内容。构成不法的要件和正当化事由中排除不法的要件实际上所起的作用是一样的,即共同或相互补充而对行为的不法实质作一个最终的判断,那么不如将构成要件该当性和违法性合而为一,使犯罪在体系上成为具备构成要件的不法和有责的行为。由此,判断一行为是否构成犯罪,须经过两个阶层:首先进行不法的判断,之

〔1〕[日]大塚仁:《刑法概说(总论)》(第3版),冯军译,中国人民大学出版社2003年版,第108页。

后进行罪责的判断。两阶层的理论在战后获得许多德国学者的青睐，因为其不仅在逻辑上是可行的，在语词学上也有许多优点。但是由于忽略了刑事政策和刑事立法等方面的功能而越来越多地受到批判。[1]

4.“罪体—罪责—(罪量)”的三阶层体系

将犯罪构成划分成罪体、罪责与罪量三个阶层，是我国学者陈兴良教授在其专著的《本体刑法学》和《规范刑法学》中提出的一个新的犯罪构成理论。所谓罪体，是犯罪构成的本体要件之一，是定罪的客观依据。罪体之体有载体之意，指犯罪的基本存在形式。同时，罪体之体又有物体之意，指犯罪的客观层面，包括行为、结果、因果关系、犯罪的时间、地点等因素。罪责意味着行为人主观上的罪过，是在具备罪体的情况下行为的可归责性，包括责任能力、责任形式、目的与动机等主观的随附情状。罪量包括刑法分则各罪中的情节和犯罪数(额)量。但并非所有的分则罪名都有罪量的要求，因此这是一个选择性的要件。[2]

从内容上看，罪体—罪责—(罪量)的犯罪构成理论是脱胎于四要件理论而来的，它的罪体接近于四要件中的客观方面，罪责则相当于四要件中的主观方面；从形式上看，罪体—罪责的二分在某种程度上还保存着主观—客观的模式痕迹。但是之所以将这种理论归类到阶层体系而非要素集合中去，是因为该理论并不是对四要件和主观—客观的简单综合，创立者在形式和内容两个方面承继传统的基础上又有新的突破：一方面，在内容上，将犯罪客体和犯罪主体两个要素排除出去，这个排除的最大意义在于将四个不

---

〔1〕 罗克辛对于区分构成要件和违法性的意义做过详尽阐述，可参见[德]克劳斯·罗克辛：《德国刑法学总论》，王世洲译，法律出版社2005年版，第185页；许玉秀：《犯罪阶层体系及其方法论》，台北，成阳印刷股份有限公司2000年版，第37～38页；李海东：《刑法原理入门(犯罪论基础)》，法律出版社1998年版，第37页。

〔2〕 参见陈兴良：《本体刑法学》(第2版)，中国人民大学出版社2011年版，第339～340页。

同领域的要素整合成了两个相对应的范畴，提供了可以排序的对象，这是在逻辑上正确地形成阶层的前提；另一方面，在形式上，以往的主观—客观模式只是简单的主观要素和客观要素的集合，但是在罪体—罪责—（罪量）的理论中，三者之间排列的有严格的顺序。如其创立者所言，“罪体是罪责的前置性要件，故而罪体是可以独立于罪责而存在的。但是，反之则不然。即在没有罪体的情况下，罪责是不可能单独存在的，只有在罪体已然存在的前提下才有罪责可言。正是这种对合性，决定了我的犯罪构成体系是客观要件先于主观要件的。换言之，罪体与罪责的顺序是由其内在逻辑所确定的，不可随意变动。就此而言，先罪体后罪责，两罪之间具有递进性。至于罪量，更是在具备罪体与罪责这两个犯罪的质的基础上才有的，它与罪体和罪责同样呈现出递进性。”〔1〕

正是在内容和形式上的双重突破，这个新的犯罪构成理论表现出分阶层的特点，因此我将它归入阶层体系的理论类型中。但是与成熟的“构成要件该当性—违法性—有责性”的三阶层体系相比，它的阶层性表现得还不够彻底，还有一定的对合式甚至耦合式的痕迹；另外，在罪体的阶层所考虑的行为完全排除主观方面的因素，而将心理事实放到罪责中再考虑，这就有一点近似于贝林早期的构成要件理论了，而这一点，也是贝林的理论体系为人所诟病的地方。这里牵扯出应该如何评价刑法上的行为的问题，即如何设计一个完美的结构，既保证行为本身不被割裂，能作为一个整体渐次地接受检验，又不会混淆评价客体与客体评价的逻辑关系，着实是对这个理论的一个严峻考验，尚需进一步在学理上加以研究。

三、体系进阶：从四要件到三阶层

在现今的刑法学界，议论传统四要件理论与大陆法系的犯罪

〔1〕 陈兴良：《犯罪论体系：比较、阐述与讨论》，载陈兴良主编：《刑事法评论》（第14卷），中国政法大学出版社2004年版，第54页。

构成理论之间的比较性论文已经所在多有。但是我注意到一个现象，就是大多数论者在行文时都将二者统称为犯罪论体系，[1]即使不用这样的字眼，在文章中也是经常使用理论体系这样的字眼来对二者加以比较。但是，四要件真的是一种理论体系吗？这并非是不言自明的前提。在学术研究中，每一个词语或术语的所指都应该是明确的，这种强调不应该被视为过分追求形式主义；因为恰恰通过对于术语的严格界定和精确使用，事物之间的细微区别才有可能被凸显出来，而这些细微之处则往往关乎事物本质。

"体系"一词，正是这样一个因为使用过度而被忽略实质功能的术语。它的语义中所具有的甄别性功能恰恰是笔者对这两种理论类型命名和区分的根本依据。

作为犯罪构成理论的两种基本模式，要素集合与阶层体系之间的根本差异，正是在于体系化程度。"体系"一词，往往被混用于"理论"。然而，有理论不等于有体系。体系这一说法本身就具有实质性的甄别功能。零散的知识不是体系，"真理是整体"（黑格尔）。所谓理论体系，是指按照一定的原则，按照理论诸要素的关系，把理论诸要素所组成的统一整体。[2] 事实上，任何一门科学成熟的标志，总是表现为将已经获得的理性知识的成果——概念、范畴、定律和原理系统化，构成一个科学的理论体系。这种理论体系不是零碎知识的汇集，也不是一些定律的简单拼凑，更不是许多科学事实的机械凑合，而是有一定内部结构的、相对完整的知识体系，或者说，是反映对象本质和发展规律的概念系统。

具体到刑法，也是如此。作为德国刑法学鼻祖的费尔巴哈，描

---

[1] 陈兴良教授提出，在选择使用"犯罪构成理论"还是"犯罪论体系"的概念上，要看具体的语境，笔者个人认为这是一种比较审慎的做法。参见陈兴良：《犯罪论体系：比较、阐述与讨论》，载陈兴良主编：《刑事法评论》（第 14 卷），中国政法大学出版社 2004 年版，第 21 页。

[2] 于超、王革主编：《哲学相近概念比较研究》，山东大学出版社 1988 年版，第 17 页。

述过他心目中的科学体系对于法学的普遍意义,“通过经验积累以及加工的内容并不是科学,它们必须以科学形态表现出来。”费尔巴哈认为这种符合科学要求的表现必须满足以下三个条件,“第一个条件是法律概念的正确性、明确性、准确性以及直白性;第二个条件是法规的内部关联;第三个条件是法学理论的体系关联。”对于法学理论的体系关联,他特别指出,“当一个内在相互关联的现有知识整体具有外部的或体系性的关联时,那么,该知识整体便具备了科学的完备形态……科学的黑暗意味着,对内容不予区分、对不同种类不予分离、对相同种类不予整合、对于科学的各组成部分没有按照逻辑顺序加以编排,其中一部分以另一部分为前提、根据或通过该部分得以诠释,却没有根据这样的关系将各部分予以逐一排列。总的来说,就是不通过以上方法将一个粗糙整体变为一个有组织性的,自身与其各组成部分协调的整体”。[1] 尽管费尔巴哈生前没有完成达到这个标准的犯罪论体系,但是他关于体系性对法学理论发展的重要意义的阐述令人印象深刻。一位真正完成了体系化工作的德国刑法学大师李斯特,特别地从刑事司法的角度指出了体系的重要性,“作为实用性很强的科学,为了适应刑事司法的需要,并从司法实践中汲取更多的营养,刑法学必须自成体系,因为,只有将体系中的知识系统化,才能保证又一个站住脚的统一学说,否则,法律的运用只能停留在半瓶醋的水平上。它总是由偶然因素和专断所左右。”[2] 按照我国台湾地区学者洪福增

---

〔1〕 Paul Johann Anselm von Feuerbach, Über Philosophie und Empiriein ihrem Verhältnis zur positive Rechtswissenschaft. Eine Antrittsrede (1804), in: ders./Carl Joseph Anton Mittermaier (Hrsg.), *Theorie der Erfahrung in der Rechtswissenschaft des* 19. *Jahrhunderts. Zwei methodische Schrifte. Einleitung von Lüderssen*, 1968, SS. 59, 80. 转引自[德]埃里克·希尔根多夫:《德国刑法学:从传统到现代》,江溯、黄笑岩等译,北京大学出版社 2015 年版,第 187~188 页。

〔2〕 [德]李斯特著、[德]施密特修订:《德国刑法教科书》,徐久生译、何秉松校订,法律出版社 2006 年版,第 4 页。

的看法，犯罪论体系是依据论理的规则，支配或统一犯罪的实质概念而构成。“其功用在于将杂多之犯罪构成要素整纳于一个有秩序有系统之体系内，使人易于明了理解。”[1]

综上可见，体系是依某种原理或规则所组织的知识的统一体，它不是单纯的知识的集合或分类，而是由贯通全体知识的原理予以支配、统一，并使其间保持有机关联的组织。就此而言，并非所有的犯罪构成理论或知识都可以称之为体系。刑法理论与刑法体系是不同的。有理论不等于有体系。一种理论可能是一种观点，或者一个假说，或者一些知识的聚集，但并非当然地就是一种体系，只有当该理论发展到比较成熟的时期才有可能形成体系。由此可见，刑法理论的发展高峰的标志是形成体系。理想的犯罪构成理论，应当是一种关于犯罪认定和判断的认知体系，这样一种认知体系的建立，“必然在体系要素——也就是个别的概念——澄清到一定程度的时候，方才会发生”。[2] 在这个意义上，李海东博士在其《刑法原理入门》中关于要素与体系的关系，有过一段精当的议论。“行为、构成要件、违法、责任以及许多其他对于上述犯罪体系的建立起着重要作用的概念，都不是这个犯罪体系创建者的发现。但是，他们与这些要素发现者的革命性区别在于，他们前人的这些发现之间尚不具有应有的理论与逻辑联系；因此，这些正确的认识常常成为理论思辨中的过渡物混淆在理论中，而缺乏可以理性把握的内在联系与逻辑。也就是说，这些发现当时并没有成为具有内在联系的体系。在耶林发现客观违法理论的基础上，李—宾—贝氏的犯罪体系澄清了这些要素之间的理论与逻辑联系，并

---

〔1〕 洪增福：《犯罪论之体系》，载刁荣华主编：《现代刑法基本问题》，台北，三民书局1970年版，第95页。

〔2〕 许玉秀：《犯罪阶层体系及其方法论》，台北，成阳印刷股份有限公司2000年版，第1~2页。

根据它们的内在联系建立了规范科学体系。"[1]

对一种理论是否构成体系可以从三个方面加以检验：一是建构理论所使用的基本概念和范畴是否具备；二是联结各个概念和范畴的逻辑结构是否合理；三是理论是否具有整体性的机能。接下来，就从这三个方面对四要件理论与阶层理论进行对比，进一步从体系化的视角论证两者的差异。

（一）四要件理论 v. 阶层理论：基本概念是否缺失

再完美的逻辑结构和组装方法也不能将一些缺乏生命力和理论容量的要素联结起来，决定一种理论体系建构成功与否的根本前提，在于理论建构者所使用的基本概念。不同概念之间的细微差别并不是可有可无的，而是影响理论实质的基础。概念是形式逻辑思维的基本细胞。研究体系问题，首先要从概念出发。概念作为对世界的独特反映，乃是从个别中抽取一般的、本质的东西而形成的思维形式，它反映显示中各类个别对象所固有的一般的和本质的东西，而"去掉了它的假象、外在性和虚无性"，也就是去掉了其中非本质的、偶然的、个别的特征。因此，概念的作用在于概括，在于以一种"纯粹"的、浓缩的形式把对象一般的、本质的东西确定下来。刑法理论的知识构成，绝不是对事实现象的简单描述，也不是对法律规范的机械诠释，而是从概念出发对经验知识进行体系化的思维过程。这一思维的起点是概念，概念是知识的原点。是认识之网络上的网结。[2]

从抽象性及其功能出发，我国学者将概念区分为常识概念和科学概念，而科学概念又可以分成三个逻辑档次：原始概念、普遍

---

〔1〕 李海东：《刑法原理入门（犯罪论基础）》，法律出版社 1998 年版，第 19 页。

〔2〕 陈兴良：《犯罪论体系：比较、阐述与讨论》，载陈兴良主编：《刑事法评论》（第 14 卷），中国政法大学出版社 2004 年版，第 61 页。

概念和基本概念。所谓原始概念，是指缺乏逻辑统一性，直接与经验事实相联系的概念，在它们的外层是现象世界和科学事实，原始概念在逻辑上是作为被推导出来的概念而被保留在逻辑体系之中的；普遍概念是指在逻辑上能够推导出原始概念的科学概念。它们是在原始概念的基础上进一步抽象而成的，是脱离了感觉经验具体性的具有普遍意义的科学概念，但它们不能脱离原始概念，而是必须与原始概念建立起逻辑关系，从而与科学事实和感性世界发生联系；基本概念则是能够作为整个概念体系的基础和逻辑起点的少数的科学概念，这类基本概念和基本关系在构造理论的过程中起着中心作用，在逻辑上能够把其他所有概念连成一个逻辑系统，逻辑统一性是其根本特征。〔1〕

四要件理论未成体系的首要原因和体现，正在于基本概念的缺失。

比较四要件理论与阶层理论，在第一个概念层次，两种理论都存在一些共同的原始概念，如行为、结果、故意、目的等，它们直接与经验事实相联系，是最低一层的科学概念。在第二个概念层次，四要件理论中有主观方面、客观方面等，阶层理论中则有主观构成要件、客观构成要件等。这些普遍概念，是对行为、结果、故意、目的等原始概念的进一步抽象，由此可以推导出这些原始概念，但是若脱离了原始概念又将变得毫无意义。在第三个概念层次，也就是基本概念的层次，阶层理论中出现了构成要件该当性、违法性和有责性三个最重要的基本概念，它们位于主客观要件等中间层的普遍概念之上，能够推导出中间层的各种普遍概念和关系，具有高度的逻辑统一性，是整个理论体系构建的起点和基础。但是在四要件理论中，却无法找到这样的基本概念。主观方面、客观方面、

〔1〕 刘英：《立体概念与历史唯物新论》，安徽人民出版社 1993 年版，第 38 ~ 39 页；舒炜光主编：《科学认识论》，吉林人民出版社 1990 年版，第 55 页。

主体、客体已经位于逻辑结构的最高层，在它们上面不存在更高级的概念。因此，四要件理论仅仅是由一些普遍概念组成，缺少形成体系最重要的基本概念。

基本概念的缺失所造成的直接后果有两个：一是理论欠缺解释力和包容度，层次浅显；二是整个理论缺乏内在的逻辑统一性。

逻辑统一性的问题我会在下文的逻辑结构部分详细展开，这里首先谈一下理论层次浅显的问题。一门严谨的学科，对于作为其理论体系建构起点的概念，必然要求有着强大的生命力、丰富的内涵、较强的专业性以及与此相伴随的、对于这些概念的大量讨论和争鸣，最终促进该概念带动该学科不断向前发展。也就是说，作为理论工具的概念的深度，决定了其所服务的理论的深度；概念的层次，决定了理论的层次。由于基本概念的缺失，要素集合这样的理论建构只能主要依赖于一些普遍概念，而这些普遍概念如前所述，只是对于原始概念的第一次抽象，还比较缺乏包容性和解释力。

例如，四要件理论中的主观方面，只是对于故意或者过失等主观方面因素的一个略高一点的概括，它仅仅表示行为人在主观方面的情况，如果没有其他的概念联结，“主观方面”一词的意义仅限于字表，它只是一个记叙性的概念。这里的要件并没有更多地超出“要素”一词的语义，只是一种大要素和小要素的区分，而大要素只是小要素的简单集合，这种抽象和概括还处于一种很浅的层次，没有显示出一种经过整合后的功能增量。因此，无论名义上叫要素还是叫要件，抽象之后的概念在规格和功能上都没有达到基本概念的要求，没有超出原始概念和普遍概念的限度和范围。

相比之下，阶层理论中的责任概念，涵盖了除故意过失之外的责任能力、违法性认识、阻却责任的紧急避险及期待可能性等问题。责任这个概念不是一个仅仅说明行为人主观情况的事实性概括，而是更具有某种规范性和价值判断的功能，要解决的是在构成要件该当性和违法性的检验之后,到底能否对行为人归责的问题。有责性的概念本身就涵盖了这个性质检验的意思。显然,有责性的概念包含了行为人主观方面的性状考虑,但又超越了单纯的记叙;它以一种规范性的面目出现,要求某种功能的运作和实施,其理论容量和统摄力要远远大于主观方面这一表述。

另一个基本概念的典范,就是构成要件。早期德国刑法学虽然也一直在进行犯罪构成理论的研究(如费尔巴哈),但终究因为所使用的概念术语较为低级,缺乏进一步的、有力的理论概念,只能"游兵散勇"地以要素集合的初级阶段的面貌呈现。因而"这个时期的犯罪构成理论还没有形成一个系统完整的理论体系"。[1]这种局面直到贝林赋予了"Tatbestand"以新的涵义,创立了独特的构成要件概念之后,才发生质的改变。在贝林那里,构成要件是指刑法分则(罪状中)所具体描述的各种犯罪类型要件,它只是犯罪成立的条件之一而不是全部,在其之后还要进行违法和有责的判断,由此与德国刑法学早期的"构成要件是犯罪成立的诸要件的总和"的观点区别开来。这之后,围绕着构成要件该当性展开了一系列的讨论,不断地有新的内容被充实到这个概念中来。从以客观的、纯粹记述的、中性无价值的构成要件为特征的古典犯罪论体系,到以加入了规范要素和主观要素的构成要件为特征的新古典犯罪论体系。从以目的行为论为中心的构成要件为特征的目的论体系,到以客观归责为中心的、构成要件为特征的目的理性的犯罪论,毫不夸张地说,整个德日犯罪阶层体系正是伴随着构成要件这一基本概念的发展而逐步完善的。基本概念对于一个理论体系建构的重要性可见一斑。

---

〔1〕 陈兴良:《本体刑法学》(第2版),中国人民大学出版社2011年版,第145页。

（二）四要件理论 v. 阶层理论：逻辑顺序是否混乱

前面已经提到，逻辑结构上的差异，是要素集合与阶层体系两种理论类型在形式差异上表现最为明显的地方，也是我国学者在比较中国与大陆法系的犯罪构成理论时已基本取得共识之处。

尽管阶层理论存在各种表现形式，但是实质上只有一套，都是由构成要件该当性、违法性、有责性三个判断阶层构成。“各种演变的理论，都还是在这套体系中对各种检讨要素作不同定位或充实检验标准的工作。”〔1〕三个阶层之间环环相扣，层层递进，逻辑顺序是一种很清晰且确定的位阶关系，在第一个肯定性和假定性的阶层判断满足之后再进行下两个阶层的否定性检验，逐层排除，最后得出是否成立犯罪的结论。这种逻辑结构常常被总结为递进关系或者位阶关系，这种理论也因此被冠以阶层的定语修饰。

相比之下，四要件理论是一种耦合式的结构，将犯罪构成的四大要件先分而论之，然后加以整合，由此，犯罪构成要件之间的关系成为一种共存关系，即“一有俱有，一无俱无”，只有四个要件全都具备了，才说得上是构成犯罪。这种逻辑结构的一个最大特征就是各个要件似乎是“齐头并进”的，但是，这只是一种似是而非的说法，是一种想象的状态，并不符合人类思维的实际情况：在考虑具体问题的时候，是不可能所有情况“一哄而上”的，总要有个先后次序。四个要件不可能在同一时间在司法者脑海中一齐涌现。那么，它们究竟是按照什么顺序排列的呢？有学者指出，在这种逻辑结构中，要件之间的排列顺序似乎并不重要，从客观到主观者有之，从主观到客观者有之，主客观要素混杂者有之。〔2〕 有主张“犯罪客体—犯罪客观方面—犯罪主体—犯罪主观方面”的顺序，也有

---

〔1〕 许玉秀：《犯罪阶层体系及其方法论》，台北，成阳印刷股份有限公司2000年版，第62页。

〔2〕 张明楷：《犯罪构成理论的课题》，载《环球法律评论》2003年秋季号。

主张“犯罪主体—犯罪主观方面—犯罪客观方面—犯罪客体”[1]的顺序，还有主张“犯罪主体—犯罪客体—犯罪主观方面—犯罪客观方面”[2]的排列顺序等。正是这种逻辑顺序上的随意性，导致整个理论的逻辑结构漏洞百出，招致了诸多学者的不满，总的来看，这方面的批评意见主要包括：缺乏层次，比较混乱；犯罪成立的判断先于犯罪构成要件的确立，因而不能反映认定犯罪的司法逻辑进程；结构封闭，没有弹性；与诉讼程序没有直接关联等。我基本上赞同这些见解，因为资料文献已经所在多有，这里不再赘述。

但是，对于逻辑顺序混乱背后的原因，以往似乎很少进一步的分析。这里想要讨论的，正是这样一个问题：造成四要件理论在逻辑结构上之症候的深层原因是什么呢？

一个重要的原因是，概念之间缺少推导性。正如有学者指出，一个成熟的概念体系的重要特征就是推导性。即理论体系内部的各个概念之间具有一种可以相互推演的性质，因而在理论体系中的每一个概念自身必须具有严格的、准确的定义，同时又与其他概念保持内在的有机联系。科学知识的体系化，不是个别概念、判断和推理的简单相加，也不是它们之间的机械结合，而是知识的有机结合。在成熟的理论体系中，任何概念都不是任意的。一方面，这些基本概念的涵义不是任意的，而是严格的；另一方面，为了使基本概念的涵义不是任意的，必须借助于基本概念之间的逻辑联系，使得每一基本概念在体系中的地位也不是任意的，而是在逻辑上相互制约的、确定的。正是基于概念之间的这种逻辑联系，每个基本概念都必然固定于体系的一定环节之上，从而也就使概念之间

〔1〕 参见赵秉志主编：《新刑法教程》，中国人民大学出版社 1997 年版，第 88 ~ 89 页。

〔2〕 参见何秉松主编：《刑法教科书》，中国法制出版社 1997 年版，第 188 页。

必然具有一种可以推导的性质。[1] 也正是由于概念体系具有这种推导性,人们总是赞叹科学理论体系的逻辑力量。

具体到犯罪构成理论上,阶层理论的各个概念之间就具有这种推导的关系。以构成要件该当性与违法性和有责性之间的关系为例:迈耶认为,构成要件该当性是违法性的认识根据,构成要件该当性与违法性的关系是烟与火的关系,具有违法性的推定机能,行为如果符合构成要件,除个别情况下能证明具有违法阻却事由外,仅此就可先推定其具有违法性;麦兹格则将迈耶的理论进一步发展,将构成要件该当性与违法性更紧密地结合在一起,认为刑事立法是直接宣告违法性的,它根据构成要件的规定,设定了特殊的被类型化的不法,因此,构成要件是违法性的认识根据,也是它的存在根据,是违法行为的类型,这是将构成要件与违法性作为一体来把握;在日本,构成要件是违法和有责类型说是有力的学说,小野清一郎认为,刑法各本条所规定的特殊的、类型的违法有责的行为,即是构成要件。在前面表现出来的是构成要件,其背后的实体的意义是违法性与道义的责任。[2]

由此可以看出,构成要件该当性、违法性与有责性这三个阶层体系中的基本概念,彼此之间有着紧密的推导关系和确定的环节,这种次序不是人为安排的,而是具有内在的逻辑联系,不能任意颠倒。三者之间的关系最终决定了构成要件先于违法性与有责性的判断,构成要件不满足,就无所谓后两者的判断。只有在构成要件该当性的基础上,才能继续进行违法性和有责性的判断。三个要件形成一个过滤机制,各构成要件之间具有递进关系。三者之间

---

〔1〕 彭涟漪主编:《概念论——辩证逻辑的概念理论》,学林出版社 1991 年版,第 266 页。

〔2〕 马克昌主编、莫洪宪副主编:《近代西方刑法学说史》,中国人民公安大学出版社 2016 年版,第 469 页;张明楷编著:《外国刑法纲要》,清华大学出版社 2007 年版,第 78 页。

的关系是:构成要件具有推定功能,只要行为符合构成要件,原则上可推定构成犯罪;存在违法性,原则上可推定行为人有责任。构成要件该当性、违法性考虑一般情况,其评价标准对所有人平等适用,违法阻却、责任是考虑特殊、例外情况,存在例外情况时,递进式推理即中断。[1] 因此,"三个要件的递进过程,也就是犯罪认定过程,在这一犯罪认定过程中,非罪行为不断被排除……三个要件之间的位阶是固定的,反映了定罪的司法逻辑。"[2]

相比之下,要素集合中的各个要素之间缺乏推导性,相互间不能够实现合乎逻辑的转化和过渡。

我国学者在评价苏联的犯罪构成理论时认为,关于各个要件的排列顺序没有给出进一步的理论依据,说明苏联刑法理论中没有重视犯罪构成诸要件之间的内在逻辑,令人"知其然,而不知其所以然"。[3] 其实,我倒是认为不是不重视,而是没办法重视,"非不为也,是不能也"。对于整个犯罪构成理论的建构来说,各个要件缺乏前文所说的基本概念的功能,再重视也很难挖掘出逻辑联系! 逻辑问题不是人为赋予的,概念之间的关联也不是因为人为重视而产生的,而是内生于概念本身。在我国及苏联的四要件理论中,四个要件都只是单一的、孤立的犯罪要素,相互间殊少关联。尽管四要件的主张者认为,"此处所谓犯罪构成是一系列主客观要件的总和,并不是指各个要件之间各不相干,只是机械地相加在一起,而是指犯罪构成的各个要件彼此联系,相互依存,形成了犯罪构成的有机的统一体。""所谓有机统一,就是说这些要件是有内在

---

〔1〕 陈兴良主编:《刑法学》,复旦大学出版社2003年版,第50页。

〔2〕 陈兴良:《犯罪论体系:比较、阐述与讨论》,载陈兴良主编:《刑事法评论》(第14卷),中国政法大学出版社2004年版,第26页。

〔3〕 赵秉志:《论犯罪构成要件的逻辑顺序》,载《政法论坛》2003年第6期。

联系的、缺一不可的。”[1]然而仅仅是宣扬式的强调彼此联系和有机统一的论点，这并不是论证。语词的形式本身代表不了对于语词内容的论证，究竟如何彼此联系，到底怎样的有机统一，四要件的主张者没有给出缜密的、令人信服的说明和论证。

当然，也有论者这样论述犯罪主观方面与主体和客体之间的联系：“犯罪主体中所研究的刑事责任年龄和刑事责任能力问题，实质上是研究行为人主观上对自己行为的认识或控制能力问题。也就是说，行为人在实施某种危害行为时，主观上是否具有认识或辨别自己行为的意义和性质，从而能否支配或控制自己的行为。在这一点上，犯罪主体和犯罪主观方面中所论及的认识和预见问题有机地联系在一起，这两个方面的要件是相互作用、相辅相成的。又例如，在我国刑法中犯罪客体是指被危害行为所侵犯的社会主义的社会关系，它是最直接表明危害行为的社会危害性程度的……要说明某种危害行为是否成立犯罪，除了要说明该行为在客观上给社会造成了一定的危害之外，还必须说明行为人在实施行为时，主观上对自己的行为所造成的危害事实要有认识或预见，或者要有认识或预见的可能性，否则，行为人的危害行为并不成立犯罪。在这个意义上可以说，犯罪主观方面的存在也决定或制约着犯罪客体的存在。因此，在造成危害社会的结果这点上，犯罪客体与犯罪主观方面也是有机地联系在一起。”[2]

但是，这样一种论证是值得商榷的。它并没有对各个要件之间的关系给出严谨的解释，反过来恰恰说明了这种联系的随意和牵强。仅仅依靠这种论述中所说的联系，我们还可以找出第五个、第六个甚至更多的新要件与四要件发生联系，类似于这种联系，在

---

〔1〕 高铭暄主编：《刑法学原理》（第1卷），中国人民大学出版社1993年版，第445页；高铭暄、马克昌主编：《刑法学》（第7版），北京大学出版社、高等教育出版社2016年版，第50页。

〔2〕 马克昌主编：《犯罪通论》，武汉大学出版社1999年版，第70页。

所有犯罪构成理论的所有要件之间都可以找到，因为“事物的联系是普遍存在的”。我们甚至很难在世界上找出毫无联系的两个事物。因此，对于一个成熟的概念体系来说，概念之间仅仅有联系是不够的，还必须在逻辑上有严密的推导性。而且这种推导的过程和结果不能是随意的和普遍的，而是需要遵循一定的规律和标准。如果说处理犯罪的客观行为与主观心理之间顺序的依据是按照认定犯罪的规律，那么主体与客体、心理与客体之间的先后排列又是遵循什么规律和标准呢？主体、客体、客观方面、主观方面既不能共生于同一性质或者同一范畴，彼此间也不存在演绎等上下阶层的推理关系，这就很难理顺四者之间的逻辑，找不到一种一贯性的、合理的排序标准，也就无法有所依据的形成体系。如果在四个要件之间按照不同的标准来排序，那只会导致一种逻辑上的混乱，更无法对整体的犯罪构成概念给予营养。正如有学者指出的，“四个要件之间虽然存在顺序之分，当这种顺序并非根据认定犯罪的逻辑进程确立的，而是根据其对于犯罪成立的重要性确定的。”对重要性看法的不同，就导致了不同的排序。而这种“随意地根据不同标准重新组合排列的情况”，反过来更加“生动地表明耦合式犯罪构成体系在整体上缺乏内在逻辑的统一性”。[1]

造成四要件理论逻辑的另一个重要原因，在于没有明确的逻辑始项。马克思在谈到黑格尔的范畴理论时说：“正如从简单范畴的辩证运动中产生群一样，从群的辩证运动中产生系列，从系列的辩证运动中又产生整个体系。”[2]马克思在此所指出的关于建立和展开范畴体系的公式，是富于启发性的。它表明任何的概念体系都包含这样的逻辑结构要素：作为体系的逻辑起点的逻辑始项

---

〔1〕 陈兴良：《犯罪论体系：比较、阐述与讨论》，载陈兴良主编：《刑事法评论》（第14卷），中国政法大学出版社2004年版，第28页。

〔2〕 中共中央马克思、恩格斯、列宁、斯大林著作编译局编译：《马克思恩格斯选集》（第1卷），人民出版社1995年版，第107页。

概念、作为逻辑中介的概念和作为体系逻辑终结的逻辑终项概念。而整个概念体系则是按照一定的逻辑方法，将作为逻辑始项的概念，展开为群、系列和体系的。

因此，确立逻辑始项对于建立概念体系有着举足轻重的意义。这涉及以什么概念和范畴入手展开体系的问题。合理地确立逻辑始项，就能使概念体系合乎逻辑地展开。在“构成要件该当性—违法性—有责性”的三阶层体系中，构成要件该当性被当作构造理论的逻辑始项。整个判断犯罪的过程正是以行为是否符合构成要件为起点来展开的，在构成要件之后，才继续进行违法和责任的检验；在“行为—构成要件该当性—违法性—有责性”的四阶层体系中，则把行为作为理论展开的逻辑始项，通过行为的联结功能将构成要件、违法和责任紧密地、有序地连接。可以看出，无论是在三阶层体系中还是在四阶层体系中，理论的逻辑始项都是很确定的，而且具有唯一性，是不能随意更换的。但是在四要件的理论中，我们很难找到这样一个没有争议的要件来作为逻辑始项，如前面所说的，有的学者认为是客体，有的学者认为是主体，还有的则认为是客观方面，但这些观点都不能彼此说服，也佐证了四要件的理论在建立之初就没有很严肃和缜密地考虑过逻辑始项的选择问题，使得其在后来面对逻辑顺序的诘难时难以自圆其说，成为一个不确定“从哪里开始”的理论。

（三）四要件理论 v. 阶层理论：整体机能是否残损

关于犯罪阶层体系的效用，我国台湾地区学者许玉秀曾经在她的书里举过两个质疑的例子：一个例子是德国刑法学者雅科布斯认为区分犯罪构成要件该当性、违法性和有责性，或区分不法和罪责，都是没有意义的，归根结底，只是一个行为人到底要不要负责的问题；另一个例子来自慕尼黑大学刑法教授罗克辛。罗克辛提到，一位曾在他研究所做客的英国学者质疑，区分阻却违法事由、阻却罪责和阻却刑罚事由，是否其实只是一场益智游戏？因为最终要决定的都是应该处罚与否。许玉秀转述了韦尔策尔、许内曼和罗克辛等人对于这个质疑的回应和辩护，这里不再赘述。我在这里想要关注的，是这些质疑的确道出一个事实，那就是无论何种形式的犯罪构成理论，都是为了解决一个问题，即一个行为在刑法上是否可罚。问题相同，不同的就是解决问题的方式了，这就是理论的机能。正是在这里，要素集合和阶层体系体现出理论机能上的差异。

在过去的几十年间，一个重要的理论现象就是将自然科学中的系统论应用到社会科学研究中来，并取得了可观的成果。其中，整体的观点得到了普遍的重视。系统论者认为，处理真实世界中复杂问题的最佳方式，就是用整体的观点观察周围的事物。但是从整体上去研究事物，对很多人来说，非常违背直觉，因为当面临复杂问题时，人们的直觉反应就是将感兴趣的系统分成几块，研究这些块，最终以对这些块的知识为基础来理解整个系统——这是很自然地采用的简化方式。正如有学者批评的，这种化整为零的研究思路确实能够对这些“块”有所了解，但通常很难针对整个事物得出深刻见解。这是由于对任何单一组成部分的研究，无论如何详细彻底，都不可能辨识出这类系统深层次上的特征。[1] 因此，是不是从整体上去把握研究对象，是衡量一个理论是否具有体系性的重要标准。也正是在这点上，要素集合的理论暴露了它的问题。

1. 研究对象被割裂

四要件理论采用了一种化整为零的方式来分析犯罪行为，将研究对象割裂开来。具体而言，一个行为被拆解成四大块：行为的

---

〔1〕 参见［美］丹尼斯·舍伍德：《系统思考》，邱昭良、刘昕译，机械工业出版社 2008 年版，第 4 页。

主观方面、行为的客观方面、行为的主体以及行为侵害的客体。尽管奉行这种理论的教科书总会宣称,主客观相统一是该理论的原则,但是真正的统一应该反映在统一的思维方式,而并非仅仅是统一的结论;应该反映在运用统一的思维将行为作为一个整体加以考虑,而不是在用分离的思维将行为拆解成各个“块”后,再简单地将各个结论相加。从实际情况看,按照四要件的思路,事实上确实是先将行为人的行为和行为人的心理割裂开来,分别考虑,然后再将结论相加。上文说的是各个“块”的检验结论都是肯定的时候,但是司法实践中往往并非如此。因为齐合填充式的逻辑结构决定了,对于行为的最终定性往往并不需要等到各个“块”的检验结论都出来,只要其中一个“块”上出了问题,得出了否定性的结论,就可以径直得出总的结论,无须再考虑其他“块”。这充分说明了,仅仅根据一个理论所宣称的口号,不能判断出它的实质——标榜主客观相统一的四要件理论其实是主客观相分离。以统一之名行分离之实,以整体之名行局部之实,这是对整体思维和辩证逻辑的一种浅显理解和负面运用。从这个角度来看,以四要件为代表的要素集合在理论的整体性机能上是有很大欠缺的。

相比之下,阶层理论则具有一种整体性的机能。在构成要件该当性这一层次,行为事实的各种主客观要素都被考虑进来,理论要解决的主要问题是这一行为的法律事实的判断,在接下来的违法性和有责性部分,理论则是从价值的角度对该行为进行再次判断。由此可见,“构成要件该当性—违法性—有责性”的理论是将行为作为一个整体来把握,依次判断的不是行为的各个部分,而是行为的各种意义。当然,这种整体的意义判断也并非在该理论中被彻底运用,比如在构成要件中不可避免地有规范性要素的存在,如盗窃他人的财物、陈述虚假的事实,都含有规范的意义,已经不是纯客观的要素。但是三要件格局的维持,总体上仍然使不同要件分担事实判断与价值判断的职能,坚持了事实与价值相分离的立场。这种分离,不是将一个行为分成几块,而是从不同的角度去评价一个行为,仍然是将研究对象作为一个整体去把握。如果说要素集合分离的是行为本身,那么阶层体系分离的则是附着于行为之上的意义,体现的是评价一个行为整体的多重视角。正如耶赛克指出的那样,“以构成要件该当性、违法性、有责行为为内容的犯罪概念定义,不是意味着将通常作为一个整体来理解的犯罪分解成具体的部分,而是从不同的角度来研究之。”[1]因此,阶层体系比要素集合更好地体现了理论的整体性机能。

2. 理论自身不自足

四要件理论在整体机能上有残损的另一点体现是,理论本身也是不完整和不全面的,解决问题的资源无法自足。严格来说,四要件理论并不是一种完整的犯罪构成理论,因为对于行为是否成立犯罪还存在四个要件之外的其他判断标准,比如排除社会危害性的行为(正当化事由),以及犯罪概念中的但书规定(情节显著轻微危害不大)等。这些基于社会危害性的考虑并非不重要,事实上它们也应该被考虑,但问题是这些从反面判断行为是否构成犯罪的标准并没有被纳入四要件的理论中来,而是处于四个要件之外,这就使得在对一行为进行四个要件的检验后,仍然不能决定行为的性质,还需要再进行其他检验。在这种情况下,四要件的理论还能说是一种完整的犯罪构成理论吗?它在解决问题时的理论资源无法自足,仍需借助其他,因而只是一种附条件的、不完整的、部分的犯罪构成理论。而这些额外的标准在阶层体系中,都是理论的有机组成部分,内生于理论之中。行为是否排除社会危害性是由在违法性阶层中的阻却违法事由来判断,而情节显著轻微的问题则由违法的可罚性程度来处理。应该说,阶层体系的理论模型涵

---

〔1〕[德]汉斯·海因里希·耶赛克、[德]托马斯·魏根特:《德国刑法教科书》(上),徐久生译,中国法制出版社2017年版,第275页。

盖了判断一行为是否应予处罚的全部问题，理论自身提供了解决问题的全部资源，体现了整体性的机能。

四、阶层犯罪论的实践优势

上文所说体系化的学术意义是显而易见的。只有处在一个体系之中，整个刑法理论的持续发展才有可能。首先，个别的学术认知要相互纳入一个逻辑关系之中，才能明白它们彼此之间是否相容。其次，日常语言本身已制造出一定的规则和体系，法律体系架构本身即利用这种日常语言所形成的语言秩序和语言体系，没有体系的法学立论是无法想象的。最后，日常用语的语言秩序具有多样性，法学上的体系化可以提高概念的抽象性和精确性，面对社会冲突时，比较能显示出各种解决方案的效果，进而确保相关争论和解决方案的秩序和脉络。[1] 此外，对于刑法知识学习来说，阶层理论具有认知上的功能。因为透过物以类聚的法则，经由联想可以在一定程度上达到方便记忆的功效，更重要的是，透过概念的分类，可以探知形成每个要素的原因（共通本质），并且可以透过共通本质，也就是上位概念来检验某个要素是否有存在的价值，或是要素的正确定义为何。[2]

不过，这些都是在刑法理论构建和学术研究中坚持体系化导向的理由。由此也必然会引出一个不同角度的提问，是否阶层理论的这种高度体系化，仅仅只是理论自身的要求，或者是刑法学者在理论园地中的自我追求，但是对实践并无真正的实益？笔者对此的回答是否定的。一个高度体系化的阶层理论，对司法人员有提供路标指引和检验清单的作用，对刑事法治建设有保障法律适

---

〔1〕 参见[德]许内曼：《刑法体系思想导论》，许玉秀译，载许玉秀、陈志辉合编：《不移不惑献身法与正义——许内曼教授刑事法论文选辑》，台北，新学林出版股份有限公司2006年版，第250～254页。

〔2〕 黄荣坚：《刑罚的极限》，台北，元照出版公司1999年版，第380页。

用的正义性和安定性的作用,有限制司法恣意、使案件审查透明化的作用,对普通公民有评价行为、呼吁对法的忠诚的作用。

(一)提供路标指引和检验清单

站在司法人员的角度,体系化的阶层理论,具有路标指引和检验清单的功能,有助于在审查案件时提升思考的经济性和缜密性,节省办案的思维成本,避免遗漏要点形成错案。

阶层理论的高度体系化的表现之一,就是在犯罪行为的认定上,存在各种严格的审查步骤和检验顺序。而这些审查步骤和检验顺序的存在,能够帮助司法人员办案时克服"每一次都是新感觉"的思考成本,简化思维方式,降低案件审查难度,按照路标提供的方向指引,有条不紊地一步步走下去。按照体系化的阶层犯罪理论,司法人员就好比拿着一份逐一核对的"检验清单",依次审查各个要件以及对于可罚性具有重要性的问题,从而能够最大限度地避免遗漏。"在这个由符合逻辑顺序的确定的思维步骤而形成的构造中,首先能够保障,所有与刑法可罚性的评价有关的重要问题,都能够真正得到审查。那种在体系上毫无划分,对案件涉及的法律问题不加选择的'探察',会存在这样的危险:它容易忽略重要方面而陷入错误的决定之中。"[1]

首先也是最重要的审查步骤,就是构成要件、违法性与责任这三个阶层之间"若无前者必无后者"的位阶关系。在判断行为是否构成犯罪时,应当首先检验刑法分则规定的构成要件特征是否满足,然后再考虑是否存在违法阻却事由,最后再审查责任减免事由。如果行为连构成要件阶层的特征都不能满足,就无须再去检验违法性和责任。同样,如果存在正当防卫、紧急避险等违法阻却

---

〔1〕 [德]克劳斯·罗克辛:《德国刑法学总论》(第1卷),王世洲译,法律出版社2005年版,第127页。

事由，也不必再去困难和费力地寻找是否达到刑事责任年龄、精神状况是否正常、有无违法性认识错误甚至期待可能性等责任减免根据。这种位阶关系，就是所谓的“第二步不能先于第一步”。

其次，值得注意的审查步骤是“客观先于主观”。在构成要件阶层进行既遂犯的检验时，应当先检验客观构成要件，再检验主观构成要件。在 20 世纪 30 年代自韦尔策尔提出目的行为论之后，[1]故意进入构成要件阶层，打破了“客观违法性”的传统局面，开启了主观不法与客观不法并重的新纪元。而自 1970 年由罗克辛等学者推动的客观归责理论诞生后，局面又再度被扭转。按照罗克辛的说法，“人的意志针对的如果不是刑法上有意义的客体，则客观构成要件就不符合，之所以否认行为人的故意，正是因为先否认了客观构成要件，因此客观归责理论间接限缩了故意的范围，使得故意犯的重心由主观判断转移到客观判断的部分。”[2]这实际上意味着，在主观不法与客观不法的角力中，借助客观归责理论，客观构成要件的判断被推到了前台，占据了上风。客观归责理论大幅度地削减了主观构成要件在构成要件阶层该当性判断中的重要性。只要一个引起结果发生的行为，创设了法不允许的风险，这种风险又在具体的构成要件结果中得到了实现，那么，行为人至少对这个结果负有过失的责任。至此，就不需要再去检验行为人对结果是疏忽大意或过于自信的过失了。也就是说，对于认定过失犯罪非常困难的主观心态的审查，已经由于客观归责的成立而被实质上省掉了。这算是客观先于主观的审查顺序的优势，在过失犯认定中的一个体现。

此外，认定故意犯罪的场合，客观先于主观也有节省思考成本的优势。无论是行为人的犯罪故意，还是目的犯中的特定目的，对

---

〔1〕 Welzel, *Das Deutsche Strafrecht*, 1969, S. 33 ff.

〔2〕 [德]克劳斯·罗克辛：《客观归责理论》，许玉秀译，载《政大法学评论》1994 年第 50 期。

此类主观心理事实的证明比较困难。特别是在诈骗类犯罪中，要想证明行为人具有非法占有目的，常常是只能通过司法解释规定的一些经验性的现象去推定。但是这种推定是可推翻的，特别是行为人提出针对性的抗辩意见时，会加大法官自由心证压力的难度。因此，如果司法人员一上来就检验行为人的主观要件，可能就会陷入泥沼之中难以自拔。但实际上，很多诈骗案的法律适用问题，都出现在客观方面。如果能够首先排除客观构成要件，那么就没有必要再继续检验行为人的主观要件了。按照阶层理论中先客观再主观的检验顺序，能够降低此类主观要件难以查明的案件的审查难度。

例如，在宿成建诈骗案中，法院经审理查明，

“2010年，被告人宿成建作为河南赊店福利瓶业有限公司的负责人明知其经营范围是玻璃工艺品，在得知上报淘汰落后产能项目能得到国家专项奖励的政策后，为骗取国家奖励资金，伪造虚假营业执照、组织机构代码证等材料，通过社旗县财政局申报淘汰平拉工艺平板玻璃生产线一条。2010年10月至2011年5月，宿成建领取国家淘汰落后产能专项奖励资金226万元。”

一审法院据此认定宿成建构成诈骗罪。[1] 本案中，被告人主观上是否具有诈骗罪的故意以及有无认识错误，成为控辩焦点之一。在申报淘汰落后产能企业的过程中，相关部门的工作人员存在对营业执照、组织机构代码等申报手续把关不严，甚至为了支持企业申报而默许、放纵甚至鼓励宿成建对相关手续和内容涂改的情形。这就引出作为一个普通公民的宿成建产生法律认识错误的可能性，即在得到相关部门国家工作人员的默许和放纵之后，对自己的行为性质产生违法性认识错误，认为仅仅是手续、程序的改变，仅仅是起到降低形式障碍的作用，对实际存在的机器设备的申

〔1〕 河南省南阳市宛城区人民法院(2013)南宛刑初字第643号刑事判决书。

报影响不大，更不会认为自己是骗取国家资金。但是，一方面，控辩双方对这一点的证据认定存在争议，相关部门工作人员的证言牵扯不清。另一方面，违法性认识错误减免责任的效果也并未在实践中得到普遍认同。这就给司法认定带来了麻烦。

在构成要件阶层的审查中，故意作为主观构成要件的内容，应当在客观构成要件审查之后才进行检验；而违法性认识错误，则属于构成要件和违法性之后的责任阶层才需要处理的问题。因此，按照阶层理论，对本案的正确审查步骤，不是先去处理故意和错误的问题，而是要首先检验诈骗罪的客观构成要件是否符合。如果客观要件符合，再去检验主观要件和责任；如果客观要件不符合，那么就没有必要再去费力地处理故意和违法性认识错误了，而是可以直接得出无罪的结论。

在本案中，一审法院认定的“伪造虚假营业执照、组织机构代码等材料”一节，对于是否符合诈骗罪的客观构成要件而言，没有重要意义。诈骗罪意义上的隐瞒真相或虚构事实，仅仅限于导致被害人在处分财产的根据和原因上陷入错误的欺诈行为，只有这个意义上的行为才是诈骗罪意义上的欺诈行为。相反，虽然存在欺瞒行为，但是欺瞒的内容不是被害人处分财产的原因和根据，则这种欺瞒手段即使令对方陷入错误，也不是诈骗罪意义上的欺诈行为。在本案中，被告人能否获得国家下发的奖励资金，仅仅是提交了申请材料还是远远不够的。这些材料的作用，只是在经审查上报后，获得财政部的核查组对其进行实地核查的一种机会。只有在财政部的核查组对企业的机器设备实地考察，确认符合淘汰范围和标准之后，才会决定是否对其下发奖励资金。换言之，国家是否对申报落后产能的企业给予奖励资金，取决于要实质地审查企业的机器设备是否达到需要淘汰的落后产能标准，至于营业执照、组织机构代码等材料，仅仅是一开始申报淘汰落后产能项目的形式要求和启动程序，并不是国家最后决定发放资金、处分财产的根据和原因，因而对这类材料进行伪造，不属于诈骗罪范围内的欺诈行为，也不能成为追究被告人诈骗罪责任的理由。因此，判决书认定的“通过社旗县财政局申报淘汰平拉工艺平板玻璃生产线一条”才是问题的关键。由于相关机器设备是否实际存在，是国家下发奖励资金的根据和原因，所以若虚构机器的真实性，则可能构成诈骗罪。但一审判决书对此节语焉不详，故本案存在事实认定不清、证据不足的问题。最终，二审法院以“事实不清、证据不足”裁定撤销了一审判决，发回重审。[1]

上述案例旨在说明，只要司法人员掌握了诈骗罪认定的基本法理，按照阶层犯罪理论的阶层秩序和检验流程，从诈骗罪的构成要件阶层的客观构成要件部分开始检验，那么，类似案件在客观层面就可以卡住，可以直接得出无罪的结论。不必再往下去检验主观要件，更不必在责任阶层的违法性认识错误的各种证据冲突中陷入泥沼。这样就降低了案件审查难度，提高了案件分析效率。

（二）保障法律适用的正义性与安定性

基于刑事法治的立场，法律适用工作要满足正义性和安定性的要求。仅仅依靠实定法无法独立完成这一任务，它还需要理论的指导和帮助。而高度体系化的阶层理论，通过对犯罪成立条件的分类安排，能够配合刑法规定，帮助司法工作有效地满足正义性与安定性的法治要求。

例如，阶层审查顺序与共同犯罪理论之间的协作，可以作为一个说明阶层理论有助于实现法的正义性的例证。《刑法》第 25 条规定，“共同犯罪是指二人以上共同故意犯罪”。在 18 岁的甲教唆 13 岁的乙入室盗窃的场合，由于乙因未达到刑事责任年龄，不构成任何犯罪，那么也就无法与甲构成共同犯罪。这样一来，甲自身又

---

〔1〕 河南省南阳市中级人民法院(2015)南刑一终字第 00091 号刑事裁定书。

未实施盗窃行为，又不构成共犯的话，就无法处罚。但是，一个教唆他人实施危害行为的人，自身却仅仅因为他人年龄小而不受惩罚，这个结论显然有悖于人们的正义观念，无法被法感情所接受。不过，在四要件理论中，由于直接排除犯罪主体要件，只能导向无罪的结论，因而从理论逻辑上无法提供帮助去避免放纵甲这一不当结论。

在体系化的阶层理论中，通说认为作为共犯的教唆犯和帮助犯，以正犯实施犯罪达到某种程度为必要。这就是所谓的“共犯从属性”。进一步地，根据共犯的成立，要求正犯必须具备何种程度的犯罪成立要件，或者说，要通过哪些阶层的检验，又有“最小从属性说”、“最大从属性说”和“限制从属性说”等不同形式的从属性理论。现在一般采用的是“限制从属性说”，即要成立教唆犯或者帮助犯，正犯必须具有构成要件该当性与违法性。[1] 这样一来，共犯的认定与犯罪成立条件的阶层性就具有了密不可分的关联。按此，13 岁的乙虽然未达到刑事责任年龄，不具有刑事责任能力，但这只是排除责任的根据，而非排除不法的根据。换言之，在面对不法也就是构成要件阶层和违法性阶层的检验时，乙是完全符合条件的，其所实施的是一个符合构成要件且具有违法性的行为。按照“限制从属性说”，在乙作为正犯实施了构成要件该当且违法的行为之后，甲就可以从属于乙而成立教唆犯了。而责任阶层的检验是参与共同犯罪者分别进行的，依照各自的个人情况认定责任。乙因为不满 14 周岁而不承担任何刑事责任，而 18 周岁的甲具有刑事责任能力，因此应当按盗窃罪的教唆犯定罪处罚。这样的处理结果，对甲和乙都是公平的，也符合公众的正义观念，它正是在体系化的阶层理论的帮助下得出的。

---

〔1〕 [日]松原芳博：《刑法总论重要问题》，王昭武译，中国政法大学出版社 2014 年版，第 278 页。

又如,阶层理论对于正当化事由与免责事由的区分,可以作为一个说明阶层理论有助于平等和有区分地适用法律,从而保障法的正义性和安定性的例证。《刑法》第21条规定了正当防卫,第22条规定了紧急避险。根据四要件犯罪构成理论,两者都属于正当行为,即"客观上造成一定损害结果,形式上符合某些犯罪的客观要件,但实质上既不具备社会危害性,也不具备刑事违法性的行为"。[1] 但是,在四要件理论中,正当防卫与紧急避险的体系性地位始终是晦暗不明的。而在不同的案件中,是否以及如何有区分地适用这些正当行为的规定,也常常处在一种缺乏保障的、不稳定的状态中。举例来说,B在公交车上抢劫,乘客A拿起车载的灭火器将B砸成重伤。A可以根据《刑法》第21条规定的正当防卫来使自己的行为正当化。假设,另外一名乘客C站在A与B之间,A挥舞出灭火器时必然要先砸到C,可是对A来说,也只有通过这种方法才可能通过C顺势砸到B。那么,A就不能再用正当防卫的理由来让自己砸伤C的行为正当化。这个结论,通过第21条规定的防卫对象只能是"不法侵害人"就可以得出。问题是,不构成正当防卫,是否构成紧急避险?C面对A的攻击行为,能否进行防御和反击?C的反击行为又是什么性质?这些问题,仅仅依靠第22条的文字规定和四要件理论,很难得出稳定可信的答案。

但是,借助阶层理论的架构,就可以解决这个问题。在不法—责任的阶层理论中,区分阻却违法的紧急避险(以及正当防卫)与阻却责任的紧急避险。前者属于得到法所认可的、正确的、合法的行为,主要标准是避险所损害的利益要小于危险会损害的利益。后者则是被法所反对的不法行为,因为避险所损害的利益要大于或等于危险会损害的利益,只是不具有期待可能性或

---

[1] 高铭暄、马克昌主编:《刑法学》(第7版),北京大学出版社、高等教育出版社2016年版,第127页。

刑事需罚性而不受惩罚而已。按此,A 对 B 的攻击属于阻却违法的正当防卫,A 对 C 的攻击属于阻却责任的紧急避险。这种体系性的区分,会导向实践中的不同法律后果:(1)B 是不允许对 A 的攻击主张正当防卫的,因为 A 对 B 的攻击属于正当合法的防卫行为,不属于"不法侵害"。但是,C 却可以对 A 进行正当防卫,因为 A 对 C 的攻击属于不合法(至多可以免责)的紧急避险,构成一种"不法侵害"。(2)如果 B 不是抢劫犯,A 对此存在认识错误,这种假想防卫下的认识错误,属于一种容许构成要件前提事实错误、排除伤害罪的故意,最终可能是 A 对 B 构成过失伤害。但是,误以为 B 是抢劫犯这一点,却不应当直接排除 A 对 C 的伤害故意,而是要考虑这种错误是否可以避免,再决定是否减免对 A 的责任。于是,A 面对 B 和 C 挥出的这一击的后果,就可以在阶层理论中得到妥善的、有区分的处理。

综上可见,阶层理论区分不法与责任,同时也就区分了正当化事由与免责事由。按照这样一种架构,大量个案中的情形,就能够依其具体的事实特点,在法秩序中得到刑事政策上令人满意的、照顾到各种不同利益状态的、安排合理的决定。于是,让同类情形得到相同对待,让不同情形得到不同对待,法的正义性的基本要求就能够得到满足,法律适用也获得了根据统一的安定性。

相反,如果不借助阶层理论的这种体系化的力量,在面对社会生活中的各种现象时,就会陷入"立法癖"的状态中,"似乎每个新发现的社会现象都需要一部专门的法律、规则或一个刑法条文"。[1] 人们需要大量的规定,去针对每一种可以想象到的具体情形去作出特殊的规定,以满足司法实践的需求。这种"现象立法"的后果必然是带来立法——在我国主要是司法解释——的通

---

〔1〕 [意]恩里科·菲利:《犯罪社会学》,郭建安译,中国人民公安大学出版社 2004 年版,第 205 页。

货膨胀。缺乏明确的阶层理论的体系性引导,会滋生一系列的问题。一方面,司法者能够依赖的,就只能是一个松散的、无体系的立法或司法解释的集合体,而且处于无保障和不稳定的状态中。另一方面,大量针对具体情形先后出台的司法解释,常常具有“头痛医头,脚痛医脚”的特征,难以避免条文之间无法衔接、相互交叉和重叠甚至相互抵触的麻烦。因此,总是不断地有新的司法解释出台以替换与之相矛盾的旧的司法解释,这也会严重地影响法律适用的安定性。

(三)制约司法恣意,实现审查透明化

从刑事法治的立场来看,体系化的阶层理论具有透明化的功能。它有助于制约司法恣意,维护法的安定性。由于有章可循,案件审查的每一个步骤都能够公开地得到呈现,而且这样一种标准化的检验流程,也提升了判断主体之间相互对话的可能性。法律适用的后果有可预期性,避免司法者即兴、随意甚至恣意的判断。特别是对刑法的解释与适用来说,这种可预期性与可检验性尤其重要。阶层理论的任务,就是把所有的犯罪行为共通的结构性要素有体系地排列出来,让法律适用合乎事理且具有验证可能性,从而保障刑事司法的正义与安定性。[1]

有些时候,如果司法者任意颠倒了审查顺序,或者无固定顺序地随意“探察”,会使得后面的要件受到前面要件审查结果的不当影响。常见的情形是,司法人员在构成要件阶层违反了“客观先于主观”的审查顺序,先从主观要件出发,得出符合的结论后,再审查客观要件。此时,当行为人已经被认定是这样一个头脑中充满邪恶念头的人时,再看其行为举止的性质,就很容易都被认定为是邪恶的。于是,客观要件的独立审查的重要性被消解。携主观有罪

〔1〕 Wessels/Beulke, *Strafrecht AT*, 2010, Rn. 812.

之势，对客观要件的审查往往是顺势而下，只流于表面的形式了。

例如，在王洪志诈骗案中，检察院指控：

“2015 年 5 月，被告人王洪志注册北京中企方圆科技有限公司，并招募业务员王晶、韩志刚等六人，在北京市昌平某公寓顶楼，相互分工配合，通过拨打被害人电话，虚构高价购买被害人注册的域名的事实，以被害人域名不完善，需要出资完全，抢注域名的方式骗取被害人钱财。2015 年 10 月至 2016 年 1 月间，被告人通过以上方式共骗取被害人唐某某、吴某某、陈某某、曹某某人民币 1,047,780 元……被告人王洪志、王晶、韩志刚、马超、洪勇、朴志方相互或交叉结伙，以非法占有为目的，虚构事实，骗取他人财物，数额特别巨大，其行为均触犯了《中华人民共和国刑法》第二百六十六条，犯罪事实清楚，证据确实、充分，应当以诈骗罪分别追究其刑事责任。”[1]

在本案中，如果首先根据钱款去向(如用于个人挥霍)，就可以先得出被告人具有非法占有他人财物的主观目的的结论，然后再将一个主观上打算欺骗他人和非法侵占他人财物之目的的行为人形象，套到案件中出现的一些虚假情况上去，那就很容易认定行为人客观上实施了诈骗行为。在司法实践中，思考在前的主观判断，确实会对客观判断造成很大影响。因为透过主观有罪的镜头去观察到的客观行为，往往会被“预判”为是不纯洁的。司法人员很难摒除这种前见。

但是，如果一开始不是先入为主地戴上了行为人主观有罪的有色眼镜，而是首先从客观要件开始审查，就会有不同的结论。

在本案中，一方面，虚构有人要高价购买被害人注册的域名的事实，仅仅是作为虚抬价格的手段，达到诱使对方相信域名的出售前景和交易价值的目的。在商业往来和谈判过程中，买卖意愿的

---

[1] 江苏省新沂市人民检察院新检诉刑诉(2016)615 号起诉书。

真真假假是常见之事。特别是在没有合同约束的情况下,是否具有购买对方商品的真实意愿,并不受法律的管制。在刑法上,既不具有实质的社会危害性,也没有相应的罪名对其评价。因此,这种虚假陈述本身不具有独立的不法内涵,不能被单独评价为诈骗行为。另一方面,本案是对未来的价值欺骗,不符合诈骗罪的客观要件。诈骗行为针对的,只能是现在或过去已经发生或客观存在的事实。只有存在一个客观事实的"真",才能对比检验出诈骗罪意义上的"假"。而针对未来的价值评判,由于尚未发生且属于主观预测,因而无法在客观上被证实或者证伪,故不能成为诈骗罪的欺骗内容。[1] 在本案中,被告人王洪志等人实施的,是针对域名的出售和交易价值进行欺骗。这首先是针对未来而非现实的描述。但是域名的市场价格受到多种因素共同影响,未来交易前景究竟如何,无法基于现有的客观标准加以预测和检验。其次,这是针对价值而非事实的描述。域名的未来市场价格或交易前景属于价值判断,属于见仁见智的范围,无法基于客观标准予以检验。因此,本案中针对域名的未来价值进行欺骗,不满足诈骗罪必须针对客观事实进行欺骗的要求,因而不存在符合诈骗罪构成要件的诈骗行为。最后的结论是,在客观要件未得到满足的情况下,就可以直接得出无罪的结论,没有必要再去审查主观要件了。

(四)评价公民行为,呼吁对法的忠诚

阶层理论的体系化对于法治实现还有一个重要功能,那就是对于生活在法秩序中的公民来说,各个阶层的区分能够让其更好地认知和理解法秩序的要求和评价,对人们的行为做出各种分类指示,呼吁人们形成内在的行为约束和激励,提升对法的忠诚。

---

〔1〕 诈骗行为是针对事实进行欺骗。而刑法上的事实,是指包含了在经验上可以被检验的成分的事件或状态。参见陈兴良主编:《刑法各论精释》(上),人民法院出版社2016年版,第408页。

首先，一个完全不符合构成要件特征的行为，在刑法上没有重要的意义，各个构成要件所要保护的法益没有遭受到任何危险或损害。例如，允许他人进入自己的房间，同意他人取走自己的财物，愿意与他人发生性关系等，这些都是法益主体的人格的自由展开，是对自己个人法益的自我支配，也是基于无瑕疵的自我决定而对相应的结果自我答责。因为得到他人的同意而实施的进入住宅、取走财物以及发生性关系等行为，也都是因为对方同意而排除构成要件的原因，不构成任何犯罪。这种状态下，行为人与他人之间是一种自由相互协调的关系。这是一个独立的构成要件阶层传递给公民行为的重要指示。此外，包括近年来在网络上出现的特定个体之间的裸聊行为，因为不是面向不特定的公众，因而不属于传播淫秽物品罪的"传播"，也不符合组织淫秽表演罪的"组织"，也没有其他的构成要件可以涵摄，因而对刑法而言，这种行为就是自由的，即使它在道德或治安管理上应受谴责。这是构成要件阶层作为罪刑法定原则的技术表现，传递给公民行为的另一个指示。

独立的构成要件阶层的意义还在于，将具有各种不同且关键特征的行为区别开来，使得公众知晓抢劫与抢夺的不同、盗窃与诈骗的分别、贪污与贿赂的差异，它们并不会因为分享一些共同的正当化事由，就在没有实际出现正当化事由之前也变得面目一致。构成要件"根据抽象的、为帮助人们理解而建立的禁止性标志这种方式，描绘了一般被禁忌的举止行为方式的图画，并且具有一种一般预防的功能。在这里，对构成要件特征的描述影响了一般公众的法律意识并且发挥了可能的威慑作用"。[1] 公众可以获知各种禁止行为的轮廓以及具体后果，相当于在犯罪超市了解到各种商

〔1〕［德］克劳斯·罗克辛：《德国刑法学总论》（第1卷），王世洲译，法律出版社2005年版，第187页。

品的名称、性状和价格表，从而能够有效地权衡利弊，遏制非理性的犯罪冲动。

其次，一个虽然在构成要件阶层的审查中符合相关特征，但是在接下来的违法性阶层的审查中，因为出现了正当防卫或紧急避险等事由而被正当化的行为，虽然也是无罪，但与上面所说的不符合构成要件的行为是不一样的。被正当化的行为之所以无罪，不是因为与刑法无关，恰恰相反，它通过该当某个构成要件与刑法产生了重要关联，只是在整个法秩序的综合评价中最终被认定为是合法的。这种整体性评价在各种正当化事由的具体根据中表现不同。例如，一个持刀杀死他人的行为，无论行为人提出的正当防卫理由是否被接纳，这都是一个符合故意杀人罪构成要件的杀人行为。防卫成立与否，不影响到杀人的性质。在一个自由互为前提的法治社会而非互相伤害的丛林社会中，对公众来说首要的观念是，不得侵害他人特别是不得杀人，应作为一般行为自由的前提条件，成为一种规范言行的诫令。这是刑法首先要向公众呼吁和传播的理念。因为如果每个人都能够遵守这样一种诫令，那么，引起正当防卫的"不法侵害"就不会出现，也不需要再讨论正当防卫的问题。但是，当一个人违反诫令，对他人实施了不法侵害时，他就在规范层面可预期地会遭受他人的防卫反击，即使这种防卫反击符合了某个构成要件的行为特征，并造成了损害法益的后果，这种后果也只能由不法侵害人自我答责。与之相应，"正义不必向不正让步"，那个遭遇不法侵害、为了自我保全而奋起反击的防卫人，刑法对他的鼓励和支持就是，他不必对其防卫行为造成的损害后果负责。于是，通过违法性阶层与构成要件阶层的区分，使得公民对于法秩序如何评价自己的行为有了更明确的认知，由此规范和指引自己的举止。

最后，一个经过了构成要件阶层和违法性阶层检验的行为，就可以终局性地被标定为"不法"。它意味着，这样的行为是与法秩序相矛盾,是不被法秩序允许和支持的,通俗地说,就是“不对的”、“错误的”、“不正确的”行为。通常情况下,一个人必须要为自己错误的行为承担责任,进而接受与其责任相称的惩罚后果。而不法和责任的阶层区分,恰恰说明了,社会生活中有很多例外的情况:即使做错了,也仍然可能基于某些理由而得到宽宥。例如,不满 14 周岁的儿童和精神病人,均被认为是缺乏辨认和控制自己行为能力的人。他们所做的错事,并不是基于一个具有充分完整的意志自由的主体的决定,因此可以被原谅。又如,为了自救而将他人从在海难中求生的共用的木板上推下去,由于在自己的生命与他人生命的选择之间欠缺期待可能性,因此可以成立排除责任的紧急避险而得到原谅。上面这些行为得到宽恕的后果是法律上无罪,不承担刑事责任。

尽管这与排除构成要件的得同意的行为,以及排除违法性的正当防卫行为,在无罪无罚的最终结论上是一致的,但是,由于阶层理论的体系性区分,法律对它们的评价以及传递给公民的信息是完全不同的。一个 20 岁的人得到他人同意而发生性关系,或者因为正当防卫而杀人,均是受法秩序认可的正确的行为,因此无罪不罚;而一个未满 14 岁的人强行与他人发生性关系或者在缺乏正当化事由的情况下杀人,是不被法秩序认可的错误的行为,只是因为不具备责任能力,才认定为无罪不罚。因此,法律在阶层理论的帮助下,向公众发出告诫:行为对错的评价与有无责任能力无关,即使不承担刑事责任的儿童或精神病人,他们的错误行为仍然要受到法秩序的负面和否定的评价。同时也呼吁人们警醒:除非具备那些排除责任的特殊情形,否则所有人都要为自己错误的行为承担责任。

在阶层理论的体系安排中,除了构成要件、违法性与有责性的基本阶层之外,还有客观处罚条件和个人刑罚减免事由这样的特殊阶层。它们仅适用于一些特殊情形,其体系性地位同样对应着专门的功能。例如,2005 年最高人民法院《关于审理抢劫、抢夺刑事案件适用法律若干问题的意见》第7条规定,“为个人使用,以暴力、胁迫等手段取得家庭成员或近亲属财产的,一般不以抢劫罪定罪处罚”。2011年最高人民法院、最高人民检察院《关于办理诈骗刑事案件具体应用法律若干问题的解释》第4条规定,“诈骗近亲属的财物,近亲属谅解的,一般可不按犯罪处理。诈骗近亲属的财物,确有追究刑事责任必要的,具体处理也应酌情从宽”。2013年最高人民法院、最高人民检察院《关于办理盗窃刑事案件适用法律若干问题的解释》第8条规定,“偷拿家庭成员或者近亲属的财物,获得谅解的,一般可以不认为是犯罪;追究刑事责任的,应当酌情从宽”。2013年最高人民法院、最高人民检察院《关于办理敲诈勒索刑事案件适用法律若干问题的解释》第6条规定,“敲诈勒索近亲属的财物,获得谅解的,一般不认为是犯罪;认定为犯罪的,应当酌情从宽处理”。这些司法解释背后的法理思想是,财产犯罪中的被害人与行为人具有近亲属关系时,该近亲属关系可以成为减免行为人刑罚的理由。司法解释之所以区分了发生在家庭成员之间的财产案件与发生在社会上的财产案件,主要是考虑到预防必要性或者说需罚性的因素。对于发生在特定的近亲属之间的盗窃、诈骗等行为,面向社会公众的一般预防的效果较弱,预防必要性不大。相反,坚持惩罚行为人,可能会加剧近亲属成员之间的矛盾,破坏双方的和解空间,与“法不入家庭”的基本理念相悖。

但是,这并不意味着这些行为是正确的或者没有责任的。司法解释规定的“可不按犯罪处理”、“不认为是犯罪”等用语,表明的仅仅是一个不构成犯罪或不予惩罚的最终结论。而在四要件犯罪构成理论之下,并没有在得出最终的定罪结论之前先单独评价行为合法性的机制和功能,四个要件是认定犯罪成立与否的唯一根据。于是,借助四要件理论思考上述问题给人的印象是,行为合法(正确)与否的评价与最终构成犯罪与否的结论似乎合二为一了。这样一来,构成犯罪即意味着行为不合法(不正确),不构成犯罪即意味着行为合法(正确)。于是,一个根据司法解释规定的近亲属关系而不构成犯罪的行为人,他盗窃、诈骗、敲诈勒索近亲属的行为,居然因为不罚而被认为是合法(正确)的,这显然是荒谬的。至少,四要件理论没有能力回答这个行为评价的问题,只能对此保持缄默。

但是,这个行为性质与定罪结论分离认定的要求,在阶层理论中就可以实现。按照阶层犯罪理论的体系架构,上述司法解释关于犯罪对象为近亲属的规定,属于个人刑罚减免事由。个人刑罚减免事由是立法者基于刑事政策的考量而规定的影响需罚性的因素,一旦在个案中具备相关情形,就会有减轻或免除行为人刑罚的后果。[1] 按照阶层理论的审查顺序,个人刑罚减免事由,是要在构成要件该当性、违法性与有责性三个阶层审查完成之后,再开始进行审查。也就是说,适用该事由的前提条件,是行为人已经满足了不法和责任的阶层检验。这就意味着,行为人已经实施了不法且有责的行为。因此,像盗窃、诈骗、敲诈勒索近亲属的行为,虽然最后没有对其认定为犯罪判处刑罚,但是,其行为仍然是被法秩序所否定的、不正确的、不值得仿效的错误行为。

五、小结:升级与进阶

四要件理论的基本特征是要素集合,阶层理论的基本特征是位阶关系。这两种理论模式之间的差异,其实是一个理论体系形成的两个阶段:在第一阶段,提炼和抽象出建构体系所必需的关键要素或概念;在第二阶段,将各个要素或概念有机地排列结合起来,按照一定的认知规律和逻辑层次科学地安排好各个概念之间的前后秩序,从而形成体系。因此,要素不是体系,条件也不是体系,犯罪成立条件的罗列不等于犯罪成立的理论体系。由此可见,

---

〔1〕 Ebert, *Strafrecht AT*, 2001, S. 114.

四要件理论与阶层理论之间的区别,是有无体系的区别,是要素列举与逻辑体系之间的区别,是简单的要素集合与将诸要素整合后形成的阶层体系之间的区别。这是二者之间的根本差异。换言之,是体系建构的第一步与第二步的区别,是初级阶段与高级阶段的区别。就此而言,四要件理论与阶层理论之间不是竞争或替代的关系,而是进化的关系,阶层理论是四要件理论的进阶,是四要件理论进一步体系化之后的升级版。而且,体系化的阶层理论不仅仅是一种纯粹的理论追求,也具有它的实践优势。这表现在:为司法人员提供路标指引和检验清单;保障法律适用的正义性和安定性;限制司法恣意、使案件审查透明化;评价指引公民行为、呼吁对法的忠诚等。

需要重申的是,要素集合与位阶体系仅仅是两个理想类型。被归类到要素集合里的很多观点和理论包含着体系性的因素甚至雏形,而被归类到位阶体系里的很多理论,也存在体系性上的不完备性。之所以再次强调这一点,是因为就实际的理论发展看,历史上不存在完美的位阶体系:贝林—李斯特的古典三阶层体系因为受到自然科学实证主义的影响,把犯罪行为当作一个自然界的存在客体而陷入了分离行为主观面和客观面的泥潭,这不能满足笔者所倡导的整体性机能的评价标准;新古典两阶层体系将构成要件与违法性合而为一,却危及刑事政策与刑法技术上的功能发挥等,应该说,各种已有的和曾经存在的位阶体系,都有着这样或那样的缺陷,在这个意义上,“完美只存在于想象之中……任何犯罪论体系总是残缺不全的,总是有瑕疵的,而残缺不全和有瑕疵的犯罪论体系又给人们以想象和继续探索的空间。任何犯罪论体系都有其局限性,完美的犯罪论体系是不存在的。”[1]“体系是暂时性的东西”(恩格斯语),一切体系迟早总会被克服、被超出。不看到

〔1〕 曲新久:《犯罪论体系片语》,载《政法论坛》2003年第6期。

这一点,就会将概念体系看作永恒不变的圣物,导向形而上学。在以“体系”一词为突破口和标尺对林林总总的犯罪构成理论进行清理后,再指出这一点,不是表示泄气和荒谬,而恰恰是要表明:正是在对短暂完美的永恒追求中,理论才获得它常新的动力。

第四章
犯罪论体系的功能导向

> 应该根据刑法的社会任务，而不是根据自然的或者与社会陌生的其他尺度，来确立刑法的概念世界。
>
> ——雅科布斯

本章讨论犯罪论体系的功能主义转向在各个阶层的体现。当代刑法理论的发展趋势，是拒绝一个封闭的刑法教义学体系，而更加重视刑法的社会任务。刑法教义学不应当奠定在各种本体性的“事物本质”之上，而是要从刑法的目的设定中推导出刑法体系的构造。简言之，不能从无体系走向体系封闭的另一个极端，让体系的封闭性阻碍了问题的解决。因此，让刑法的社会任务在刑法教义学体系中发挥作用，贯通刑法的社会任务与法教义学体系之间的鸿沟，就形成了当代刑法理论的功能主义导向。本章在三阶层犯罪论体系的语境下，分别以故意重心的变动为例，探讨了构成要件阶层的功能化；以被害人教义学视角下的正当防卫为例，探讨了违法性阶层的功能化；以惯犯偶犯之分以及违法性认识错误的可避免性为例，探讨了责任阶层的功能化。

一、从存在论到功能主义的转向

"体系是一个法治国不可放弃的因素。"[1]一个高度体系化的阶层理论有它在实践中的优势，但有时候，也会暴露出它的危险。就像人们批评的"概念的自我繁殖"，体系化有时候也会自我膨胀地走向为实践服务的反面，即让实践服从于体系安排，即使根据体系得出的结论明显有悖于事理。在这种时刻，体系显示出一种自身即为目的的自我证明，为此，甚至会不惜出现对法律材料的扭曲。通过体系性的推导关系来寻找解决问题的办法，有时候会让个案中的正义性，为了服从体系本身的逻辑自洽也不得不被牺牲掉了。还有些时候，体系性的方法在简化问题解决思路的同时，也减少了问题解决的可能性。离开了体系的观点，就如同失去了依赖成性的手杖而不知如何走路。此外，体系大厦的构建，总是需要抽象概念的堆砌。当习惯于追求概念的抽象性，"努力把所有的生活形象清楚地安排在很少的主导性观点之下时，抽象概念的选择会忽视和歪曲法律材料的不同结构"。[2]

上述这些问题，虽然相对于体系化给实践带来的巨大福利而言，只是很少的一部分瑕疵，但是，它也说明，阶层理论仍然有着不断进化的空间和改善的动力。在最近几十年中，阶层理论的成长，集中表现在从存在论为根基向着功能主义（目的理性）的方向蜕变。在此过程中，体系化的优点在得以保持的同时，弊端也正在逐渐得到克服。

---

〔1〕［德］克劳斯·罗克辛：《德国刑法学总论》（第1卷），王世洲译，法律出版社2005年版，第132页。

〔2〕［德］克劳斯·罗克辛：《德国刑法学总论》（第1卷），王世洲译，法律出版社2005年版，第129页。

阶层犯罪论体系，在德国刑法学界经过了上百年的发展。自从贝林、李斯特最早奠定了阶层犯罪论体系的基本阶层划分之后，在这个基本框架之内，数代学者一直在从事着体系完善的工作。这一学术工作的主要内容，就是在探寻和确立体系内的基本要素，进而明确这些基本要素之间的逻辑关系。如上文所述，就是一种体系化的构建。由此，阶层理论形成了不同的体系形态，而这些形态的差异，归根结底取决于构建体系的基本原理和指导思想。由贝林、李斯特创建的、奠定阶层理论基本结构的古典犯罪论体系，以及由韦尔策尔创建的、以目的行为论为中心的犯罪论体系，是德国阶层理论的两个典型代表。其他形式的阶层理论，基本上都是在这两个理论基础上的改良或加工。按照罗克辛的归纳，这两个理论的共通之处，就在于它们都是以存在论为基础的阶层理论。罗克辛分别对这两个理论的缺陷，进行了归纳和批判。

古典阶层理论的思想基础是自然主义。按照这样一种思想信念，古典阶层理论致力于把所有的归责问题都可以用存在论式的因果概念来解决。由此产生的一系列问题，被罗克辛归纳为七点：(1)古典阶层理论认为有因果关系就有不法，这就创造了一个过于宽泛的客观责任的范围。(2)不作为时不存在自然科学意义上的因果关系。于是，按照因果关系的模式，就无法解释不作为。(3)在未遂的场合，不存在一个实现了构成要件的因果关系。因此，建立在因果关系上的不法概念，也无法解释未遂。(4)采用因果关系的模式，会使得所有的规范性构成要件不法的客观内容发生扭曲。(5)对不法采取因果性的理解，会产生不切实际的结论。(6)罪责不可能被完全理解为主观现象。(7)责任中的部分内容，如阻却责任的紧急避险等，其实是建立在客观事实基础上的。[1]

---

〔1〕［德］克劳斯·罗克辛：《构建刑法体系的思考》，蔡桂生译，载《中外法学》2010年第1期。

与古典理论相反，韦尔策尔创建的目的主义的阶层理论，基础不是建立在因果关系之上，而是建立在人类的意志之上。这种意志按照犯罪的目标操纵着事实的发生。目的主义的阶层理论与古典阶层理论之间，类似于头脚颠倒的关系，前者起始于主观部分，后者从客观内容开始。但是，两者都建立在存在论基础之上。罗克辛同样归纳了目的主义阶层理论的五点问题：（1）目的行为论无法令人满意地解释过失犯罪，也无法圆满地解释不作为犯。（2）与古典理论一样，目的主义也过度扩张了客观不法的范围。（3）对于规范的、不可操纵的构成要件要素，目的行为论无法妥当地说明其社会意义。（4）从人类行为的目的性出发，无法推导出满意的解决问题的方案。（5）将罪责理解为可责难性，无法合理说明行为人为何要因其不法而受到责难。〔1〕

罗克辛针对上述两个经典的阶层理论的批评，有些是因为理论自身的逻辑问题，更多的是由于以存在论为基础的阶层理论，是从物本逻辑本身——因果关系或人类意志出发去为问题提供方案，这样在面对实践生活时，常常会产生事理上难以令人满意的结论。而令人满意的结论，往往是从理解现实的价值中引导而出，并不是存在本身就能自动回答。因此，原本以存在论为基础的体系，在最近几十年中出现了功能主义的倾向。这种变化，是阶层理论的一种自我进阶，是要努力回答这样的问题："我们运用精致的概念精心构建了教义学，而教义学中这种体系化的精工细作是否会导致在深奥的学理研究与实际收益之间产生脱节？"〔2〕其中，罗克辛和雅科布斯的功能主义理论引人注目。限于篇幅，这里无法再去展开介绍罗克辛或雅科布斯的彼此差异极大的理论了。只能直

〔1〕［德］克劳斯·罗克辛：《构建刑法体系的思考》，蔡桂生译，载《中外法学》2010年第1期。

〔2〕［德］克劳斯·罗克辛：《刑事政策与刑法体系》，蔡桂生译，中国人民大学出版社2011年版，第6页。

接插入主题，即进阶之后的当代阶层理论，其功能性，是怎样具体表现在各个阶层，以及对于实践来说，提供了哪些以往的以存在论为根基的阶层理论无法应对的解决问题的方案。

二、构成要件阶层的功能化

通过功能性的理解来克服存在论无法解决的实践难题，故意理论的发展是一个例证。我国《刑法》第 14 条规定，“明知自己的行为会发生危害社会的结果，并且希望或者放任这种结果发生，因而构成犯罪的，是故意犯罪”。这一规定明确了故意的构成包括认识（明知）和意志（希望或者放任）两个部分。这是一个存在论意义上的定义。要想依靠这一定义区分间接故意与《刑法》第 15 条规定的所谓过于自信的有认识的过失（已经预见而轻信能够避免），从文字上来看是极其容易的，因为两者的意志内容不同——间接故意是放任结果，有认识的过失是避免结果——但在实践中操作起来是极其困难的。这不独是中国刑法规定的问题，而是各国刑法理论共同的难题。“间接故意与有认识过失的分界问题是刑法上最困难且最具争议的问题之一。这个问题难在意欲是一种原始的、终极的心理现象，它无法从其他感性或知性的心理流程中探索出来，因而只能描述它，无法定义它。”[1]

作为间接故意的意志要素，“放任”表现了对法益损害无所谓的态度，而间接故意之所以比过失的责任形态更严重，就是由于多出了这一块思想无价值的成分。从教学的角度来说，可以这样来理解间接故意与有认识的过失之分。但问题是，这种无所谓的态度无法捕捉，是难以证明的。一旦将《刑法》第 13 条和第 14 条的概念适用到司法实践中，就会暴露出这种空洞定义的无力。而试图在存在论意义上理解故意，从心理学上寻找一种物本逻辑的结

---

〔1〕 Welzel, *Das Deutsche Strafrecht*, 1969, S. 69.

构性差异作为根据，且不说在理论上的成果，至少已经被实践证明是徒劳无功的。相对于从意志因素本身展开探究，很多学者更愿意从认识因素入手来界定故意。根据对结果发生可能性或者行为风险的认识程度，来区分间接故意与有认识的过失，由此就回避甚至放弃了意志因素对于确立故意的重要性。这就是与探究意志因素之本体存在的观点相对立的“认识理论”。

这种理论的逻辑起点在于，刑法规范首先是一种行为规范。它的内容是，禁止一个人在认识到其行为确定或者可能具有法益侵害的特征的时候，仍然决定实施该行为。那么，当行为人认识到构成要件的实现存在具体、现实的可能性时，他就是在有意地无视这个禁令的呼吁功能和警告功能。行为人选择实施这样一种行为，他就是在选择不法的实现。对于间接故意来说，这就已经足够了。当然，与直接故意不同，在间接故意或者有认识的过失的场合，行为人仅仅是认识到构成要件实现的具体可能性而不是确定性，但是，对于他接受和容忍构成要件实现的结果这一点而言，与认识到构成要件必定实现在原则上并无什么不同。就此而言，这种基于认识而实施的行为之中，已经包含了接受和容忍的意愿。于是，就没有必要再去单独判断意志因素的存在了。尽管《刑法》第 14 条明确规定，“希望”和“放任”作为界定直接故意与间接故意的意志要素，但是，在意志因素不可捉摸、难以把握的情况下，放弃探究意志因素的本体存在，而是依靠相对而言具有外部客观特征，因而也更容易得到证明的认识因素，作为推定意志因素进而决定故意存在与否的根据，这本身就体现了一种功能主义的思想。

将故意的重心置于认识因素之上的看法，表现形式各异。有些主张是认识结果发生的可能性，有些主张是认识结果发生的盖然性，其中，弗里施（Frisch）关于故意与风险之关系的研究，[1] 并

---

〔1〕 Frisch, *Vorsatz und Risiko*, 1983.

经由赫茨贝格(Herzberg)及博特克(Bottek)等学者持续发展,开启了功能性故意概念讨论的新视野。“他们扬弃了在间接故意中寻找一个实存的意志要素,并进而由以下的刑事政策问题来取代:行为人从须具备何种程度的风险认识开始,其行为准则将被公众评价为可由行为人支配且蔑视侵害法益之行为?对此问题的回答,完全不能仅仅依赖过去一再努力研究,但却徒劳无功的认知心理学与情绪心理学的范畴,而尚取决对于具体行为类型的研究。”[1]显而易见的是,如果仅仅将具备认识作为认定故意的关键,那么在逻辑推导上就无法回避“有认识就是故意”的结论,最终必然会消除间接故意与有认识过失之间的界限。而这一点,直接与我国刑法明确区分两者的规定相冲突。因此,在适用认识理论时,必须划定认识内容和程度,而这的确取决于“对具体行为类型的研究”。

在这方面,我国的司法实践已经摸索出颇有价值的实务见解。众所周知,以危险方法危害公共安全罪与交通肇事罪的区分,是处理间接故意与有认识的过失之别最为集中和困难的领域。而从以往的一些判例要旨来看,充分体现出了通过客观认识来推定意志、功能性地理解故意概念的实践智慧。例如,在2002年判决生效的陆某某、张某某以危险方法危害公共安全、交通肇事案(指导案例第197号)中,公交车司机陆某某在遭乘客张某某殴打后,离开驾驶室与张某某互殴,造成公交车失控,导致1人死亡和财产损失的严重后果。在认定陆某某的主观心态不属于有认识的过失(过于自信的过失)时,裁判理由指出:

“就陆某某置公交车正行驶在车来车往、人流不断的市区道路上于不顾,在没有采取任何措施的情况下,即离

---

〔1〕［德］许内曼:《刑法体系与刑事政策》,王效文译,载许玉秀、陈志辉等合编:《不移不惑献身法与正义——许内曼教授刑事法论文选辑》,台北,新学林出版股份有限公司2006年版,第51页。

开驾驶室与张某某互殴这一事实来看，任何一个稍有常识的人包括陆某某本人，都应当能够清楚地预见到这已不再是是否可能会危及公共安全的问题，而是不可避免地会危及公共安全的问题……就陆某某在公交车自停靠站起步不久，即离开驾驶室与张某某互殴，车辆从启动至最后撞到围墙停下来，行驶了约180米，经过时间大约35秒，期间车上乘客对出现的危险情况有惊呼的事实来看，陆某某完全可以自主停止与张斗殴，重回驾驶室有效控制车辆，以避免交通事故的发生或损失的扩大，但陆没有这么做。在没有控制车辆的情况下，陆某某也没有采取任何措施以保证车辆不危及道路上行人及车辆的公共安全，而且从当时市区道路交通的实际情况来看，陆也缺乏赖以'自信'的任何现实根据和客观条件。因此，可以排除陆某某是出于过于自信的过失存在的可能。"〔1〕

《刑法》第15条规定的有认识的过失，也存在消极意义上的意志因素，那就是"轻信能够避免(结果)"，由此与成立故意所需要的希望或放任结果发生的意志因素相排斥。但是，要想在存在论的意义上证明行为人内心的"轻信"，如前所述，几乎是不可能完成的任务。于是，法官转而重点考察行为人的认识因素。一方面，作为司机，行为人对放弃驾驶的一般性风险有充分认识。另一方面，行为人在认识到风险的情况下，并没有回到驾驶室控制车辆，也没有采取能够保证车辆不危及公共安全的有效措施，再加之车辆失控的时间以及乘客惊呼危险的事实，这些都进一步地说明，行为当时的风险已经高度攀升，而行为人对此是有明确认识的。在认识到具体风险又没有采取有效的避免措施的情况下，法院否定了行为

〔1〕 最高人民法院刑事审判庭编：《中国刑事审判指导案例》(1)，法律出版社2012年版，第264页。

人赖以"自信"的现实根据和客观条件，认定其构成以危险方法危害公共安全罪的故意犯。该判决的结论和说理都值得肯定。法院在认定行为人主观要件的时候，不仅证明了认识因素的存在，而且进一步从认识因素入手，根据行为人在充分认识到具体风险的情况下的未予回避，否认了过失的"自信"也同时肯定了故意的"放任"。这种处理问题的角度，充分体现了对于故意概念的功能主义理解。

在刑法规定故意须同时具备认识与意志的情况下，将故意认定的重心放置在认识因素之上，这势必会扩大以危险方法危害公共安全罪的区域，缩小交通肇事罪的范围。这种改变，不仅仅是考虑到主观心理认定上的可操作性，也恰恰是在以公众意见和舆论导向为重要考量因素的刑事政策的影响下发生的。其中，2009年前后的胡斌案、孙伟铭案、李启铭案（"我爸是李刚"）等一系列醉驾案或飙车案，对整个交通事故领域的刑事责任认定有着深远的影响。过去，公众倾向于认为，任何一个正常的司机都会努力追求平安，避免交通事故。交通事故对双方都是不幸的，肇事司机最多就是过失，即使喝酒了也不可能会故意撞人。〔1〕以往的司法实践中，认定"故意"严格按照认识与意志并重的条件。鉴于肇事司机值得同情的形象，不太可能对致人死伤有"意志"，因而对类似案件一般都按过失的交通肇事罪处理。在这一阶段，刑法理论、法院的裁判与社会民意基本上是合拍的。

不过，在2009年前后，社会情势发生了很大变化。民众对曝光的各种特权和不公平现象的不满情绪不断攀升，加之民众权利意识的觉醒和传媒影响力扩大，也使得民众的表达有了顺畅的管道。胡斌案等一系列案件就如同一道沟渠，将社会观念的变化集中引

---

〔1〕肇事司机也往往被认为是值得同情的、不幸的"被害人"，关于这一点的经验认知，集中体现在"司机一滴酒，亲人两行泪"的警示性标语上。显然，这里的"亲人"，指的是肇事司机的亲人。

流到交通肇事问题上来。从一开始愤恨“富二代”、“官二代”开豪车撞人，逐渐发展为谴责所有醉驾者无视他人平安，从对个案的质疑，延伸到对一般性权利的捍卫。这不仅在立法上催生了危险驾驶罪，而且也影响到司法机关对此类案件的性质认定。例如，在备受关注的孙伟铭醉驾案中，裁判理由指出：

> “孙伟铭在不具备正常驾驶能力和严重醉酒的状态下，驾车行驶于车辆密集的城市道路上，一般人都能够认识到其行为很可能发生交通事故，危害公共交通安全，孙伟铭作为心智健全的人，也能够认识到其行为的高度危险性。尤其是孙伟铭驾车与其他车辆发生追尾事故后，其完全能够认识到自己醉酒驾车极可能再次撞击其他车辆或行人，但孙伟铭不仅不及时停车，有效防止再次肇事，反而继续驾车以超过限速 2 倍以上的速度行驶，以致越过道路上禁止超越的黄色双实线，连续撞击对方车道上正常行驶的其他 4 辆轿车，造成数人伤亡的严重后果。综合孙伟铭的驾驶能力、行驶速度、行驶状况、肇事地点的车辆状况及其肇事后的表现等情况，足以认定孙伟铭对该危害结果的发生持放任心态，主观上具有危害公共安全的间接故意。”〔1〕

从法院的说理来看，主要是通过认定孙伟铭“认识到其行为的高度危险性”和“认识到自己醉酒驾车极可能再次撞击其他车辆或行人”等一系列的主观认识，再综合其他因素，最后得出了“足以认定孙伟铭对该危害结果的发生持放任心态”的结论。可以说，认定行为人具有放任结果发生的间接故意，很大程度上取决于行为人的认识内容和认识程度。最高人民法院的新闻发布会提出，“醉酒

---

〔1〕 最高人民法院刑事审判庭编：《中国刑事审判指导案例》(1)，法律出版社 2012 年版，第 195 页。

驾车，肇事后继续驾车冲撞，放任危害后果的发生，造成重大伤亡，构成以危险方法危害公共安全罪”。这个一般性规则被写入最高人民法院《关于印发醉酒驾车犯罪法律适用问题指导意见及相关典型案例的通知》中，其在形式上虽然仍强调“放任危害后果的发生”，但实际上已经从以往的“认识”与“意志”并重，转变为侧重“认识”的因素，即只要“肇事后继续驾车冲撞”的情形能够被行为人所认知，就足以认定其有放任危害后果发生的“意志”，从而构成以危险方法危害公共安全的故意犯。自此之后，醉驾或飙车致人伤亡的案件，不按交通肇事罪论处而是被评价为以危险方法危害公共安全罪的数量有渐增之势。应当说，这是司法机关关注公共舆情，根据社会呼声调整刑事政策，进而在法律适用中充分考虑政策导向的结果。根据刑事政策调整故意要素的重心和认定方式，是在构成要件阶层功能性地处理主观归责问题的一个典例。

三、违法性阶层的功能化

违法性阶层的任务，是将一个符合刑法规定的构成要件行为放在整个法秩序中权衡各种利益和价值的冲突之后进行评价。这一点必然决定了，包括超法规违法阻却事由在内的各种正当化事由，即使能够找到存在论上的本体意义，也难以回避功能主义的考虑。

以正当防卫为例。根据被害人教义学，可以对正当防卫的基础和限度做出兼顾存在论和功能主义的解释。正当防卫的本质是防卫人（行为人）与侵害人（被害人）的共同作品。一个自愿陷入规范设定风险中的被害人，基于自我决定和自我答责的原理不具有应保护性，由于自我放弃保护而丧失了需保护性，最终对于整体利益的非优化承担责任的表现形式，就是排除行为人的不法。首先，从被害人应保护性的层面来看，被害人基于自我决定，进入一个可识别和能预料的规范设定的风险中，这一风险的现实化就应当看作行为人人格自由的展开,刑法不应当再对其进行保护,由此产生的后果,根据自我答责的原理就由被害人自己承担。在构成要件阶层,被害人自陷风险排除客观归责的根据,就在于它和被害人同意分享着共同的基础,即自我决定与自我答责。违法性阶层的正当防卫,被害人也是自我决定地进入一个风险之中。这个风险来自于被害人违反了"不得侵害他人"的义务。"当一个人用拳头或者武器去伤害他人身体,用暴力去威胁他人,想要剥夺他人或者胁迫到别人的性自由时,这个不法侵害人,就为被侵害人设置了一个进行防卫反击的根据和理由。"[1]当一个人明知侵害他人的行为会遭遇他人的反击而仍然实施不法侵害时,这就是自愿把法益带入一个风险之中,这是他对自己法益的自由支配,基于对自我决定权的尊重和自我答责的原理,刑法不应当再进行保护。

其次,从被害人需保护性的层面来看,即使被害人自认为遭受到一个他并不期望的法益损害,但是,他原本可以通过不去实施侵害他人的攻击行为,而彻底地回避自己受到的反击性侵害,实现充分的自我保护。由于被害人具有自我保护的可能性而不利用,刑法就没有再对其进行保护的必要性,因此丧失了需保护性。防卫行为具有某种程度的双重意义:从承受这种防卫反击的被害人的视角来看,它既是一种由他人(防卫者)实施的危害,也是一种(不法侵害人的)自我危害。因为如果没有一个不法侵害的进攻,就不会产生防卫。正是通过自己的不法侵害行为,为他人的防卫行为创造了条件,使得自己由此成为一个被防卫重创的被害人。由于实施对他人的不法侵害,不法侵害人在事实上降低和减弱了他自己法益的安全性。在这个意义上,不去侵害他人,就是一种可以选择的自我保护的行为,是可能且可以被期待的。这样一来,被害人

〔1〕 Kretschmer, Die Rechtfertigungsgründe als Topos der objektiven Zurechnung, *NStZ* 2012, S. 177.

教义学的需保护性概念的一般性要素，就在正当防卫的领域中显露出来：正当防卫场合的被害人有一个特殊的事实地位和法律地位，即保护和防止自己被害这一点，完全取决于被害人自己可选择也可期待的行为。许内曼曾经描述过正当防卫场合缺乏需保护性的状态："只要这个不法侵害人是自由的，他就能够放弃攻击他人的不法侵害行为，而他自己也能通过这种方式得到充分的保护。"〔1〕

最后，被害人（不法侵害人）的行为，不仅决定了防卫行为的产生，而且决定了防卫行为的范围和程度。每一个不法侵害，都是在具体地创设一个被他人防卫反击的风险。这种防卫反击是每一个不法侵害行为都必然会产生的、与之相适应的典型风险。当危险实现的时候，也就是不法侵害人被防卫行为伤害时，一个作为攻击者的被害人自陷的风险就现实化了。当然，不法侵害人并不是要对每一个随不法侵害而来的防卫反击的后果承担责任。一个人用拳头攻击他人的身体，必须估计到与之相适应的反击。因为这种自我危害，是他自己设置的，所以不法侵害人必须要对一个适用于防御的防卫行为有所预估。哪一种手段是有效的、能够保证立刻制止侵害、终局性地清除危险，取决于不法侵害的强度、侵害人的危险性以及可以使用的防卫工具。当然，不法侵害人也不可以期待，让防卫人冒着防卫不足的风险。防卫的要求要与实际的必要性相匹配。〔2〕

上述从被害人教义学的角度展开的对正当防卫的解释，可以功能性地处理实务中的问题。一方面，按照这种解释方法建立起

〔1〕 Schünemann, Einige Vorläeufige; Strafrechtsdogmatik Bemerkungen zur Bedeutung des viktimologischen Ansatzes in der strafrechtsdogmatik, in: H. J. Schneider (Hrsg.), *Das Verbrechensopfer in der Strafrechtspflege*, 1982, S. 414.

〔2〕 Kretschmer, Die Rechtfertigungsgründe als Topos der objektiven Zurechnung, *NStZ* 2012, S. 177.

来的正当防卫理论，不仅是为防卫人提供了一个正当化理论，而且是对潜在的被害人提出警示和呼吁：刑法不会为侵害他人的行为提供保护。如果一个人违反不得侵害他人的义务，对他人实施不法侵害的，引起自己法益遭受反击的侵害后果，只能由侵害人自己承担。这样一来，刑法就对所有的公民设置了一种反向激励，使得人们在决定实施可能侵害他人的行为的时候，承担一种心理压力：刑法将支持他人的防卫反击，而且不会保护自己可能因此遭受损害的法益。由此，就能够让公民审慎决定自己的行为。换言之，"人不犯我，我不犯人；人若犯我，我必犯人"，被害人视角下的正当防卫，就是表明了刑法对这种人我关系的态度，借此发挥出刑法的呼吁功能。

另一方面，根据上述方法解释正当防卫，能够妥善回应和解释从实践观点提出的问题。例如，面对幼童或精神病人的攻击，实务上要求，防卫人应当首先采取尽可能回避或轻微的防卫措施，而不能直接使用高强度的激烈的防卫手段；虽然这种防卫手段在其他主体实施类似的不法侵害时，可以正常地使用。但是，对此的理由一直是语焉不详。按照这里主张的被害人教义学视角下的正当防卫，实际上是不法侵害人自我答责地创设了一个遭受必要防卫的风险。作为风险创设者，他就要对这个风险实现的强度有所预估。但是，当风险创设人是幼童或精神病人时，他就不是一个能够自我答责的主体。因为自我答责的前提是基于自由意志的自我决定，[1]而幼童和精神病人，恰恰不是一个有辨认和控制自己行为能力的、能够自我决定的主体。因此，防卫人只能按照一个幼童或精神病人可能估计到的反抗强度去进行防卫，最好首先采取克制和回避的方式。再如，经常被举例的微财杀人的情形。[2] 一个瘫痪

---

〔1〕 车浩：《自我决定权与刑法家长主义》，载《中国法学》2013年第1期。

〔2〕 Wessels/Beulke/Satzger, *Strafrecht AT*, 2016, Rn. 512.

的花园业主看到一个偷瓜贼,用尽了吆喝驱赶等无效手段之后,直接开枪将其射杀。在这个明显不堪忍受的不合乎比例的案例中,关键的问题是防卫强度是否已经大大超出了侵害人可能预估到的其侵害行为所创设的风险。

透过被害人教义学的角度,就可以将《刑法》第21条规定的正当防卫的"明显超过必要限度"理解为这样的问题:不法侵害人通过其侵害行为创设的遭受反击的风险,在何种程度上能够被社会一般人评价为是风险创设者应当预见并因此自我答责的范围?当防卫强度超出可预见的风险的幅度,对于一般人而言属于无法想象的"意外事件"的时候,就可以评价为"明显超过必要限度"。德国学者许内曼认为,"被害人教义学将刑法分则数十年来隐藏在琐碎个案判断下,对于刑事司法实务来说具有极重要之可罚性问题引入一个既考量刑事政策也注意体系观点、因此可以说是成果丰硕之刑法教义学中来讨论,故而被害人教义学毫无疑问地可算是功能性刑法体系成熟的成果之一"。[1] 尽管笔者在这里所说的"被害人教义学",与许内曼所说的那种被部分德国学者主张的"被害人教义学"存在一些差异,但是就功能性这一点而言,上述评论是切到了问题的关键。

四、责任阶层的功能化

关于责任阶层的功能化,以及它对分析实务问题的助益,这里想用两个例子加以简要说明。一个例子是德国学者罗克辛和雅科布斯所主张的功能责任论,对于分析司法实践中经常遇到的惯犯与偶犯问题的帮助。另一个例子则是关于违法性认识错误。其一直以来在我国司法实践中不被重视,与对错误判断的存在论视角

---

〔1〕［德］许内曼:《刑法体系与刑事政策》,王效文译,载许玉秀、陈志辉等合编:《不移不惑献身法与正义——许内曼教授刑事法论文选辑》,台北,新学林出版股份有限公司2006年版,第51页。

有关。而在引入了可避免性这一功能性的要素之后，将会有效缓解"承认法律认识错误会放纵犯罪"的焦虑，使得违法性认识错误未来可以在一系列社会焦点案件中发挥作用。

1. 功能责任论与偶犯、惯犯之分

近年来，以罗克辛和雅科布斯为代表，在责任领域出现了从规范责任论向功能责任论发展的态势。两者所主张的责任论都被认为是功能主义的，尽管它们在内涵和结构上差异很大。罗克辛认为，"刑罚是同时取决于两个因素，其一是，用刑罚进行预防的必要性；其二是，犯罪人罪责及其大小"。〔1〕这一观点的独特性在于区分了责任（Verantwortlichkeit）与罪责（Schuld）。他用责任概念取代了罪责在传统阶层理论中第三阶层的地位。按照他的观点，责任是与不法并列的阶层，是罪责的上位概念；作为两个下位概念，罪责和预防必要性一起组成责任。这样一来，缺乏罪责或者缺乏预防必要性时，都会排除责任。〔2〕与仅由单一的罪责元素构成的传统的责任概念，以及将责任理解为一般预防的纯粹工具的雅科布斯的责任概念相比，罗克辛是在罪责与预防之间做了一个调和。在罗克辛的责任概念中，罪责被赋予边裁的角色；在罪责所划定的范围之内，预防必要性发挥着功能性的调节作用。罪责概念是以"规范的可交谈性"作为基础的，在罪责的范围内，再从预防的视角考虑对行为人刑事制裁的必要性。如此一来，动用刑罚去惩罚一个人，不仅是因为他有罪责，而且因为有预防的必要。

在我国司法实践中，《关于办理暴力恐怖和宗教极端刑事案件适用法律若干问题的意见》《关于贯彻宽严相济刑事政策的若干意见》《关于适用财产刑若干问题的规定》《全国法院维护农村稳定刑

〔1〕［德］克劳斯·罗克辛：《构建刑法体系的思考》，蔡桂生译，载《中外法学》2010年第1期。

〔2〕参见［德］克劳斯·罗克辛：《德国刑法学总论》（第1卷），王世洲译，法律出版社2005年版，第557～558页。

事审判工作座谈会纪要》《全国部分法院审理黑社会性质组织犯罪案件工作座谈会纪要》《关于常见犯罪的量刑指导意见》等多个重要的司法解释或司法文件中规定了偶犯、初犯的从轻处理或者惯犯的从重处罚。这种看似外部刑事政策的规定,完全可以融入阶层理论的教义学体系之中,得到妥当的解释,从而有利于司法人员透彻理解和把握相关规定,准确适用法律。按照罗克辛的功能性责任概念,可以考虑将惯犯与偶犯之分在责任中的预防必要性部分处理。惯犯本来就是立法所要重点打击的对象,是规范目的所在,预防必要性已经被立法理由充分地说明。相反,偶犯或者初犯并非立法者想要制裁的群体,预防必要性之低也是显而易见的:偶尔的灵魂出窍者或一时贪小便宜者,既没有用刑罚制裁来加以特殊预防的必要,也没有面向公众进行一般预防的必要性。那么,就可以因为偶犯缺乏预防必要性而排除其责任,进而得出行为虽然具有不法性质,但是偶犯的行为人不负责任的结论。当然,排除偶犯的责任,这是特殊情况下最极端的优惠;一般情况下,主要还是减轻责任。如果采纳罗克辛的责任概念,可以在逻辑上得出这样的结论:偶犯的罪责与惯犯是一样的;不同的是,初犯、偶犯的预防必要性要低于惯犯,因而他的责任在整体上也要低于惯犯。一个初犯、偶犯,即使在有罪责的时候,也可能没有责任(免责而无罪);或者至少是,与惯犯相比,因为预防必要性低而责任减弱(减责、有罪但轻罚甚至不罚)。[1]

另一位德国学者雅科布斯的功能责任论的核心主张是,行为人是否具有责任,要根据行为人对法规范的忠诚和社会解决冲突的可能性来决定。一方面,如果行为人没有基于对法律的忠诚而形成一个更强烈的动机去抑制犯罪的动机,那么就是行为人自己

〔1〕 车浩:《扒窃入刑:贴身禁忌与行为人刑法》,载《中国法学》2013 年第 1 期。

的问题，就可以对其进行归责。另一方面，责任被看作是一种解决社会冲突的方式。在社会具有更好的自治能力，即使不追究行为人的责任，也能解决行为人引起的冲突并维护法规范和社会的稳定时，行为人就无责任。[1] 相反，“在一个正常社会的正常状态下发生的法益侵害，只要不可能被归属于其他人或者事件，就必须归属于行为人，如果行为人的行为具有导致法益侵害发生的危险的话”。[2]

按照雅科布斯的责任概念，也可以提供区分惯犯与偶犯的解说框架。一方面，虽然偶犯和惯犯的行为都表现出了对法规范的不忠诚，但是，相对于偶犯，惯犯由于其屡教不改的惯常性，对法规范的轻视甚至敌视显然更加强烈，犯罪动机更加难以抑制，因而在对法规范的不忠诚程度上要高于偶犯。另一方面，除非是病理性的惯犯，可以用医疗方式来解决社会冲突而无须行为人承担刑事责任，否则，就偶犯与惯犯相比较而言，训诫、具结悔过、赔礼道歉等《刑法》第 36 条、第 37 条规定的教育性非刑处置方式，用在偶犯身上显然会比用在惯犯身上发挥更可期待的效果。当这种非刑罚处置方式能够发挥功能解决冲突时，要求行为人承担刑事责任并对之适用刑罚的必要性自然就相应地降低。由此，在对法规范的忠诚度和适用其他方式解决冲突的可能性两个方面，偶犯与惯犯的责任程度得以区分。

2. 违法性认识错误的可避免性判断及其司法前景

责任阶层功能化的另一个例子，是违法性认识错误的可避免性问题。关于违法性认识的必要性的问题，存在两种截然相反的思想。一种是不知法者不免责，另一种是不知法者不为罪。前者在实践层面的持论理由，主要是担忧违法性认识错误会成为罪犯

---

〔1〕 Jakobs, *Strafrecht AT*, 1993, 17/18ff.

〔2〕 冯军：《刑法问题的规范理解》，北京大学出版社 2009 年版，第 2 页。

任意辩护的保护伞。后者的立论基础主要是责任主义,认为对于不知法者或认识错误者发动刑罚缺乏正当性。

但是,这样一种非此即彼的两级选择,给司法实务带来了很大困扰。如果基于责任主义而承认违法性认识的必要性,又该如何回应从刑事政策角度提出的轻纵犯罪以及削弱刑法规制能力的批评和质疑?仅仅是强调责任主义原则,而完全无视法定犯时代的刑法所承担的日益繁重的治理社会的任务,对存在违法性认识错误的行为人直接放弃惩罚,采取所谓"不知法者不为罪"的结论,在实践层面难以为司法者所认同。因此,在近年来以违法性认识错误作为辩解理由的判例中,绝大多数判决书采取了"法律错误或违法性认识错误不影响刑事责任的认定,对被告人辩解或辩护意见不予采纳"的立场。

但是,随着中国社会进入法定犯时代,修法频率日益加快,大量仅凭日常普通人的生活常识难以轻易而知的法定犯规定不断涌现,未能认识或难以及时认识法律的"法盲"数量剧增。此时再坚持"违法性认识不要说"的观念,就必然会与责任主义原则发生非个别的、大面积的冲突。这甚至会严重危及整个法律秩序的正当性基础。例如,近年来中国社会出现了多起影响力巨大的刑事案件:赵春华摆射击摊被判非法持枪案(2016 年)、"郑州大学生暑假掏鸟窝被判十年半"的案件(2015 年)、内蒙古农民王力军无证收购玉米被判非法经营案(2016 年)、河南秦某采摘兰草被判非法采伐国家重点保护植物案(2017 年)、深圳王鹏养售鹦鹉被判非法出售珍贵濒危野生动物案(2017 年)等。这些轰动性案件的共性是,被告人辩称"没想到或不认为自己的行为是犯罪"的说法得到舆论广泛同情。公众普遍感觉到自己与案件的被告人一样,对于涉案的违法性问题存在错误甚至无知。而法院罔顾被告人"不知违法"的辩解而直接得出有罪结论,与普通民众的正义直觉产生了激烈对立。舆情显示,很多人对被告人的行为构成犯罪感到错愕,由此对司法判决的定罪结论产生强烈质疑和抵触。

为了应对上述压力,司法者应当向刑法理论寻求支援,需要重新理解违法性认识错误问题。在观念上要破除“不知法者不免责”与“不知法者不为罪”二元对立的观念误区,明确违法性认识错误并不必然导致无罪的法律后果,两者之间没有“直通车”。换言之,不知法者未必就不免责,不知法者也未必就不为罪。既然不是直通车,那就说明存在一个调节性的中间环节。这就是错误的可避免性的判断。只有当违法性认识错误不可避免时,行为人才会得到最大程度的原谅(减免责任)。当错误可以被避免时,行为人就应当承担责任或至多从轻处罚。违法性认识错误的可避免性这一概念的构建,并不能够从违法性认识的概念本身当然地推演出来,也不是传统的罪责领域中的法教义学逻辑演绎的产物。简言之,它不是一个存在论意义上的概念。明显在物本逻辑上难以自洽的是,一个陷入可避免的错误而不具备违法性认识的行为人,却与一个具备违法性认识的行为人一样,都要受到惩罚。由此可见,问题的关键不在于违法性认识是否存在本身,而在于本可避免错误却不去避免,因而获得了与具有违法性认识的人一样的需罚性。[1]

正是基于这样一种功能性的考量,才会出现违法性认识错误的可避免性这样的产物。一方面,如果一个人陷入了不可避免的违法性认识错误,那就应当考虑免除或减少他的责任。这不仅是基于难以谴责的责任主义的理由,而且也是由于严厉惩罚这种不可避免地犯错的行为人,不仅起不到针对其他公民的一般预防的效果,而且还可能会激起个案中的行为人对法律的不满,走向特殊预防的反面。另一方面,如果一个人不具备违法性认识,但他本来有机会和可能认识到法律时,那么他就不能再根据违法性认识错误而享受免除责任的优惠。这不仅是部分地由于这种不去认真对

---

〔1〕 详见本书第八章。

待法律本身也具有可谴责性,更主要的是基于刑事政策或规范效力的理由,如果这种因为漠视法律而犯罪的人也能得到充分的原谅,那么刑法呼吁公民忠诚于法或警告潜在犯罪者的一般预防的目的,就再也无法得到实现。

以往,由于违法性认识问题缺乏立法规定,在理论上也没有得到实务工作者的足够重视,以至于面对大量聚焦于法律认识错误的影响性案件,司法机关要么僵化处理,要么感到束手无策,出罪无门。例如,在赵春华非法持枪案中,即使一审法院坚持认为赵春华的行为符合非法持枪罪的构成要件,但是,如果法官能够考虑"赵春华确实没想到自己的行为是违法犯罪"这一显而易见且能够被普遍接受的违法性认识错误,积极运用相关理论作出减免其责任的判决,那么,该案就不会引起后续的公众关注和民意反弹,司法机关也不会承受巨大压力,陷入被舆论批评的被动境地。中国社会的刑事治理已经进入法定犯时代,未来,司法者应当掌握好错误的可避免性这一理论武器,妥善处理必将越来越多的关于违法性认识错误的案件。

五、小结:回应刑法的社会任务

在本书第三章讨论完阶层犯罪论体系的体系化优势之后,本章进一步探讨,一个封闭僵化的体系的弊端以及克服之道。这就是当代阶层犯罪论体系从存在论向功能主义的转向。这种转向的方法和目的,就是回应刑法的社会任务。以故意的认定为例,可以折射出构成要件阶层功能化的一个面向。刑法理论上已经有观点提出,应当放弃寻找和确定一个实存的意志因素,而是将故意重心转移到"行为人具备何种程度的风险认知"上面。这就是从刑事政策和功能主义的角度思考问题的。而在司法实践中,实际上也已经出现了从以往的"认识"与"意志"并重,转变为侧重"认识"的倾向。以交通肇事罪与以危险方法危害公共安全罪为例,根据行为人的客观认知程度来确定故意的做法，已经在多起判例中得到实践。根据刑事政策调整故意要素的重心和认定方式，是在构成要件阶层功能性地处理主观归责问题的一个典例。在违法性阶段，从被害人教义学的理论出发，考虑被害人的应保护性与需保护性，能够合理地回应实践需求。按照这种解释方法建立起来的正当防卫理论，对所有公民设置了一种反向激励，使得人们在决定实施可能侵害他人的行为的时候，承担一种遭受反击且不受刑法保护的心理压力。而且，被害人教义学视角下的正当防卫理论，能够妥善地解释幼童或精神病人的防卫反击问题。引入被害人教义学的思维，是在违法性阶层功能性地处理正当防卫问题的适例。在责任阶段，通过功能责任论的观点，可以合理解决我国司法实践中常见的区分惯犯与偶犯的问题，为这种合乎刑法任务和目的性导向的实践区分提供理论支撑。近年来，诸多影响性案件的判决之所以受到社会公众的质疑，很大程度上是由于司法者没有合理地回应行为人"不知法"的抗辩诉求。在一个法定犯的时代，公民的不知法抗辩既不能一概否认，也不能统统接纳，而是需要通过错误的可避免性这样的功能性概念，在责任主义与刑事政策之间取得一种平衡。而这一点，恰恰是本体论意义上的责任理论难以完成的任务。可以预见的是，未来在犯罪论体系的各个阶层中，概念的功能化倾向会越来越明显。固守住一个封闭僵化的体系，并以纯粹的本体论的思维方式来构建刑法理论，势必与实践需求渐行渐远，无法回应刑法的社会任务。

下篇

阶层犯罪论的具体展开

第五章
构成要件阶层之客观归责

本章讨论构成要件阶层中的客观归责问题。构成要件阶层是三阶层犯罪论体系的第一个阶层。近30年来,构成要件阶层的核心问题是客观归责。作为一个包摄众多下位规则的集合体,客观归责理论中争点密布。其中,假定因果关系与结果避免可能性,是客观归责领域里两个备受关注的问题,前者不影响归责,后者是否影响归责,要根据"合义务替代行为"的思考方法来确定。只有在遵守义务时能被避免的结果,才能归责给违反义务的行为人。当遵守义务也不能避免结果发生时,义务违反与结果之间欠缺内在关联,应排除归责;当结果避免的可能性不确定时,应根据罪疑惟轻原则对行为人做有利认定,视义务违反关联性为欠缺,从而排除归责。相反,风险提高理论对提高风险的行为一律归责,漠视义务违反关联性,将实害犯更改为危险犯,违反了罪疑惟轻原则,并不值得提倡。

相对于自然意义上的因果关系而言,客观归责理论既可以说是一种构成要件成立条件,也可以说是一种构成要件阻却事由。本章透过对假定因果关系与结果避免可能性的讨论,进一步反思客观归责理论相对于条件说以及相当因果关系说的方法论意义。

一、问题的提出

如果没有行为人，结果仍然会由其他人或事件引发时，能否将结果归责给行为人？或者，即使行为人已经履行了注意义务，行为仍然会不可避免地或很有可能引起结果发生时，能否将结果归责给行为人？在刑法理论上，前一个问题被称作“假定因果关系”；后一个问题被称作“结果避免可能性”。二者皆属于因果关系与客观归责的范围，其中，结果避免可能性更是过失犯归责的核心问题。以往我国学界对这两个问题并未给予足够重视，近年来，随着客观归责理论的兴起和传播，以及整个刑法学理论研究精细化的趋势，上述问题的全貌开始逐步进入国内学界的视野。[1]

但是，迄今为止，这两个问题的一些关键部分仍然未得到展开，一些重要疑点仍然未得到澄清，一些重大争议仍然未得到充分地辩论。例如，假定因果关系是否影响归责？尽管学界多数意见持否定态度，但是由于在理由上缺乏系统的说明，因此，始终存在强大的相反意见。又如，假定因果关系与结果避免可能性的区别究竟在哪里？即使在已有多年积累的国外刑法学界，将二者混淆论述的情形也所在多见，因此有必要从根本上对二者的区别予以澄清。再如，若遵守义务时结果也可能发生，是否还能对违反义务的行为人归责，是过失犯理论的核心问题之一。究竟应该根据罪疑惟轻原则去否定义务违反的关联性，从而排除归责，还是只要行为人提高了结果发生的风险，就应该对其归责？遗憾的是，对于如此重要的问题，目前国内学界只能偶尔见到观点的表态，鲜见深入的分析，更缺乏有针对性的辩论。最后，上述两个问题都属于客观归责理论的范畴。只是，目前国内学界对客观归责理论仍抱有犹

〔1〕 其中，周光权教授于《法学研究》2005 年第 2 期上发表的《结果假定发生与过失犯——履行注意义务损害仍可能发生时的归责》一文(以下简称《结果》)，是国内学界第一次以主题论文的方式讨论相关问题。

豫甚至怀疑的态度，一些学者认为条件说和相当因果关系说已经足以解决问题，无须再引入客观归责理论。由于在宏观上对客观归责理论的方法论意义缺乏正确评价，也必然影响到对结果避免可能性等具体问题的理解。

基于以上几方面的考虑，笔者希望在国内外已有研究的基础上，对相关问题展开进一步的讨论，以澄清疑点，明确分歧，促进理论的深度对抗。本章结构分成五个部分：(1)提出问题；(2)论述假定因果关系不影响归责的理由；(3)阐明假定因果关系与结果避免可能性问题之间的区别；(4)探讨结果避免可能性的归责问题，特别是对风险提高理论进行批驳；(5)从方法论上略述客观归责理论的意义，反思条件说和相当因果关系理论的局限。

二、假定因果关系不影响归责

所谓“假定因果关系”，是指当没有行为人，结果也仍然会由其他人或事件引发时，其他人的行为或事件与结果之间的因果关系。例如，B 想飞往国外，A 追至机场将其枪杀；而 B 本来要乘坐的飞机起飞后坠毁，乘客无一生还。在这个案件中，B 将因空难而死就是一个假定的因果关系。刑法理论上的多数意见认为，假定因果关系不影响归责。〔1〕但是，不影响归责的理由，以及假定因果关系的涉及范围，并没有得到系统的说明。仅仅强调说，“追加一些后面的原因，认为它们也有可能导致结果的出现，从而以此来略过行为人的行为是不允许的……一个事实上的发生过程，并不因为有

---

〔1〕 参见陈兴良：《规范刑法学》（第 3 版），中国人民大学出版社 2013 年版，第 135 页；张明楷：《刑法学》（上）（第 5 版），法律出版社 2016 年版，第 186 页；周光权：《刑法总论》（第 3 版），中国人民大学出版社 2016 年版，第 122 页；这也是德国、日本、韩国和我国台湾地区刑法学界的通说。Vgl. Wessels/Beulke/Satzger, *Strafrecht AT*, 2016, Rn. 229ff.；［日］大塚仁：《刑法概说（总论）》（第 3 版），冯军译，中国人民大学出版社 2003 年版，第 166 页；［韩］李在祥：《韩国刑法总论》，［韩］韩相敦译，中国人民大学出版社 2005 年版，第 128 页。

其他一个有可能代替它的,但并未代替它的发生过程的存在,而消失自己的存在和作用",[1]还难以避免进一步的追问,为什么对于一个必将出现的结果,仍然一定要在特定的时间和地点追究特定方式的责任?这也导致未被说服的少数意见,仍坚持假定因果关系影响归责的观点。[2] 因此,有必要对假定因果关系不影响归责的理由及其范围展开进一步的讨论。

(一)假定因果关系不影响归责的理由

1. 刑法需要处理也有能力处理的,只能是合法或不法,而不是幸运或不幸

对假定因果关系不影响归责的非难,往往着眼于被害人的"命运":既然 B 反正也是要死于空难,又何必非要将难以避免、命中注定的"死亡"归责于 A?退一步讲,如果 A 仅仅是将 B 打成重伤后送往医院,反而使 B 避开了之后的空难,按照假定因果关系不影响归责的观点,同样也不会免除 A 故意伤害的责任;可是,从整体和长期的效果看,由于 B 的受伤而实际上逃过了一死,A 的行为相当于救了 B 一命。既然受伤总强过丧生,那为什么依然要固执地追究 A 的责任?为什么就不能从"对 B 整体上有利"的角度免除 A 的责任?

对这个问题的回答是,被害人"命运"的幸与不幸,既与行为人无关,也与刑法无关。一方面,立法者只能根据日常经验和一般观念来确定,哪些行为在高概率和必然性上会对他人的利益造成侵害,从而通过立法加以一般性禁止。至于在个案中,被禁止的行为并没有加重被害人的"不幸"程度,或者反而从整体效果上给被害人带来了"幸运",都超出了刑法关心的范围。否则,惩罚的来临就

---

〔1〕 Wessels/Beulke/Satzger, *Strafrecht AT*, 2016, Rn. 229.

〔2〕 [日]町野朔:《因果关系论》,载中山研一、藤木英雄等编:《现代刑法讲座》(第 1 卷),成文堂 1977 年版,第 328 页。

与被害人的整体运势连在一起，像摇奖一样充满了偶然性。如施特拉腾韦特（Stratenwerth）所言，“这将给行为人以飞鸟的自由”。[1] 另一方面，司法者的使命，并不是在个案中衡量，与被害人将要遭受的厄运相比，行为人的行为是否加重了其损害程度，而是通过个案维护一般性规范，惩罚破坏规范的行为人，重申法益保护。因此，即使 B 终将遭遇空难，保护 B 的身体和生命不受他人侵犯仍然是有意义的。这里的关键在于，不能因为某种法益终将受损而难以挽救，就放弃对其保护，任其成为犯罪的牺牲品。[2]

概言之，“塞翁失马”的刑法意义，是在“失马”本身，至于之后“祸兮福兮”，则与刑法无关。

2. 归责的判断对象，是行为与特定的不法构成要件结果之间的关系，而不是行为与某个抽象性结果之间的关系

相反的观点认为，根据条件说可以依据假定因果关系排除归责。例如，A 在死刑执行前推开执行人员，自己抢先按动电椅按钮杀死了死刑犯 B。对这个案例，日本有学者认为，应该否定行为与结果之间的因果关系。因为“不存在没有前者就没有后者的条件关系，换言之，即使没有 A 的行为也将发生 B 的死亡结果，故 A 的行为与 B 的死亡之间没有条件关系。”[3] 但是，这种观点忽略了，对归责有意义的“结果”，不是一个泛泛的、抽象意义上的结果，而是具体和特定的不法构成要件的结果。在假定因果关系的场合，用来与实际发生的结果做比较的，往往是另一个在具体特征和性质上截然不同的结果。例如，遭遇空难而死，在死亡的具体特征上，如死亡的时间、方式和原因等，完全不同于“被他人枪杀而死”，

---

〔1〕［德］冈特·施特拉腾韦特、［德］洛塔尔·库伦：《刑法总论》，杨萌译，法律出版社 2006 年版，第 104 页。

〔2〕 Frisch, *Tatbestandsmäessiges Verhalten und Zurechnung des Erfolgs*, 1988, S. 566.

〔3〕［日］町野朔：《刑法总论讲义案》（Ⅰ），信山社 1995 年版，第 156 页，转引自张明楷：《刑法学》（上）（第 5 版），法律出版社 2016 年版，第 186 页。

二者之间的共同点，仅仅在于一个抽象的“死亡”结果。再如，被死刑执行人员杀死的性质，是通过国家公权力的审判，经由正当程序，由法律所赋予的职责的执行人员，代表国家剥夺其生命，而被非执行人员的A杀死，则是一种根本不具有正当化事由的私刑。两种死亡的法律意义截然不同，是两个不同性质的结果，只是在抽象的“死亡”上具有共性。抽象性结果在刑法上并无意义，是因为刑法规范的任务，是在不法构成要件的范围之内保护被害人的特定法益，因此，刑法上的归责，只能针对具体的不法构成要件的结果。

概言之，如果允许以“B终究要在空难或死刑执行中死亡”的理由辩护，就必然会难以设限地延长到以“从长远看，谁都难免一死”（凯恩斯语）的理由辩护；如果站在不法构成要件之外，以其他结果来考察行为人的责任，那就消解了设置构成要件的意义；如果肯定“抽象性结果”的重要性，那实际上是在说，对于整个社会而言，终归是有一个死亡结果，死于谁手和如何死并不重要，可是这样一来，刑法的归责判断就脱逸出专业的范围，进入到没有限制的利益权衡中，最终变成一种在结果的天平上计算利弊得失的经济学手段，放弃了维护正义的本职。

（二）假定因果关系的范围

1. 基于责任主义原则，其他可能具有替代性的犯罪行为也属于假定因果关系，不影响对行为人的归责

按照现代刑法理论，即使多人共同实施犯罪，也不能以“法不责众”为由辩解，何况，在其他人仅仅是打算代替行为人来实施犯罪行为的场合，若因此认定行为人无罪，那是“一个明显荒谬的结论”。[1] 责任主义要求，刑法只能去关注具体地引起结果的

---

〔1〕 Roxin, *Strafrecht AT*, 2006, § 11, Rn. 59.

行为人，而不是关注在他不去实施该行为时，仍然会去实施代替性犯罪的其他人。责任主义意味着，在非共同犯罪的场合，每个人只能对自己的行为负责，既不能为他人的行为负责，也不能要求他人为自己的行为负责；在共同犯罪的场合，也须区分正犯与共犯，或主犯与从犯，每个人只能为自己的行为性质承担对应程度的惩罚。例如，A不能辩解说，如果自己不去杀B，B也会被另外的仇家C杀死；A也不能辩解说，自己与C共同约定杀死B，如果自己不动手，本来只负责提供工具的帮助犯C也会成为直接下手的实行犯。在著名的"东方快车谋杀案"中，12名凶手先后对被害人下手。如果认为假定的因果关系阻却归责，从而允许人们辩解说，"反正A不下手，B也会下手；B不下手，C也会下手；C不下手，D也会下手……"，最后必然又绕回到"……不下手，A也会下手"，这就形成了一个对谁也无法归责的循环论证。这显然是荒谬的。因为关键的问题是，"不能由于另一个人已经准备好违反法律，就撤销法律制度（对这一个人）的禁令。"[1]基于同样的道理，德国联邦法院做出这样的判决：A参与制定作为被害对象的精神病患者的名单，构成杀人罪的帮助犯，虽然说A不制定该名单的话，仍然会有其他医师制定，但这也不影响对A的归责。[2]

2. 基于特定的权限，由他人实施合法行为所导致的结果也属于假定因果关系，不影响对行为人的归责

这里经常被举到的例子，是上文提到的A抢在死刑执行人员之前，按动电椅按钮杀死B，也要追究A故意杀人罪的责任。此外，即使财物所有人本来也打算要砸坏汽车，砍伐树木，烧毁房屋，但是，在没有得到所有人同意的情况下实施的毁坏财物的行为，仍

---

〔1〕 Samson, *Kausalverläufe*, 1972, S. 137.

〔2〕 *BGHSt* 1, 321.

然应以故意毁坏财物罪论处。[1] 因为行为人已经破坏和干扰了他人财产处分的权限。"当立法者仅仅授权特定的个人或者职务人员去实施一种构成要件行为时,同时也就是在划定界限,其他人必须完全遵守这个禁令。如果违背法定的权限……就会形成一种令人不堪忍受的情况。"[2]

3. 与行为先后或同时发生的自然事件,也属于假定因果关系,不影响对行为人的归责

这里经常被举到的例子,是上文提到的即使随后发生了空难,也要追究A在机场杀B的责任。再如,B驾驶的火车因山体塌方而即将撞毁,B必死无疑,杀手A在火车撞毁的一瞬间射杀了B。对这个案例,一些学者认为,应该排除对A的归责,因为A并没有使被害人B的状况变得更糟糕。[3] 但是,这样的理由并不正确。因为还有一个更重要的原则和B的状况一样,也不会因为存在自然事件而发生改变,那就是法律不允许杀人的禁令。除非有正当化的根据(如正当防卫或执行死刑)或者被害人的同意(按照有些国家刑法典规定,此时构成得同意杀人罪而非杀人罪),否则,任何形势下的杀人都不能逃脱杀人罪的刑事惩罚,即使被害人已经奄奄一息。正如罗克辛所说,"当把垂危之人在他临死前的那一刻杀死而有可能不被惩罚时,不得杀人的禁忌就在并非万不得已的情况下被违反了,而这是法秩序难以接受的"。[4] 同样的道理,A将

---

[1] 当然,这里又涉及被害人同意的意思表示问题,同意究竟是存在内心即可,还是需要向外显示出来,这影响到同意是否成立,行为人能否以同意作为出罪理由。目前刑法理论的通说是支持后者,也就是所谓的使人知悉理论(vermittelnde Theorie),Vgl. Baumann/Weber/Mitsch, *Kausalverläufe*, 2003, § 17, Rn. 104,按照这种观点,即使被害人内心同意他人去毁坏自己的财物,在没有表示出来的场合,行为人仍然要被追究责任。

[2] Roxin, *Strafrecht AT*, 2006, § 11, Rn. 59.

[3] Samson, *Hypothetische Kausalverlaeuf im Strafrecht*, 1972, 110f.

[4] Roxin, *Strafrecht AT*, 2006, § 11, Rn. 62.

一座处于大火中的建筑物的尚未烧毁的部分,纵火予以烧毁,虽然没有 A 的行为,大火也即将烧毁一切,但是德国帝国法院仍然认为 A 构成毁坏财物罪。[1]

三、结果避免可能性与假定因果关系的区别

按照结果可避免性的程度高低,结果避免可能性问题分为两种情形:结果不可避免与结果可能避免。所谓结果不可避免,是指即使遵守注意义务,结果仍然无法回避,此时,结果的发生几乎是确定无疑的,出现的概率接近 100% 。既然无论行为人遵守义务还是违反义务,结果都会发生,说明义务违反与结果发生之间欠缺关联性,再要求行为人遵守义务的规范目的就会落空,因此排除对行为人的归责。这是理论上普遍承认的通说。所谓结果可能避免,是指即使遵守注意义务,结果仍然很有可能发生,但也有可能避免,结果最后是否会出现,始终是无法确定的。此时能否对行为人归责,目前尚存在重大争议。[2]

结果避免可能性与假定因果关系,本来是两个问题。但是,二者在某些场合有些形似。一方面,就结果必然出现这一点而言,假定因果关系与结果不可避免的情形颇有相似之处;另一方面,在认定结果避免可能性的时候,要运用一种"合义务替代行为"的思考方法:假定行为人遵守义务时,结果是否会出现?这种合义务替代行为的思考方法,在外形上也很类似于一种假定的因果关系。因此,在文献讨论中,经常出现将二者混淆的场景。例如,将本属于假定因果关系的案例,当作结果避免可能性的问题讨论;或者反之。考虑到这一点,有必要对二者之间的关系进行澄清。

---

〔1〕 *RGSt* 22,325.

〔2〕 这一点下文会详细展开讨论。

（一）区别

案例1:B想逃往国外,A追至机场将其枪杀;而B本来要乘坐的飞机起飞后遭遇空难,乘客无一生还。（假定的因果关系）

案例2:A将未消毒的羊毛交给B加工,B因感染病菌而死。事后查明,即使羊毛被消毒,当时的技术也无法消灭该病菌。（结果不可避免）

上述两个案例,是在论及假定因果关系和结果不可避免时,被学者们经常举到的、没有争议的代表性案例。本章就以这两个案例为例证,详细阐明假定因果关系与结果不可避免之间的六点区别:

1. 假定因果关系比照的是"抽象的结果",结果不可避免比照的是"具体的特定结果"。与案件中实际发生的结果相比,假定的因果关系中所说的"结果"是一种在抽象意义上会同样出现的结果,而结果不可避免中所说的"结果",则是一种在具体的、特定的意义上难以避免的结果。前文已经说明,在假定因果关系的场合,用来与实际发生的结果做比照的,其实是另一个在具体特征和性质上截然不同的结果,二者仅仅是在抽象层面上具有共性。相反,讨论结果不可避免时所说的"结果",是指在同样的事件中,在特定的场景(包括时间、地点等因素),以特定的方式,由特定人造成的结果。简言之,是一个具体的、特定的结果,而不是一个抽象意义的结果。在行为人遵守义务的场合,如果这个特定的、具体的结果仍然会确定无疑地出现时,才能说,结果是不可避免的。在案例2中,由于当时的技术条件的限制,即使A按照法定的消毒程序对羊毛消毒,仍然无法消灭新的病菌,而B也仍然会去加工羊毛且因此感染病菌而死,这种死亡方式不会因消毒与否而发生性质改变。因此,这里不可避免的,是一个在具体特征上完全相同的死亡结果。

2. 假定因果关系往往是"替代行为人(或事件)",结果不可避免则是"合义务的替代行为"。假定的因果关系,是指即使没有行为人,其他人或者事件也会引起抽象意义上的相同结果;结果不可避免,是说即使行为人遵守了注意义务,这种被替代的合义务行为仍然会不可避免地引起结果。在案例1中,即使没有A,空难事件也会引起B的死亡。再如,在A替代死刑执行人员执行死刑的场合,即使没有A,死刑执行人员也会按动电椅按钮,将B杀死。总之,在假定因果关系的场合,存在一个"替代行为人",是由他而不再是由原来的行为人引起结果。相反,在结果不可避免的场合,不是去考察一个"替代行为人",而是考察在行为人不变的情况下,假定存在一个遵守义务的"替代行为",是否能够避免结果的发生。例如,在案例2中,思考问题的方式是,假定A履行注意义务,对羊毛进行消毒处理,那么女工B死亡的结果是否能够避免?如果在A的这种合法的"替代行为"下,结果仍然无法避免,那么就不能对行为人归责。

3. 假定因果关系涉及两个原因力,而结果不可避免其实只有一个原因力。当两个不同的原因力将会导致同一个抽象结果时,理论上把后一个原因力所引导的因果关系称作假定因果关系;而在结果不可避免的场合,对于一个具体的结果而言,始终只存在一个原因力。在案例1中,B被A杀死,与B乘飞机遇难而死,这是两个不同的因果关系。前一个因果关系中,A的杀人行为是B死亡的原因力;后一个因果关系中,飞机失事是B死亡的原因力。因此,假定因果关系所讨论的问题,其实是说,后面的原因力虽然也能引起相同的抽象结果,但是并不能阻碍前一个原因力的作用。相反,在案例2中,B死亡的真正原因,是感染病菌而死,这一点与A是否遵守消毒义务无关。换言之,A违反义务不消毒,B因为感染病菌而死;A遵守义务消毒,B还是会因为感染病菌而死。对于B的死亡而言,A是否遵守义务根本不是什么原因,始终只有病菌才是真正的原因力,因此也始终只存在一个因果关系。

4. 假定因果关系的"假定"仅仅是针对行为人引导的因果关系而言,但是其中的原因力却是真实存在的,如果没有行为人,假定因果关系必将依照与行为人无关的生活逻辑"真实"地发生;相反,结果避免可能性中的"合义务替代行为",则是彻头彻尾的"假定",完全是基于检验规范有效性的目的,而人为设计的一个假想的比较。在案例1中,B死于空难事件是一个假定的因果关系,但是这里的"假定"仅仅是针对A实际实施的杀人行为而言的。事实上,空难这个原因力本身是客观发生了的,并不是虚拟出来的,若没有A的介入,空难而死的结果也已经被命运预定,在那里等着B。相反,在案例2中,即使羊毛经过消毒,B也会死于病菌,则是为了说明结果不可避免的一个被假想出来的因果关系。这个因果关系若能检验成功,需要假定行为人遵守消毒义务,而行为人遵守义务这一点,恰恰是一个服务于检验目的的虚拟设计。

5. 假定因果关系不影响归责,是指不能根据一个假定的因果关系来否定之前已经清楚无疑的因果关系;结果避免可能性所使用的"合义务的替代行为"的思考方法,则是要去检验一个义务关联性尚不明朗的因果关系。在案例1中,B死于A的枪下,A开枪的行为与B的死亡结果之间具有清晰无疑的内在关联。相反,在案例2中,B感染病菌而死,与A违反消毒义务之间,是否具有内在关联,本来是尚不明朗、有待查清的问题。如果一个结果在遵守义务时也同样确定的发生,那么违反义务与结果之间,就根本不具有内在关联性。假定"合义务的替代行为",正是为了查清这一事实。"要想判断结果究竟是可以避免的,还是无法避免的,就必然要借助一种假定的思考方式,通过假定一个合义务的替代行为并与之对比权衡,才能得出答案"。

6. 假定因果关系不影响归责,既适用于故意犯也适用于过失犯;结果不可避免时排除归责,主要适用于过失犯。[1]

---

〔1〕 至于结果存在避免可能性时能否对行为人归责,是有重大争议的问题,下文专门讨论。

有学者认为,假定的因果关系,是指“在行为人故意地实施危害行为的场合,假设没有类似行为,结果也会发生”。[1] 不过,故意和过失并不是界定假定因果关系的关键。例如,A 在机场倒车时过失撞死 B,也不会因为 B 的航班在之后坠毁而免除 A 过失致人死亡(或交通肇事)的责任。又如,A 和 C 夜里比赛枪法,都没有注意到标靶后面有流浪汉 B 在睡觉,A 先开枪结果致 B 重伤,A 不能辩解说,即使没有自己的行为,接下来 C 开枪也会令 B 受伤。同样,即使他人的合法行为或自然事件,使得法益受损的结果必然出现,也不能因此排除行为人之前的过失责任。概言之,假定因果关系不影响归责,既适用于故意犯也适用于过失犯。与此相对,结果不可避免时排除归责,这主要是在过失犯的场合下得出的结论。换言之,过失犯的成立,就是以构成要件实现的可避免性为前提的。惩罚过失的行为人,正是因为他明明有避免义务也有避免能力,但是仍然没有避免结果的出现。相应地,当由于行为人个人主观方面的原因无法避免结果时,不法仍然成立,只是排除罪责;当由于客观方面的情况无法避免结果时,说明欠缺义务违反关联性,在不法阶段就排除对结果的客观归责。

在过失犯的场合,之所以要重视义务违反与结果发生之间的关联性(以下简称义务违反关联性),在刑法理论上有以下几种理由:(1)有的学者强调“责任的关联”,认为欠缺义务违反关联性就会导致欠缺责任的可谴责性;(2)有的学者强调“违法性的关联”,认为欠缺义务违反关联性就欠缺了“不够谨慎”的不法要素;(3)有的学者强调“构成要件层面上的归责关联”,认为欠缺义务违反关联性就脱离了规范的保护目的;(4)有的判决强调“因果的关联”,认为欠缺义务违反关联性就欠缺了原因性;(5)有的学者强调“结

[1] 周光权:《刑法总论》(第3版),中国人民大学出版社2016年版,第122页。

果无价值的否定”，即欠缺义务违反关联性就欠缺了结果不法。但是无论哪一种观点，都是在为成立过失犯罪必须具备义务违反关联性寻找支撑、提供根据。概言之，违反义务与结果发生之间，不能是毫无关联的并列或简单的相加。否则，就是退回到“只要违反禁令，就要对造成的结果负责”中去，而这种已经被淘汰的、无限制的归责态度，是与刑法的基本思想相悖的。〔1〕

近年来，随着客观归责理论的兴起，越来越多的学者同时在过失犯领域和客观归责的主题下讨论结果避免可能性问题。〔2〕 少数学者也会在客观归责的领域里，用“不允许的风险未在结果中实现”替代结果不可避免的表述，并将适用对象从过失犯延长到故意犯。例如，针对案例2（羊毛病菌案），罗克辛认为，如果A是基于杀人的故意而有意不对羊毛做消毒处理时，虽然创设了一种不被允许的重大风险，但是，这个风险并没有在结果中实现，对A也只能按照杀人未遂惩罚。〔3〕 但是，把结果避免可能性和义务关联性的问题完全从过失犯的章节中挪到客观归责的章节中去，改用“风险未实现”的概念来代替，并以之同时统摄过失犯与故意犯的做法，目前还只是少数学者的体系安排，尚未得到学界的普遍认同。

（二）混淆

1. 将假定因果关系误作结果避免可能性问题来思考

案例3：A调整了B所驾驶的铁路机动车的运行轨道，使火车从并行同向的右轨道转到左轨道，结果导致B在左轨道上因前方山体塌方撞崖而死。但无论在哪个轨道上行驶，由于前面已经塌方堵住，所以B都会因为无法及时刹车而撞到山崖而死。

---

〔1〕 Vgl. Wessels/Beulke/Satzger, *Strafrecht AT*, 2016, Rn. 955.

〔2〕 这是绝大多数刑法教科书的设置，Vgl. Wessels/Beulke/Satzger *Strafrecht AT*, 2016, Rn. 197ff, 675ff。

〔3〕 Vgl. Roxin, *Strafrecht AT*, 2006, § 11, Rn. 73ff.

一些学者认为,该案例中的“假定因果关系”,可以排除对A的归责。[1] 因为“修正自然性的因果关系,只有在增大损害或者提前损害发生时间时,才是应当归责的。从法益损害的观点来看,被害人是在左轨道上死亡还是在右轨道上死亡,都是一样的。单纯地修正一个在发生流程上不依赖于行为人意愿控制的自然性事件,显然不能在社会评价上被视为独立的杀人”。[2]

但是,这种观点存在疑问。在这个由萨姆松(Samson)提出,并被罗克辛等学者一再引用的案例中,隐含着一个并非不言而喻的前提性假设。B死于左轨道还是死于右轨道,真的在法律上毫不重要吗？这并非在研究针尖上的天使数目,而是直接影响到案例的性质、推理的方法以及由此得出的截然相反的归责结论。

罗克辛的论证漏洞在于,如果按照他所说的,“被害人是在左轨道上死亡还是在右轨道上死亡,都是一样的”,那么这就意味着,二者根本就是同一个具体的、特定的结果,都属于“火车撞崖而死”,但这样一来,案例3就变成一个结果不可避免的案例。没有A的行为,B会撞崖而死;有了A的行为,B也会撞崖而死,这与案例2(羊毛病菌案)的状况就完全一样了(在案例2中,A不遵守义务,B会感染病菌而死;A遵守义务,B也会感染病菌而死)。由此可见,如果认为被害人死于左轨道或右轨道毫无区别,那么,按照结果不可避免时排除归责的原理,在案例3中就应该排除对A的归责。这一结论虽然与罗克辛相同,但根本不是由于他所谓的对假定因果关系进行修正,而是运用“合义务替代行为”的方法,在讨论一个结果不可避免的案例时得出的结论。可以看出,主张“假定

---

〔1〕 Vgl. Samson, *Hypothetische Kausalverläuf im Strafrecht*, 1972, 98f. 为了使争议最小化、使讨论更有共识前提,这里将该案例设定为过失犯。

〔2〕 Roxin, *Strafrecht AT*, 2006, § 11, Rn. 61. 支持这一观点的国内学者,参见陈兴良:《从归因到归责:客观归责理论研究》,载《法学研究》2006年第2期;于改之、吴玉萍:《刑法中的客观归责理论》,载《法律科学》2007年第3期。

因果关系有时也影响归责”的学者,虽然还是处在假定因果关系的名义和范围内,但在实质上却有意或无意地把该问题当成一个结果避免可能性的问题去思考。由于这种错位,就会将在结果不可避免时应该排除归责的结论,错误地安在了假定因果关系之上,从而破坏了“假定的因果关系不影响归责”这样一个不允许存在例外的基本原则,而不得不使用一个所谓“修正”的说法。

在笔者看来,认为B死于左右轨道无差别的观点应该被拒绝,因为二者的法律意义并不相同,就此而言,案例3的确是一个假定因果关系的案例,但是也正因为具体死亡结果的差异,才不会因为抽象的死亡结果的相同而排除对A的归责。那么,对左右轨道进行区别的法律意义何在呢?事实上,若B死于右轨道,这仅仅是一个自然的因果关系,是天灾而非人祸,与A毫无干系而只是B命运的“不幸”。相反,若B死于左轨道,则已经脱离了命运的安排,成为A有意识行为的产物,这就是人祸而非天灾,已经不再是“不幸”,而是关系到A的“不法”。讨论B之死,不能完全无视A的介入,如果孤立地看待死于左轨道或右轨道这一表面现象,进而得出二者没有差异的结论,那就是将不幸与不法等同起来,是将一个不幸的结果与一个不法的结果在“死亡”的抽象层面上等同起来。因此,人们不应该被所谓“左右轨道”的表象迷惑,而应该洞察到,A通过改变轨道的方式,导致了B的死亡,这与A通过枪杀等其他任何杀人方式导致B的死亡是一样的。如果人们承认,若没有A的枪杀,B也会在右轨道上死于撞崖这一点,仅仅是一个假定的因果关系,根本不应该影响到对A的归责;那么人们就应该同样承认,若没有A的扳道,B也会在右轨道上死于撞崖,同样是一个不影响归责的假定因果关系。

2. 将结果避免可能性问题误作假定因果关系来思考

案例4:A妨碍了C向落水者B投掷救生圈,B后被海水冲走。事后查明,鉴于C和B之间的距离,以及海浪急流冲击等情况,不排除即使 A 没有妨碍 C 的投掷，B 也可能抓不到救生圈而被淹死。

在案例 4 中，依照多数见解，由于即使没有 A 的妨碍，B 抓不到救生圈而死的结果仍然有可能发生，因此按照罪疑惟轻原则，认定结果不是由 A 造成，排除对其归责（具体讨论会在下文展开）。对此，我国台湾地区学者林钰雄批评道，"只有实际发生的事实部分，才适用罪疑惟轻原则。例如，到底案发当时 B 与 C 的距离多远，这是已经实际发生的事情，若最后不明时应对被告为有利的认定。反之，与假设性的事件流程结合的部分，不明时不得径对被告为有利的认定。例如，假设 A 未阻止 C 的话，B 有无能力在巨浪滔滔之际抓到救生圈，这不是实际发生的事，也不适用罪疑惟轻原则"。〔1〕

但是，这个批评明显是将结果避免可能性的问题误作假定因果关系。前文已经说明，假定因果关系不影响归责，是指在实际的因果关系事实清楚的场合，不能根据一个假定的因果关系来排除之前已经事实清楚、确凿无疑的实际因果关系。相反，在结果避免可能性的场合，运用"合义务的替代行为"的思考方法，是为了检验在实际因果关系中，义务违反与结果发生之间的关联性这一尚不清楚而有待查明的问题。在案例 4 中，"假设 A 未阻止 C 的话，B 有无能力在巨浪滔滔之际抓到救生圈"并不是一个假定的因果关系，而是在运用一种"合义务的替代行为"的思考方法。罪疑惟轻的对象并不是所谓"A 未阻止 C"的假设行为，而就是已经实际发生的事实——即 A 的行为与 B 的死亡结果之间的关联性。至于"假设 A 未阻止 C 的话，B 有无能力在巨浪滔滔之际抓到救生圈"，在这里仅仅是一种帮助查明事实的方法；对行为人排除归责的结论，并不是根据这一方法得出的，而是根据在这种思考方法的辅助下，仍然无法确证和查清的客观事实得出的。

---

〔1〕 林钰雄：《新刑法总则》（第 5 版），台北，元照出版公司 2016 年版，第 175 页。

四、结果存在避免可能性时的归责问题

前文提到，结果不可避免时排除对行为人的归责，是理论上普遍支持的通说，这里不再赘述。相反，当遵守义务时结果仍然很可能发生时，能否对行为人归责，理论上却充满了争议。接下来对此详细展开讨论。

（一）通说观点：结果避免的可能性难以确定时排除归责（可避免性理论）

按照刑法理论上的多数意见，如果在案件中能够有具体的证据表明，即使在行为人遵守义务的情况下，结果也很有可能出现，或者说，结果可能也难以避免，那么，这个结果就不能归责于行为人。简言之，当在具体案件中即使实施合义务的替代行为，也无法保证一定会避免结果出现时，就应该排除对行为人归责。[1] 这种从结果是否可以避免的角度来考虑问题的观点，可以简称为“可避免性理论”。可避免性理论的立论根据主要在于，按照罪疑惟轻原则，应该排除义务违反与结果发生之间的关联性。换言之，结果必须直接源自注意义务的违反。如果行为人切实尽到注意义务，结果就有极大的可能性和极高的概率不会发生时，或者说，结果确定可以避免时，那么，就可以认为这个结果与义务违反之间存在关联性，就可以依此追究行为人的责任；相反，如果遵守义务时也仅存某种可能性，结果既可能发生，也可能避免，那么就难以证实结果与义务违反之间的必然联系。这种义务违反与结果之间的内在关联，或者说，当遵守义务时结果避免的确定性，是在过失犯罪的场合要求行为人

---

〔1〕 这也是德国司法实务界的判决见解，也是德国、日本、韩国刑法学界占据通说地位的观点。持这种观点的德国学者，包括 Baumann、Bockelmann、Ebert、Freund、Frisch、Gropp、Krey、Samson、Sternberg－Lieben、Wessels、Welzel 等；韩国学者包括李在祥、金日秀、徐辅鹤等。

负责的基本前提。当这一点无法证实时(结果在遵守义务时既有可能发生,也有可能避免),应该按照罪疑惟轻(或存疑有利被告)的基本原则,做有利于行为人的假设。简言之,存在不确定性的疑问时,义务违反与结果之间的关联性应该视为欠缺。下面是一个在讨论该问题时经常被举到的经典案例:

案例5:卡车司机A在从骑车人B左边超车时没有保持法定的安全距离,B在向左边转向时摔倒被轧死在A的车轮下。事后发现,由于当时B已经大醉,即使A保持安全距离超车,本应向右边转向的B,也有很大的可能仍向左转而轧死在A的车轮下。[1]

根据可避免性理论,在该案例中,由于B已经陷入酩酊状态,即使A保持安全车距,仍然存在B倒向左边而被A轧死的可能性,因此应该排除对A的归责。

(二)反对意见:行为提高风险时不影响归责(风险提高理论)

与通说相反,一些学者认为,结果在遵守义务时也很可能出现,这一点并不影响对违反义务者的归责。这种看法很早就在德国刑法学说史上出现了。[2] 早期的论证主要是从因果关系的角度展开,认为一个因为违反义务而引起结果的人应该对该结果负责,这与在遵守义务的情况下,该结果也有可能难以避免并无关系。基于因果关系的论证主要有以下两点理由:(1)坚守条件说的立场。能否将结果归责于行为人,只能是以一个已经出现的违反义务的行为作为判断对象,考虑当其不存在时,结果是否仍会发生。相反,把一个在现实中根本未曾出现的、履行义务的行为作为替代品和对比物来推测思考,是不合适也不可行的。从方法论上,这脱离了传统的“不可想象其不存在”的因果关系思考方式,因而是难

---

〔1〕 *BGHSt* 11,1.

〔2〕 Vgl. Eb. Schmidt, *Der Arzt im Strafrecht*, 1939, 200f.

以接受的。(2)行为并没有失去可谴责性。一个违反义务而造成结果的行为,并不会因为“一个遵守义务的行为也可能造成结果”这一点而失去可谴责性,相反,可谴责性正是考虑到,如果遵守义务的话,结果很可能不出现。这种对法益侵害存在不确定性的机会是不可利用的,也正是这一点构成了行为的可谴责性。[1] 上述从因果关系出发考虑问题的思路,存在明显的缺陷:(1)一个行为虽然违反谨慎义务,但是并没有以任何方式升高法益受损的风险,甚至在某种特别的情况下降低了风险,但是也会受到处罚,这显然是不妥当的。(2)可谴责性的概念属于罪责问题,使用它来讨论因果关系,混淆了不法和罪责的关系。因此,随着客观归责理论的建立和风行,上述理由很快被放弃了。

但是,这种论点本身,却被一些学者坚持下来,以“风险提高”的论证方式重新支撑。具言之,在违反义务的行为提高了法益受侵害的风险,明显地超出容许风险边界的情况下,即使该结果在遵守义务时也很有可能出现,也不能排除对行为人的归责。这就是近年来在客观归责领域最引人注目也最有争议的所谓“风险提高理论”。[2] 风险提高理论的立论根据主要在于,注意义务本身应

---

〔1〕 Vgl. Binavince, *Die vier Momente der Fahrlaessigkeitsdelikte*, 1969, 220f.; Maurach/Goessel/Zipf, *Strafrecht AT*, 1989, § 43, Rn. 104f.

〔2〕 明确主张“风险提高”理论的德语区学者中,以 Roxin 为领军人物,包括 Burgstaller、Jescheck、Weigend、Kahlo、Kienapfel、Köehler、Otto、Rudolphi、Schaffstein、Schünemann、Stratenwerth、Volk、Wolff 等。在我国大陆刑法学界,主张客观归责理论也支持风险提高理论的学者,参见陈兴良:《规范刑法学》(上),中国人民大学出版社 2013 年版,第 136 页;反对客观归责理论,但在实质上又采用风险提高标准的,参见周光权:《结果假定发生与过失犯——履行注意义务损害仍可能发生时的归责》,载《法学研究》2005 年第 2 期。日本刑法学界主张客观归责理论的学者很少,包括山中敬一、振津隆行等。风险提高理论在韩国刑法学界也遭到了普遍的批判。参见[韩]李在祥:《韩国刑法总论》,[韩]韩相敦译,中国人民大学出版社 2005 年版,第 136 页。在我国台湾地区,支持风险提高理论的学者包括林东茂、许玉秀、林钰雄等,批评者有黄荣坚等。

该是恒定的要求，从被害人的视角出发，应该对法益予以全面性的（包括提高侵害风险）保护。

风险提高理论的主要理由可归纳为两点。第一，注意义务的要求不应该受到结果发生概率的影响。在某些场合，即使人们已经非常小心，也难以保证就一定会避免危险；但是，这并不会影响对人们谨慎行事的要求，法律秩序确定的注意义务，仍然应得到遵守。而通说并没有清楚地说明，为什么一个蕴含着不被允许风险的行为，仅仅因为结果在另一个秩序允许的行为中实现就丧失可罚性。第二，法律不应该使被害人的法益在有可能得到保护的情况下被放弃。在案例5中，尽管一种正确的驾驶行为不一定能避免事故，但是的确有可能拯救骑车人的生命，“由于不遵守保持法定距离的义务而超过了许可的风险，从而以在法律上有重大意义的方式，提高了一种致命性事故的风险”；[1] 反之，“认为车祸终究难免，所以不可归咎交通违规行为，等于忽视遵守交通规则的作用，忽略了被害人可能因此出现较多的生机”。[2] 风险提高论者认为，这种对蕴含不容许风险的行为的纵容，只是带来完全多余的、不必要的个人自由，代价却是牺牲了有效的法益保护。根据风险提高理论，在案例5中，行为人A缩短了法定的车距，超越了允许风险的范围，提高了B死亡的风险，因此应将结果归责于A。

（三）本书看法：支持可避免性理论，反对风险提高理论

本书认为，强调义务违反与具体结果之间的内在关联性是有必要的，罪疑惟轻原则应该得到坚守，法定的实害犯也不能被置换成危险犯，就此而言，可避免性理论更有道理，风险提高理论则

---

〔1〕 Roxin, *Strafrecht AT*, 2006, § 11, Rn. 88.

〔2〕 林东茂：《刑法综览》，台北，一品文化出版社2007年版，第95页。

存在疑问。在已经归纳双方主要理由的基础上，就争议的焦点问题，本书进一步详细展开讨论：

1. 义务违反与结果之间的关联性：能否切断？

注意义务当然应该得到遵守，但是风险提高理论仅仅强调这一点并不能得出什么有益的结论。因为在实际生活中，注意义务被违反的时刻很多，但并不是违反义务就一定会被追究责任，往往只有在结果出现的时候，人们才会去审查注意义务。因此，尤其在过失犯中，离开结果奢谈义务，并无实益。过分强调规范义务的遵守，就会忽略，在各国刑法典中，尽管存在少数行为犯的规定，但是绝大多数犯罪都是以结果侵害的发生作为构成要件要素的结果犯。换言之，"整个刑法对于行为的归责标准并非完全建立在行为规范的违反上，而是在基本上还是要斟酌行为在具体事实上所发生的作用如何"。[1]

更重要的是，即使违反了义务，且有结果出现，也不能直接归责于义务违反人。因为关键的审查是，义务违反与具体结果之间是否有内在关联。这种关联性的意思是，只要人们遵守注意义务，就确定不会引起结果，而只要人们违反义务，这种结果就很可能出现。之所以强调这一点，是由惩罚过失犯的规范目的所决定的，刑法要求人们遵守注意义务去避免结果的出现，这种规范性命令的真正意义在于，人们应该努力避免那些可以避免、能够回避的事情；而不是说，去避免那些不可避免、无法回避的事情。如果遵守义务也不一定能避免结果，违反义务也不一定能造成结果，这就说明义务要求是无效的，规范本身已经不能表现出防止结果发生的品质，此时，法律再以一个无效的规范去要求人们行事，显然就丧失了正当性。离开了结果避免可能性，独立地要求遵守义务就成了一种"绝对命令"。因此，义务违反与结果出现之间的关联性

---

〔1〕 黄荣坚：《刑罚的极限》，台北，元照出版公司2000年版，第165页。

必须得到验证；验证的方式，就是证明在遵守义务时，结果必然可以避免；如果这种关联性不存在，即使有结果出现，也不能将之归咎于义务的违反。相反，风险提高理论以一种"将实害犯更改成危险犯"的方式，切断了这种义务违反与结果之间的关联性。按照风险提高理论，只要能证明违反义务导致风险升高，就可以对结果归责。但是，这样一来，"法律实质上并不是在惩罚一个对法益有侵害的行为，而是在惩罚一个对法益有侵害危险的行为"。[1] 而对危险行为的惩罚，只有在危险犯的构成要件下才具有合理性，并不能被任意扩展到实害犯的场合。

案例6：外科医生A因为擅离岗位，接听长途电话，而推迟将癌症患者B送上手术台做手术，B最终死亡。但是，即使B被及时手术仍然可能性命不保。

对此，有学者按照"具体危险明显提高"的标准，认为只要A的行为提高了B可能死亡的风险，就应该对A进行归责。[2] 然而，刑法意义上的归责，并不是泛泛的道德评价，而是必须具体到哪一个构成要件的归责。换言之，归责是归责于构成要件；没有对应的构成要件，就无所谓归责问题。但是，在现行刑法体制下，对医生行为的惩罚，从未以具体危险犯的立法方式出现，而是以实害犯的形式规定在第335条医疗事故罪中。该条规定，医务人员由于严重不负责任，造成就诊人死亡或者严重损害就诊人身体健康的，处3年以下有期徒刑或者拘役。如果仅仅由于"提高了死亡风险"就对A归责的话，那就是相当于把构成要件中的"造成

---

〔1〕 Baumann/Weber/Mitsch/Eisele, *Strafrecht AT*, 2016, § 10, Rn. 90.

〔2〕 周光权：《结果假定发生与过失犯——履行注意义务损害仍可能发生时的归责》，载《法学研究》2005年第2期。对这个案例需要澄清的是，所谓"被及时手术仍然可能性命不保"，如果指的是患者在手术成功后仍然因癌症而死，那就是一个假定因果关系的问题；如果指的是即使及时手术仍然无法取得手术成功，那才是这里需要讨论的问题。

死亡或身体损害”置换成“造成死亡或身体损害的风险”了。[1]这种对构成要件基本要素的篡改,是以一种与实定法相抵触的方式将实害犯的性质变更成危险犯,显然是不能允许的。[2]

针对“将实害犯置换成危险犯”的批评,风险提高论者的回应闪烁其词。例如,罗克辛反驳说,实害总是要通过风险行为来实现的,回避风险行为也就是在预防实害,“而且,在合义务的替代行为的案件中,一种被提高的风险就已经落实在一种构成要件的结果中了”。[3] 这个反驳的意图很明显,罗克辛试图强调,他并没有离开结果只谈回避风险的义务,而是对二者并重,是在谈一个由于违反义务而落在结果之中的风险。但是,可避免性理论已经通过“合义务替代行为”这样的思考方法,通过遵守义务在允许风险范围内行事时结果也可能出现的对比,令人信服地证明了,违反义务的风险提高与结果出现之间,很可能并不必然具有所要求的那种内在关联。当这样一个被精确提炼出的问题摆在眼前的时候,风险提高论者就必须针对这一点进行回应,即为什么这种内在关联性是不重要的,才能将人们关心的重点转移到风险提高上来。但是罗克辛和其他风险提高论者并没有这样做,反而给人们一种印象,似

---

〔1〕 在国外,相关问题会考虑的构成要件是过失致人死亡罪,也同样是实害犯。

〔2〕 德国联邦最高法院认为,当无法确定患者是否会在一项合乎规范的手术中活得更久时,对于违反规范的医生而言,只能宣布无罪(*BGH StrV* 1994,425)。不过,医疗问题比较特殊,对医生的谨慎注意义务的确应该有最严格的要求,用可避免性理论直接排除对医生的归责的确有点疑问,这也是被风险提高论者重点攻击之处。最近,有学者提出根据被害人同意理论来解决问题的思路,即对于患者来说,之所以会同意接受手术治疗,当然前提是医生会谨慎认真地遵守义务规范;如果医生做不到这一点,患者就不会给出同意。Vgl. Arzt, Über die subjektive Seite der objektiven Zurechnung, *Gedächtnisschrift für Schlüchter*, 2002, 168. 我认为,在坚持可避免性理论的前提下,在医疗案件的特殊场合,用同意欠缺的理由对医生归责,是一个妥当的补充性方案。

〔3〕 Roxin, *Strafrecht AT*, 2006, § 11. Rn. 93.

乎风险提高理论已经圆满地回答了关于义务违反关联性的质疑。然而实际情况并非如此。

由此,风险提高论者面临着两难困境:一方面,如果对义务违反与结果之间的关联性采取无视的态度,仅仅强调义务违反和风险提高而漠视结果,就会陷入“将实害犯置换成危险犯”、“将禁止风险提高作为一种绝对命令来要求”[1]的批评之中;另一方面,若想摆脱这种批评,表明重视结果的姿态,又面临着“一个与义务违反缺乏必然关联性的结果,为什么能归责于义务违反人”这样的质疑,进而势必不由自主地被逼退到可避免性理论的阵营中。于是,风险提高论者就在两面火力的夹攻之下,处于左右撞墙的状况。罗克辛的反驳,其实就清楚地表现出这一点,他的阐述,并没有从逻辑上而仅仅是在语言表述上不停地将“风险提高”与“结果出现”联结起来。例如,“如果行为人超越了允许的风险,并且出现了禁止的风险所作用的结果,那么,这个结果作为一种禁止风险的实现,就是可以归责的”[2]等,似乎这样就表明了风险提高与结果之间的关联,然而当“合义务的替代行为”已经在逻辑上证明这种关联性是不确定的时候,修辞上的掩饰就显得苍白了。这大概只能证明,对风险提高论者来说,义务违反关联性的质疑的确是难以反驳的。

2. 罪疑惟轻:所疑之“事”究竟为何?

可避免性理论认为,风险提高理论明确地违反了罪疑惟轻原则。义务违反与结果发生之间究竟有无必然联系,当这个问题保持在不明状态时对行为人归责,明显是有违罪疑惟轻原则的。[3]

针对这个批评,风险提高论者主要有两个反驳。一个反驳是,不应该把整个风险切割成允许和不允许两个部分,然后单独对超

---

〔1〕 Koriath, *Grundlagen strafrechtlicher Zurechnung*, 1994, S. 493.

〔2〕 只要仔细观察他在阐释“风险提高理论”和应对论敌时的反驳,就可以看清这一点。Vgl. Roxin, *Strafrecht AT*, 2006, § 11, Rn. 88ff.

〔3〕 Wessels/Beulke/Satzger, *Strafrecht AT*, 2016, Rn. 297.

出允许界限的不允许的部分进行因果性证明。[1] 但是,这仅仅是用另外一种表达方式拆解反对意见,转移争论焦点而已,并没有从根本上回应关于违反罪疑惟轻原则的质疑。因为所谓两个部分的风险,并不是人为的切割,而是在将违反义务的行为人与遵守义务的行为人(在允许的风险范围之内行事)进行对比时,自然涌现出来的效果。纠缠于此并没有多大意义。因为,无论是切割风险,还是从整体上去考察风险,都无法澄清这个疑点:该结果是否就是该风险的实现?在遵守义务也可能出现结果的情况下,这个风险(无论是升高后的整体风险,还是仅仅升高部分的风险)与结果之间的关联性,是无法被确凿证实的;而在这种情况下仍然坚持归责,那就是违反了罪疑惟轻原则。另一个反驳是,风险提高理论并没有违反罪疑惟轻原则,而是对这一原则的适用范围有不同看法。例如,耶赛克认为,"如果对违反注意义务的行为是否导致危险显著增加仍有疑问的,始可适用罪疑惟轻原则。"[2] 由此可见,双方能够形成共识之处是,在结果不确定发生这样的案件中,的确会有罪疑惟轻的问题;双方的争议点在于,适用罪疑惟轻原则时,所"疑"之事究竟为何?

这里再以案例5(卡车司机案)加以说明。一些风险提高理论的支持者认为,"卡车超车时与脚踏车的距离多少,这是实际发生的事情,理论上适用罪疑惟轻原则,但因该案超车距离经鉴定后确定为75公分,没有最后无法判明的罪疑惟轻问题。反之,假设L保持安全距离的话,R是否仍会因酒精浓度影响而左倾轮下亡命,这是并未实际发生的假设性事件流程,在不明时不应径为对被告有利的认定。"[3] 总之,按照风险提高理论的反批评,可避免性理

---

〔1〕 Vgl. Gropp, Strafrecht AT, 4. Aufl., 2015, §12, Rn. 88; Schönke/Schröder/Sternberg-Lieben, *Strafgesetzbuch*, 2014, §15, Rn. 179.

〔2〕 [德]汉斯·海因里希·耶赛克、[德]托马斯·魏根特:《德国刑法教科书》(下),徐久生译,中国法制出版社2017年版,第787页。

〔3〕 林钰雄:《新刑法总则》(第5版),台北,元照出版公司2016年版,第175~176页。

论去考虑结果是否会在遵守义务时发生,这不仅不是在适用"罪疑惟轻"原则,反而违背了"假定的因果关系不影响归责"的原则。

但是,在我看来,这种反批评才真正是搞错了问题的对象。一方面,正如笔者前面已经阐明的,假定因果关系不同于"合义务的替代行为"。"合义务的替代行为"尽管在外形上近似于假定的因果关系,但是并不是像后者那样去否定一个义务关联性已经清楚无疑的因果关系,而是要去检验一个义务关联性尚不明朗的因果关系。在案例5中,运用"合义务的替代行为"的思考方法,是为了检验在实际因果关系中,A的义务违反与结果发生之间的关联性这一尚不清楚而有待查明的问题。在这里,换言之,"合义务的替代行为"在这里仅仅是一种帮助思考归责问题的手段,对A排除归责的结论,并不是根据它得出的,而是根据在这种思考手段的辅助下,仍然无法查清的基本事实得出的。另一方面,就罪疑惟轻所疑之"事"究竟为何而言,上述反批评也有"把水搅浑"之嫌。这里不妨先来看一个双方都没有争议的经典案例,以此作为对比,或将有助于问题的澄清。

案例7:A和C都不约而同地向B开枪,B被一颗子弹击中头部而死,另有一颗子弹击中他的胳膊,但是无法查明的是,A和C两人,谁发射了那颗击中头部的子弹,谁发射了那颗击中胳膊的子弹。

在这个案例中,刑法理论都普遍承认,依照罪疑惟轻原则,得出A和C都是故意杀人未遂的结论。[1] 此案例中没有争议的基

---

〔1〕 这个案例的基本雏形出自考夫曼,后来作为说明罪疑惟轻原则的一个经典案例被各种教科书广泛引用和改编。Wessels/Beulke/Satzger, *Strafrecht AT*, 2016, Rn. 238. 原来的案例是,猎人A和猎人C不约而同地向护林人B开枪。其中一颗子弹击中了B的头部,另一颗子弹击中了B的心脏。每一枪都是立即致命的。然而无法证明的是,哪一枪先击中B,哪一枪是在B已经被前一枪打死后才击中了B。因此根据罪疑惟轻原则,应对A和C做有利的认定,都只能判处故意杀人未遂。这个案例从不同角度修改,都能用来说明罪疑惟轻原则。笔者所采用的变种的案例,同样要依照罪疑惟轻原则,得出A和C都是故意杀人未遂的结论。

本事实是,B 死于击中头部的那颗子弹,但是无法查明的核心事实是,究竟是哪一个行为人引起了这个基本事实。而只有这个与行为人有排他性联结关系的核心事实,才是定罪的关键,因为刑法要惩罚不是一个孤立的事实,而是引起这个事实的人。再反过头来看案例 5。B 被轧死在车轮之下,这仅仅是一个现象,除了能够说明轧死 B 的车轮属于 A 之外,并不能直接提供出更多的东西。例如,若 B 有意钻到 A 的车轮下自杀,就显然不能要求 A 对此负责。因此,B 死于 A 的车轮之下,就如同上个案例中 B 死于击中头部的子弹一样,都不是这里需要查明的核心事实。这里的核心事实是,B 被轧死在车轮下这个事实,究竟是由 A 不遵守义务所引起的,还是由 B 自己醉酒所引起的?接下来就要分成两步:(1)如果这个核心事实被查明,确实是由 B 自己醉酒引起的话,也就是说,如果无论 A 遵守义务保持安全车距,还是违反义务缩短了车距,对 B 而言都无影响,他都会在醉酒的状态下直接倒向左侧的车轮的话,对 A 而言,轧死 B 就是不可避免的事情,那么当然就要直接根据前面提到的“义务违反关联性”的原理,直接排除对 A 的归责,B 只能自负其责。(2)当这个核心事实无法查明,只能根据“合义务的替代行为”得出结论说,在 A 遵守义务时,处于酩酊状态的 B 也很有可能向左侧摔倒在车轮下的时候,就会面临两种选择:要么对核心事实做有利于被告的认定,即将 B 的摔倒归责于 B 的醉酒;要么对核心事实做不利于被告的认定,即将 B 的摔倒归责于 A 的缩短车距。此时,若承认罪疑惟轻原则,就会做出对 A 有利的认定,排除对 A 的归责。

综上,罪疑惟轻所疑之“事”,其实是在实际因果关系中,A 的违反义务与结果出现之间的关联性。与此相对,批评可避免性理论对“假设 A 未阻止 C 的话,B 有无能力在巨浪滔滔之际抓到救生圈”以及“假设 A 保持安全距离的话,B 是否仍会因酒精浓度影响而左倾于轮下亡命”之类的事实误用罪疑惟轻原则,根本是犯了一种对假设的靶子开火的“稻草人谬误”。只要正确理解可避免性理论,就会了解,这里并没有主张对上述假定事实运用罪疑惟轻原则,这些假定事实并不是罪疑惟轻所疑之事,而是作为一种对比性的思考手段,让罪疑惟轻所疑之事,也就是在实际的因果关系中的义务违反与结果的关联性,更加清楚地表现出来。

3. 对风险提高判断标准及其实践意义的质疑

主张风险提高理论的学者,常常以事后检验作为风险提高的检验标准,并以此作为一种为风险提高理论辩护的理由。例如,周光权教授认为,“对危险是否明显增加,应进行事后判断……如果根据事前已存在的规则和事后所获知的证据材料判断,降低结果危险的禁止规定应该是在很大程度上有用的,则行为人就应该被归责。在这种规范论的观察方法之下,自然科学的、统计学的比较结论也可以作为参考”。[1]

但是,这种检验本身及其辩护力都是靠不住的。例如,在医疗案件的场合(案例6),按照风险提高理论,几乎就不可能有任何能够保证精确、安全的手术实施。因为对于重大的过失,义务违反与结果之间的关联性是显而易见的,并不需要争论;而对于其他轻微的过失,在离开结果单独考虑时,判断其是否提高了风险,具有很大的任意性。这种事后判断很难站在一个“中立的、客观的立场”,因为“人们太容易倾向于,从结果的实现反推到风险提高的结论上去”。[2] 这样一来,结果与风险,就成了两个虽然在事实上难以证明其关联,但在印象上又能互相支持的东西,所谓风险提高的判断就此沦为一个循环论证的感觉游戏。

再如,针对学界一直争议不休的案例5(卡车司机案),许内曼

---

〔1〕 周光权:《结果假定发生与过失犯——履行注意义务损害仍可能发生时的归责》,载《法学研究》2005年第2期。关于风险提高的判断标准更详细的阐述,参见 Vgl. Roxin, *Strafrecht AT*, 2006, § 11, Rn. 94。

〔2〕 Koriath, *Grundlagen strafrechtlicher Zurechnung*, 1994, S. 492.

提出,"必须事后检验事前所违反的注意义务,依照目前所知道的情况,是否在刑事政策上也能被视为预防结果发生的有效方法。毫无疑问的,这些规范在刑事政策上也是有意义的,这些规范虽然不能百分之百地排除结果的发生,但是已经减轻发生的概率……因此,用罪疑惟轻来批评风险提高理论是错误的:在检验注意规范是否在事前的观察看起来也是有意义的时候,正好是在问由于事件流程有无法弄清楚的细节而应该透过注意规范来准备一种安全带。"〔1〕

但是,在我看来,这种辩护不过是在对几组都是正确的观念进行组合嫁接之后得出的错误结论,尽管它很具有迷惑性。一方面,注意规范在刑事政策上应当有效是对的,但是在个别案例中因为适用罪疑惟轻原则而否认归责并不会影响到规范的一般性效力。〔2〕大多数的场合下,由于驾车者未保持安全距离超车而剐撞到骑车者的因果关系是清楚的,对此,"必须保持安全距离"恰好是行之有效的规范;至于在个别案例中,难以查清醉酒的骑车者倒在车轮下与驾驶者违规驾车是否有关,这根本不会影响到"必须保持安全距离"的一般预防效果,因为没有一个驾驶者会存在侥幸心理,期望自己正好撞到的是一个醉酒的骑车者,可以利用罪疑惟轻原则来躲避处罚,从而就放心大胆地逾越安全距离的边界。另一方面,"在事件流程有无法弄清楚的细节时而应该透过注意规范来准备一种安全带",这种说法最多只适用于危险犯的立法根据,但是对于要求结果的实害犯而言,这种说法就是在彻底地否认罪疑惟轻原则了。

---

〔1〕［德］许内曼:《论客观归责》,陈志辉译,载《刑事法杂志》1998 年第 6 期。

〔2〕正如在那个著名的案例 7 中,由于查不清楚谁发射的致命一枪,若两个开枪者都是出于故意,只能都认定为杀人未遂;如果开枪者都是出于过失,只能都认定为无罪。这些根据罪疑惟轻得出的被普遍认同的结论,并不会反过来证明禁止杀人的规范是无效的。

此外，基于实践中的重要意义，前文已在理论上阐述过的一点有必要重申。那就是必须尊重我国刑法典现行规定，不能脱离法律条文现状，将刑法本来没有规定“足以发生危险”而是规定必须“导致出现……结果”才能惩罚的实害犯，依照个人的理论偏好或受国外立法影响，置换成只要“足以发生危险或者明显提高危险”就可以惩罚的具体危险犯。

例如，在各种交通事故发生的现场，义务违反与结果发生之间的关联性是关键问题。一方面，在实践中，各种危险驾驶和不谨慎驾驶的行为，从风险提高理论的角度去评价，大多是提高了风险。例如，疲劳驾驶、超速驾驶、占路驾驶、违章停车、驾驶时接打手机或查看信息等，如果这些行为毫无危险的话，交通管理法规就不会将其列入禁止之列。另一方面，从我国刑法典的条文规定来看，交通领域的刑事不法，仅仅限制在实害犯的场合。不同于有些国家和地区将违规驾驶的行为本身单独设为犯罪，[1]我国刑法只在第133条规定了与违规驾驶有关的交通肇事罪，且明确说明，只有在致人伤亡或重大财产损失时，才成立该罪。[2] 实践中，一些交通事故的出现，往往是行为人和被害人共同作用的结果。在行为人一边，可能有疲劳驾驶、超载驾驶甚至酒后驾驶等违反义务的情况，而在被害人一方，可能也有闯红灯、穿入高速公路等突发性的违规行为甚至是疾病突发的情况。这时候，需要考虑的是，在司机遵守

---

〔1〕 如德国《刑法》第316条规定，行为人酒后或处于醉酒状态而驾车上路的，处1年以下自由刑或者罚金。我国台湾地区“刑法”第185条之3也有类似规定。

〔2〕 按照最高人民法院发布的《关于审理交通肇事刑事案件具体应用法律若干问题的解释》中，一般情况下，至少有1人死亡或3人重伤，才能成立该罪；而当有酒后驾驶、无证驾驶、超载驾驶等可能导致危险升高的行为时，重伤1人即可成立。这表明该《解释》认为，一些导致危险提高的行为可以在一定程度上折抵结果；但是这反过来也说明，无论如何，该《解释》还不敢篡改立法，认为只要有这些提高危险的行为，即使没有任何人伤亡的结果，也能成立该罪。

规则、履行注意义务的情况下,该事故是否可能避免?如果仅仅考虑行为人一方的义务违反提高了事故发生的风险,就将结果归责,这就混淆了刑事责任与行政责任的区别,造成刑事责任的扩大化。

案例8:在不足10米宽的混行道路上,B骑自行车在冰雪路面上骑车不稳,在向左歪倒的过程中,被A所驾驶的机动车挂倒碾轧致死。经查明:A驶入自行车道15厘米(该道路未划分机动车和非机动车分道线,按照交通法规的规定,距路边1.5米的范围应为非机动车的行驶区域)。[1]

案例8几乎就是案例5的翻版。但值得注意的是,在《刑法学的现代展开》一书中,周光权教授针对该案例的分析似乎又采取了与《结果》一文相异的立场。作者认为,"交通行政管理上的责任,和刑法上所讲的责任不是同一层次的概念……行为人超载行驶、无证驾驶、驾驶报废车辆或者未年检的车辆上路正常行驶,但由于被害人快速横穿马路或者骑自行车逆行,导致交通事故发生的,交通管理部门肯定会认定机动车驾驶者违反交通运输管理法规,负有责任,但司法机关不能据此认定行为人构成交通肇事罪,因为机动车驾驶者违反道路交通管理法规的行为,与危害结果的发生之间,没有刑法上所讲的因果关系"。[2] 因此,在案例8的场合,"机动车驶入自行车道15厘米,乙的行为从行政管理上看,违反了交通运输管理法规。但是,从刑法上看,即使乙有过错,也并不必然导致被害人死亡,由于特殊的环境,以及事件的发生过于突然,属于乙无法预见也无法避免的情况,应该按照不可抗力进行处理。"[3]不过,既然是"并非必然导致被害人死亡",那就是说明也

---

〔1〕 该案例引自王立:《交通肇事罪研究》,载陈兴良主编:《刑事法判解》(第7卷),法律出版社2004年版,第3页。

〔2〕 陈兴良、周光权:《刑法学的现代展开》(Ⅰ)(第2版),中国人民大学出版社2015年版,第380页。

〔3〕 陈兴良、周光权:《刑法学的现代展开》(Ⅰ)(第2版),中国人民大学出版社2015年版,第381页。

存在导致死亡的可能性，因此不是一个“结果不可避免”的情况，而是属于“遵守义务时结果也可能发生”的状况；按照风险提高理论的看法，违规驶入自行车道15厘米，也绝不同于普通的无证驾驶，而是已经实质上提高了剐撞到自行车的风险。但是，作者的论述明显没有采用风险提高理论，而实际上在运用一种可避免性理论的思路了。

（四）结论

对违反义务的行为人应如何归责，涉及结果避免可能性的问题，笔者的结论和根据如下：(1)如果行为人遵守义务结果也不可避免时，应排除行为人的过失责任，理由是不具备义务违反与结果之间的关联性。(2)如果行为人遵守义务结果也有可能发生时，由于义务违反与结果之间的关联性是否存在无法确定，此时应根据罪疑惟轻原则对行为人做有利的认定，即认为关联性不存在，从而排除对其归责。

五、小结：客观归责的方法论意义

本章对假定因果关系和结果避免可能性问题的讨论，是在客观归责的理论背景下进行的。近年来，经过一些学者的不懈努力，客观归责理论的影响力在国内刑法学界逐渐扩张。[1] 同时，反对的声音也不在少数。例如，周光权教授认为：“即使没有客观归责理论，似乎并不妨害我们对于因果关系是否存在进行判断；只要实

---

〔1〕 这方面的论文，如陈兴良：《从归因到归责：客观归责理论研究》，载《法学研究》2006年第2期；于改之、吴玉萍：《刑法中的客观归责理论》，载《法律科学》2007年第3期；倪培兴：《解读客观归责理论》，载《中国刑事法杂志》2007年第1期；许发民：《风险社会的价值选择与客观归责论》，载《甘肃政法学院学报》2008年第5期。专著方面，如许永安：《客观归责理论研究》，中国人民公安大学出版社2008年版；吴玉梅：《德国刑法中的客观归责研究》，中国人民公安大学出版社2007年版；王扬、丁芝华：《客观归责理论研究》，中国人民公安大学出版社2006年版。

质地理解类型化的实行行为概念，客观归责理论似乎也是不需要的。”[1]在《结果》一文中也有同样的看法，“在确定假定条件下的因果关系确定问题，考虑条件说就基本可行，不需要借助于客观归责理论。在有的时候，根据客观归责理论讨论假定情况下的因果关系，可能得出不正确的结论。”

但是，这样的批评值得商榷。一方面，对于“不正确的结论”而言，客观归责理论有时候可能蒙受了“不白之冤”，被错误地“归责”。例如，对于前文所举的案例3(左右轨道案)，周光权教授提出，“有的学者认为……在这个例子中……A的行为没有使得B的状况变得更坏，因而对其不能进行客观归责。但是，这种观点并不正确，行为人违反注意义务并导致损害后果时，虽然因果关系中的条件并未被取代，但确实被修正了，没有该行为，结果就不会发生，修正条件的行为应当被视作具体的实行行为，至于行为人是否要被追究过失责任，则是另外要讨论的问题。”[2]的确，正如笔者在前面所分析的，因为混淆了假定因果关系与结果避免可能性问题的区别，所以“不能对A归责”确实是一个“不正确的结论”。但是，这个错误并不能归咎于客观归责理论本身，毋宁说，是由于个别的客观归责论者将案例3归纳错位。假定因果关系与结果避免可能性是客观归责理论的两个下位规则，如果有学者将个别案例与一般规则的涵摄关系搞错，根本不能证明规则本身有何错误。

---

〔1〕 周光权：《刑法总论》，中国人民大学出版社2007年版，第157页。目前周光权教授对于客观归责理论的态度已然发生转变。周光权教授明确指出“考虑到客观归责论在方法论上的上述优点，本书初步认为：虽然运用相当性说对介入因素影响力的判断标准，司法实务中有关因果关系的疑难问题基本都能够得到解决。但是，有一些难题(如行为具有相当性、通常性但应该允许其存在的场合不能归责；降低法益风险的行为具有相当性但不能归责)，是相当性说无法准确解决的……”参见周光权：《刑法总论》(第3版)，中国人民大学出版社2016年版，第142页。

〔2〕 周光权：《结果假定发生与过失犯——履行注意义务损害仍可能发生时的归责》，载《法学研究》2005年第2期。

客观归责理论与其说是一种单一的理论，毋宁说，是一个包摄众多归责规则的集合体，像一只“有无数触角的巨大章鱼”[1]，或者说，是“一个不断膨胀的超级范畴”[2]。正如许内曼所指出的，“今天许多出现在客观归责这个标签下的想法，出自完全不同的刑法体系支持者。”[3]例如，讨论的结果避免可能性的问题，存在“可避免性理论”与“风险提高理论”两种在思路和结论上都相互对立的观点，但是，支持这两种观点的学者，基本上都是在客观归责的领域之内展开辩论。因此，在这样一个庞大、多元化也因此注定不可能完美的理论阵营面前，将客观归责的标签仅仅贴到某一个学者（即使像 Honig、Engisch、Roxin 这样的开创者和引领者）身上，或者将对个别学者关于某一下位规则的观点的批评，引申为对整个客观归责理论的反对，都是将缺点夸大化，却将问题简单化了。

另一方面，应该清醒地看到，既然在客观归责理论内部，各种下位规则的地位和重要性在支持者之间也存在巨大争议，那么，试图抓住其中任何一点来对客观归责理论进行反驳，都不可能是一种有效和有益的做法。更有建设性的讨论是，跳到客观归责理论之外，将其看作一个思潮，在方法论上进行整体评价。当然，这个任务已经超出了本章的容量，需要另文专门探讨，在此只能以余论的方式简单说明。

1. 客观归责理论提供了一种对构成要件进行实质解释的终极根据，这是条件说或相当因果关系理论无法提供的

批评者认为，“只要实质地理解类型化的实行行为概念，客观归责理论似乎也是不需要的。”问题在于，如何实质地理解类型化的实行行为？对此，罗克辛的回答是，“正是从一种结果的造成中，

---

〔1〕［德］许内曼：《论客观归责》，陈志辉译，载《刑事法杂志》1998年第6期。

〔2〕Frisch, *Tatbestandsmäessiges Verhalten und Zurechnung des Erfolges*, 1988, S. 31.

〔3〕［德］许内曼：《论客观归责》，陈志辉译，载《刑事法杂志》1998年第6期。

得出一个构成要件的行为。”[1]在客观归责理论的框架下，“构成要件行为”不再是一种没有实际意义的形式名称，而是可以用“制造法所不允许的风险”得到实质的内涵。这一定义方法与国内一些学者用“对法益有实质的侵害危险”来定义实行行为相比，多了“法所不允许”的界限，从而正确地传递了限制刑法过度干预公民行动自由的理念。在这个意义上，客观归责理论早已跨越出因果关系的范畴，成为一种实质的构成要件理论。这种功能，是条件说或相当因果关系说无法取代的。

2. 客观归责理论的出现，将构成要件的判断重心与判断起点，从主观部分转移到客观部分，对于我国当下的犯罪论体系变革具有重要的启发意义和推进功能，这同样也是条件说或相当因果关系理论无法实现的

在20世纪30年代自韦尔策尔提出的目的行为论之后，故意进入构成要件阶层，打破了“客观违法性”的传统局面，开启了主观不法与客观不法并重的新纪元。而自从1970年由罗克辛起草蓝图的客观归责理论诞生后，局面又再度被扭转。按照罗克辛的说法，“人的意志针对的如果不是刑法上有意义的客体，则客观构成要件就不符合，之所以否认行为人的故意，正是因为先否认了客观构成要件，因此客观归责理论间接限缩了故意的范围，使得故意犯的重心由主观判断转移到客观判断的部分。”[2]这实际上意味着，在主观不法与客观不法的角力中，借助客观归责理论，客观构成要件的判断被推到了前台，占据了上风。在这个意义上，客观归责理论对当前我国刑法学界正在发生的犯罪论体系更替的巨变，具有推波助澜的重要意义。

本书认为，传统四要件犯罪构成理论在体系上的重大缺陷之

---

〔1〕 Roxin, *Strafrecht AT*, 2006, § 11, Rn. 46.

〔2〕 [德]克劳斯·罗克辛：《客观归责理论》，许玉秀译，载《政大法学评论》1994年5月第50期。

一，在于它并不是一个有内在关联性和位阶性的体系，而是仅仅处于体系形成的初级阶段，主、客观要素任意和平面地罗列，呈现出一种“要素集合”的状态，从而导致逻辑顺序的混乱和整体机能的残损。[1] 因此，要改变这种“平面化”的缺陷，就要着力提倡要素之间的位阶化或者说递进性，特别是“客观判断先于主观判断”[2]。其实，周光权教授也是“客观先于主观”的积极倡导者，其在《犯罪构成理论：关系混淆及其克服》一文中指出，“在中国目前流行的犯罪论体系中，缺乏评价的层次性，主观要件和客观要件同等重要，在平面式结构中看不出哪一个要件需要优先评价，也就无法防止人们先判断主观要件符合性是否存在。这种理论构架的直接后果就是人们在考虑主观要件之后才考虑客观要件，容易将没有法益侵害但行为人主观上有恶性的身体动静认定为犯罪，从而人为扩大未遂犯的成立范围，刑法就可能在某些问题上无可避免地陷入主观主义的陷阱之中。”[3]就这一立场来说，作者似乎本应该善待而不是反对客观归责理论。

当然，客观先于主观的含义，在德国和我国并不完全相同：德国的犯罪论体系基本架构已经完成，在通说认为构成要件阶层既包括客观要素也包括主观要素的前提下，客观归责的意义是，在构成要件阶段，用客观不法限制主观不法；在我国，(新)古典三阶层犯罪论体系的架构还处在铺设期，目前更多的是在强调，一个中立、客观的构成要件阶层应该先于主观化的责任阶层。尽管有这种差别，但是，作为客观归责理论核心思想的“客观先于主观”的方法，对于破除现行四要件理论中要素任意排列、缺乏逻辑顺序的弊端，无异于一场“及时雨”，是一笔重要的理论资源，具有强大的启

[1] 详见本书第三章。

[2] 参见陈兴良：《论犯罪构成要件的位阶关系》，载《法学》2005年第4期。

[3] 周光权：《犯罪构成理论：关系混淆及其克服》，载《政法论坛》2003年第6期。

发意义和推进功能。这一点,是局限于因果关系领域之中的条件说和相当因果关系理论无法企及的。

3. 客观归责理论的抱负,是在归责问题上努力摆脱自然科学的压抑,提供刑法学特有的规范性判断的概念工具,廓清刑法学与自然科学以及其他社会科学的界限

作为德国早期和日本现在流行的思考方式,条件说和相当因果关系理论的实质,是把在自然科学或其他社会科学领域中已经被普遍承认的概念,在刑法学领域中又赋予格外的、特殊的含义:即将自然意义上的“因果关系”,改造成刑法意义上的“因果关系”;将自然意义上的“条件”,改造成刑法意义上的“条件”。强调刑法学意义上的“因果关系”不同于自然意义上的“因果关系”;强调刑法学意义上的“条件”不同于自然意义上的“条件”,〔1〕在此基础上展开论证。

然而,因果关系和条件,这些概念和方法,本来是自然主义和科学实证主义观念的产物。而上述方法论的起源和本质,也正是自然主义和科学主义。只是,随着理论的发展,人们发现单纯依靠自然科学解决不了法律问题,于是开始努力想在自然科学的概念基础上加以改造,才有了所谓刑法上的因果关系和条件之说。但是,显而易见的是,这种改造是不彻底的,也难免有些滑稽。一方面,在一个自然科学问题的躯体上披上了几件社会科学规范性思考的外衣,本质上仍然无法摆脱自然科学的窠臼,相反,将事实问题与规范问题糅杂在一起,更加模糊了区分的界限,使得判断成为一种任意性的思考。

---

〔1〕 例如,日本学者山口厚认为:“条件关系的内容是要发挥限定刑事责任的功能,它是和事实的、自然科学的概念不同的范畴。”转引自周光权:《刑法总论》(第3版),中国人民大学出版社2016年版,第123页。但是,这种区分,是在一个本来被各个学科普遍接受的常识性概念的内涵之中,生硬地赋予刑法学的含义,反而给人造成这样的印象:刑法学并没有能力提出自身特有的概念工具,只能以这种专横的方式改造既有常识。

另一方面,要回答像这里讨论的“假定因果关系为什么不影响归责”,以及“结果不可避免时为什么排除归责”之类的问题,只能用“事实—价值”、“形式—实质”的二元框架才能得到合理的解决。第一步,在事实和形式审查的层面,采用条件说去判断因果关系:若没有行为人的行为,结果是不可能出现的,因此存在因果关系。但是,归因仅仅是一个必要的前提,却不能对归责提供充分的直接根据,而必须要进入第二步,也就是价值和实质审查的阶段。在这个阶段,通过回答“为什么假定因果关系不影响归责”和“为什么结果不可避免时排除归责”的问题,进而最终完成归责的任务。而要想回答这些问题,就必须要阐明义务关联性的必要性,运用合义务替代行为的思考方法,以及贯彻罪疑惟轻原则等,这些都已经是大面积甚至根本性的规范性思考而与事实无关了。仅仅依靠因果关系的事实本身,或者在因果关系的基础上地加入一些规范性思维的只言片语(诸如“经验性法则”“相当性”“重要性”之类在任何学科中都随处可见的表述),显然是不够用的。

概言之,“条件说”只能解决事实问题,却解决不了规范性问题;“相当因果关系说”并没有独立地发展出一种法学、特别是刑法学专用的思考方式和规范性概念,而不过是在自然科学思考的轨道上喷放了一点规范性思考的迷雾,却反而使得问题更加难以辨清;而客观归责理论的贡献,正是在承认自然性的因果关系的基础上,就此切断自然科学的事实审查的方式,进一步独立地迈入规范性审查的阶段。这一步,是在努力保留之前的事实判断的单独性和纯粹性的前提下(条件说)迈出的,是在承认自然科学意义上的因果关系和条件说的重要性的基础上,又将其冷静地搁置一边,使其仅仅成为刑法学专业性思考的一个必要的前提,而非核心问题。这种从事实到价值的清晰转轨,为刑法学规范性思考的特质赢得了独立性和尊严。

第六章
不法阶层之被害人同意

本章讨论构成要件阶层和违法性阶层中的被害人同意问题。构成要件阶层与违法性阶层也可以被合称为不法阶层。在诸多不法阻却事由中，被害人同意具有不争的重要地位。存在争议的是，它究竟是一种构成要件排除事由，在构成要件阶层发挥作用，还是一种正当化事由，在违法性阶层发挥作用？对于被害人同意在阶层犯罪论体系中的地位，刑法理论上历来有“二元论”和“一元论”之争。对于主张全面引入德日阶层犯罪论体系的“革命派”而言，需要审慎思考“一元论”对刑法学理论发展的深度影响。对于主张维持“四要件”基本格局的“改良派”而言，也可以从“一元论”中汲取资源，将被害人同意纳入“四要件”框架内予以重新解释。本章重点讨论被害人同意的体系性地位，并以此为辐射源，引申出关于法益概念以及问题性思考等具有一般性意义、需要各种立场共同回应的深层次问题。

一、犯罪论体系变革作为问题背景

在当今各国刑法学界，被害人同意已经成为一种被普遍认可的出罪事由。但是，被害人同意在犯罪论体系中处于何种地位，则是一个仁智互见的问题。这个问题在德国等大陆法系国家的刑法学界被广泛讨论,在最近十几年中,尤其成为争论的焦点,积累了丰富的研究成果,成为被害人同意领域甚至整个刑法学领域里一个既有共识又有异议的颇具智识性挑战的课题。问题的魅力来自于它的结构精巧,牵一发而动全身,且本身充满思辨性。当然,这种魅力,或者说这种精巧性和思辨性与讨论这个问题的具体语境是分不开的。被害人同意的地位之争,就其结论来说,就是该把同意放在犯罪论体系的哪个阶层中。而这一点的前提和基础是以德国刑法学为潮流引领者的递进式或者说阶层性犯罪论体系。这个犯罪论体系影响深远,亚洲的大陆法系国家如日本、韩国和我国台湾地区等都是在沿用或变革地沿用德国的这一犯罪论体系;相应地,也都在这个犯罪论之中研究被害人同意的体系性地位问题。〔1〕

相比之下,中国刑法学界对这一问题一直很少处理。高铭暄教授指出,"以往有关被害人承诺的问题,大都集中于被害人承诺的概念、被害人承诺的分类以及被害人承诺的构成条件等具体问题,却很少立足刑法学的视野,宏观考虑被害人承诺在犯罪构成中的地位问题。目前,在刑法理论中,对于如何确定被害人承诺在犯罪构成中的地位,在中国刑法学界是一个争论很大的问题。"〔2〕

---

〔1〕 德国犯罪论体系虽然被学者们发展出各种样式,但是在基本格局上是一致的,即呈现出一种递进的层次结构,按照一定的逻辑顺序和思考步骤去逐步考察一个行为是否是刑法上当罚的行为。其中,"构成要件该当性—违法性—有责性"是一个基本的阶层框架,或者将构成要件和违法性合起来作为不法阶层。这个阶层体系肇始于德国的贝林,更准确地说,是对之前德国刑法学和其他欧洲大陆法系国家刑法理论的一个比较集大成的思考和总结。这一结构在德国被一直延续下来,尽管有了很多的变动,但是最基本的递进式结构和主要阶层没有大的变化。鉴于近年来刑法学界关于犯罪论体系变革的大讨论,介绍和分析德国、日本的犯罪论体系的文献很多,这里不再赘述。

〔2〕 高铭暄、张杰:《刑法学视野中被害人问题探讨》,载《中国刑事法杂志》2006 年第 1 期。在此需要特别作出说明的是,首先,被害人同意与被害人承诺,是中国刑法学界自 20 世纪 80 年代以来在教科书和论文中经常看到的两种用法。早期的刑法学界多用"同意",后来受到日本刑法学的影响,而移植了"承诺"这一听起来似乎学术味更浓的术语。在中国刑法学的语境中,二者指向的对象是完全一样的,

所谓"争论很大",原因在于难以厘清被害人同意与"四要件"之间的关系。这与其说是被害人同意的个别问题,不如说是一个体

是指所有得到被害人许可的情况。但是,考虑到"承诺"一词系日本翻译德语"Einwilligung"而来,而按照以往德日刑法学的通说,所谓的"承诺"适用范围很窄,仅仅用于身体侵害和财产毁坏的案件,与中国刑法学界所说的"承诺"的指向范围是大不一样的。因此,"被害人承诺"是一个直接移植概念的语词形式而忽略概念内涵的典型例子,使用它可能会带来术语本身与所指称对象之间的错位和混乱。"被害人承诺"在日本刑法学中是一个特定的概念,有其应用的特定对象和特定的应用范围。超出特定范围来使用这个概念,也就是"洋瓶装中酒",往往会造成理解上的误差。这种混乱不是假想,而是已经反映在国内很多学者论述相关问题的教科书、著作和论文中:大部分学者在论及那些——(在日本刑法学中)本不属于"被害人承诺"——应该属于"被害人合意/认可"的情况时(比如强奸、非法侵入住宅以及刑法分则的大量罪名),不加区别地直接使用来自于日本刑法学的"承诺"这一概念。其次,从汉语的意义和使用习惯上讲,"同意"比"承诺"更加适合表述刑法中出现的相关情况,也更加贴近德语中"Einwilligung"的本义。同意指的是允许、支持或赞同某件事情,而承诺则是指对某人作出某种保证。就法益主体允许行为人对其有权支配的法益进行"损害"的行为,应该更符合"同意"的语义表述。从翻译的角度讲,将"Einwilligung"翻译为"承诺",在内地的汉语语境下,有一些言不及意。在内地出版的任何一本权威的德汉词典中,"Einwilligung"的第一个汉词选项都是"同意",相比其他之后的几个译法(如赞成、默许),"被害人同意"在汉语语感上的优势是显而易见的。至于"承诺",任何一本德汉词典中也没有将"Einwilligung"翻译成"承诺"的情况。在汉语语境下,这种翻译是有些别扭的。而在任何一种汉德词典中,"承诺"也只能被翻译为德语中的"versprechen"而不是"einwilligen"。另外,"承诺"尽管是我国对日本刑法学的一个舶来品,但其实也不是日本学界的统治性用法,也一直有很多日本学者在使用"同意"而非"承诺",比如中山研一、大谷实、林干人、植松正、团藤重光、平野龙一、正田满三郎、泷川幸辰、安平政吉、冈田熏、山口厚、森下忠、内藤谦、川端博、崛内捷三、立石二六、浅田和茂等,近年来在教科书和专著中使用"同意"字眼的更是占了多数。最后,晚近关于大陆法系的刑法学著作翻译和介绍中,很多学者普遍采用"同意"的译法,在很大程度上已经开拓了很大的使用空间。其中包括:徐久生研究员翻译的《德国刑法教科书》(Jescheck/Weigend),王世洲教授翻译的《德国刑法学总论》(第1卷)(Roxin),杨萌博士翻译的《德国刑法总论》(Stratenwerth),黎宏教授翻译的《日本刑法总论》(大谷实)和《刑法学基础》(曾根威彦),刘明祥教授翻译的《日本刑法各论》(西田典之),陈忠林教授翻译的《意大利刑法学原理》(杜里奥·帕多瓦尼),罗结珍翻译的《法国刑法总论精义》(卡斯东·斯特法尼)等。总的来说,在近年来我国学者所翻译的外国刑法学著作中,基本上都是采用了"被害人同意"的用法,因此对这一概念的使用也已经具备良好的语境。综合考虑,笔者采用"被害人同意"的用法,而出现"被害人承诺"之处,则专指那些在身体伤害和财产损害的案件中出现的情况,是一种"狭义"的同意。当然,在引用其他学者的著作和论文时,涉及"承诺"的时候,尊重原作者用法,保持其本来面貌。

系性难题。[1] 时至今日，在中国刑法学界的语境下讨论具体问题，已不容以“和稀泥”或“鸵鸟政策”的姿态来回避一个重大的基本立场，那就是对现有的犯罪论体系究竟持何种态度。这不是划分阵营式的表态，而是因为近年来被聚焦的法益理论、客观归责、期待可能性以及本章所论述的被害人同意等问题，本不是由我国学者自生自发地创造和发展，而是在很大程度上依托和汲取于德国、日本等国家的刑法理论，这些问题本身都和作为宏观背景的犯罪论体系密切相关。随着翻译和研究的深入，不谈体系而孤立地介绍某个理论或者在涉及体系问题时不做实质性阐述，已经越来越不能令人满意。围绕着犯罪论体系的变革，学界已经基本上形成了在维持现状的基础上局部修正的“改良派”、推翻整个“四要件”理论而直接引入德日犯罪论体系的“革命派”以及自创立体系的“创新派”三种主张。既然本章讨论的是被害人同意的“体系性地位”问题，就无法绕开“犯罪论体系”这个大背景，也必须面对各种立场春秋争霸的“中国语境”。

笔者主张直接引入三阶层犯罪论体系。但阐述立场不是本章的任务。恰恰是考虑到中国语境组成成分的多元性和复杂性，如果只从某一种单一立场出发，难以避免选择性、剪裁性地论述，有可能导致立论偏颇，遮蔽问题的全貌。因此，即使对于主张四要件理论的学者而言，笔者也希望本章从被害人同意的体系性地位这一问题本身出发的讨论，为其开掘和提供有价值的思考。

本章第一部分介绍和分析德国刑法学对被害人同意的体系性地位的争论，正是由于从世界各国刑法学交流日益频繁的大趋势来看，已没有闭门造车的余地，了解和熟悉国外同行特别是引领潮流的德国刑法学的最新研究成果，且更进一步地参与讨论和思考，

---

〔1〕 这一点，在第四部分会详细展开。

是中国刑法学界自觉地融入"刑法学理论空间"[1]的应有姿态。通过介绍被害人同意的地位之争这一德国色彩浓厚的问题,与之前学界对"客观归责"、"期待可能性"等理论的介绍和引入相呼应,旨在积少成多,以点带面,最终刺激和促进中国犯罪论体系的变革。另外,主张维持"四要件"的改良派立场,在当下相当长一段时期内仍然占据主流,在这个改变过程中,不能因为"革命与改良"的立场不同,就放弃了在目前主流话语下将"德国问题"本土化的努力。在我看来,支撑德国刑法学界讨论被害人同意的体系性地位的深层思想,对于解决关于被害人同意的"中国式困扰",[2]非常具有启发性和解释力。因此,在目前暂时未对"四要件"理论从最根本上来一个总解决的情况下,本章在第二部分希望通过对这一"德国问题"在四要件语境下的引入和转化,来提供一个局部的解决方案。最后,"二元论"与"一元论"之争尽管是一个"德国问题",但是由其引申出来的一般性、跨语境思考的理论命题,超越了各个犯罪论体系架构的不同(无论是三阶层、二阶层还是四要件理论),这些命题,无论是对于革命派、改良派还是创新派,都无法回避,需要各国的刑法学者共同思考和应对。

二、被害人同意的体系性地位

(一)德国刑法学界传统观点:"合意"与"承诺"的"二元论"

被害人同意的体系性地位,指的是被害人同意在犯罪论体系中的位置。在最近50年来的德国刑法学传统中,主流的观点认为被害人同意可以被区分为"合意"(Einverständnis)和"承诺"(Einwilligung)两种形式,分别在犯罪论体系的不同阶层发挥出罪

〔1〕 语出许玉秀:《当代刑法思潮》,中国民主法制出版社2005年版,第4页。
〔2〕 这一点,在第二部分会详细论述。

功能。[1] 合意是阻却构成要件该当性的理由,而承诺则是阻却违法性的理由。由这种区分,推导出二者在意思的表达程度、表达方式、意思瑕疵以及处理行为人对同意认识错误的处理结果等方面的区别。[2] 这种"二元论"在过去的几十年中,在德国、奥地利、日本、中国台湾地区等大陆法系国家和地区,几乎占据了通说的地位。[3]

"二元论"这一理论的提出,是对刑法中出现的各种同意的具体情况深入分析之后的总结,具有相当的合理性和解释力。在刑法中有很多行为构成,相关法益主体的同意首先排除的是行为构成要件的该当性。被害人同意作为一种阻却构成要件该当性的理由,尚未进入违法性判断的阶段,所以不存在阻却违法性的问题。这里的被害人同意被称为"合意"。一般而言,阻却构成要件该当性的合意适用于以下几种情况:

首先,有些构成要件的文字表述直接包含"同意"或"违背意愿"的字样。立法者对于一行为违背了特定法益主体的意志作出了明确的规定,比如德国刑法典第 248 条 b 规定,"行为人违背权利人的意愿(gegen den Willen des Berechtigten)使用交通工具或者

---

〔1〕 对于合意(也有翻译为许可、谅解、同意、认可等)(Einverständnis)与承诺(Einwilligung)作出区分,是德国刑法学界自从格尔茨(Geerds)在 1953 年的博士论文中提出以来被普遍接受的"二元论"。Vgl. Geerds, *Einwilligung und Einverständnis des Verletzten im Strafrecht*, 1953.

〔2〕 具体参见[德]克劳斯·罗克辛:《德国刑法学总论》(第 1 卷),王世洲译,法律出版社 2005 年版,第 355 页以下;以及冯军:《被害人承诺的刑法涵义》,载赵秉志主编:《刑法评论》(第 1 卷),法律出版社 2002 年版,第 65 ~ 66 页。

〔3〕 在违法性层面考虑被害人承诺的问题,这一观点直到今天仍然有大量的文献支持。Vgl. Jescheck/Weigend, *Strafrecht AT*, 1996, S. 375; Ebert, *Strafrecht AT*, 2001, S. 86; Baumann/Weber/Mitsch/Eisele, *Strafrecht AT*, 2016, § 15, Rn. 122; Kühl, *Strafrecht AT*, 2005, 9/22; Schönke/Schröder/Lenckner, *Strafgesetzbuch*, 2014, vor § 32, Rn. 33; Wessels/Beulke/Satzger, *Strafrecht AT*, 2016, Rn. 550; Lackner/Kühl, *StGB Kommentar*, 2014, vor § 32, Rn. 10.

自行车的，处三年以下自由刑或财产刑”；或者立法者在构成要件中明确地表示该行为因缺乏同意而获罪，比如奥地利《刑法》第102条的诱拐罪、第110条的强制治疗罪、第136条的无权贩卖交通工具罪等，在这些法条的表述中都有“没有得到同意”（ohne Einwilligung）的字样。

其次，还有这样一些构成要件，或者单独地保护法益主体的意思决定的自由，或者把意思自由与其他法益融合在一起予以保护。这常常体现在一些强制性和胁迫性犯罪的构成要件中。比如，德国《刑法》第240条的恐吓罪、第177条的强奸罪、第239条的非法拘禁罪、第249条的抢劫罪、第253条的勒索罪等。

最后，某些构成要件中并没有直接出现“违背意愿”之类的字眼，这类行为的“反意愿”特征要通过解释方能显现。比如，德国《刑法》第242条盗窃罪中的“拿走”（wegnehmen），就被理解为在缺乏财产所有人同意的情况下，打破了所有人对财产的持有和保护状态。

上面的具体分类主要是根据德语的立法语言表述，不同国家的立法者在构成要件中所使用的语言不一样，当然可能会出现这样的情形：同一罪名的罪状表述在这个国家的刑法典中直接出现“同意”的字眼，在另一个国家的刑法典中则没有出现。但是一般说来，这并不影响以下共识：在上面举例所提到的那些构成要件中，被害人同意往往都被看作是阻却构成要件该当性的事由而不是阻却违法性的事由。

在上面提到的这些构成要件中，满足构成要件的行为在概念上，是以其违背了或者不具有被害人的意志为条件的。比如，德国《刑法》第240条的强制罪：在一个人同意他人的要求时，就不是存在正当化的根据，而是从一开始完全就不存在强制；当一个人得到了财产所有人的允许时而使用了他的汽车，就不能满足德国《刑法》第248条b的无权使用交通工具这一条的行为构成，因为根据该条的文字规定，这个行为构成要求存在一种违背财产所有人意志的行为；[1]更普遍地看，在一位妇女同意与他人发生性关系时，这个男子的行为在构成要件该当性层面就根本不满足强奸罪；在房屋的合法所有人欢迎来访者进入时，就缺乏了作为非法侵入住宅罪的行为构成条件的“侵入”；在得到财产所有人同意在其控制范围内拿走东西，就不存在盗窃意义上的“窃取”等。这些案件都有一个共同点，即被害人同意从一开始就排除了对法益的侵害。意志决定自由、房屋权、性的自决权等法益，在相关权利人同意行为人的行为时，就都没有受到侵害。在这些情形中的同意，按照德国刑法理论的通说，叫作“tatbestandausschluss Einverständnis”，即阻却构成要件该当性的合意。在这些例子以及很多在这里没有提及的例子中，法益主体的同意行为已经首先阻却了行为的构成要件该当性，从而与下面提到的、作为正当化事由的被害人承诺（狭义上的被害人同意），也就是“Einwilligung”相区分。

承诺的情况出现在这样一些构成要件和犯罪类型中，它们既没有明文规定，也无法通过解释字面含义，来表明满足构成要件的行为必须以“缺乏”或“违背”法益主体的意志为前提条件。这一类的行为范围很小，然而却是刑法理论关注的重点，其中最重要的就是身体伤害和财产损害。这里的问题在于，判断这些构成要件该当性的时候，是否有必要像前面几种类型的构成要件那样去考虑法益主体的意愿。按照“二元论”的观点，对于身体伤害和财产损害等犯罪类型，不必在构成要件该当性阶段考虑法益主体的意愿，或者说，对这里的意志自由并没有予以构成要件上的保护，而是进行到违法性阶段后再予以进一步判断；因为被害人的主观同意并不能改变身体和财物被损害的客观状态。因此，与前面所列举

---

〔1〕［德］克劳斯·罗克辛：《德国刑法学总论》（第1卷），王世洲译，法律出版社2005年版，第354页。

的几种情况不同,被害人同意在这里不是阻却构成要件该当性的事由,而是从阻却违法的角度来考虑,作为一种排除违法的事由(或者说正当化事由)。这种情况下的被害人同意被称为"被害人承诺"。

(二)反对意见:拒绝对同意进行二分的"一元论"

1."一元论":将同意统一作为排除行为构成的事由

对被害人同意进行区分的"二元论"近年来遭遇了巨大的挑战。20 世纪 70 年代以来,在德国刑法学界流行这样的观点:无论哪种构成要件和犯罪类型,只要有相关法益人的同意,阻却的其实都是行为的构成要件该当性,而不涉及违法性问题,因而不存在作为阻却违法事由的同意问题。[1] 根据这个观点,一个得到同意而实施的行为,根本就不会造成法益的损害,试图在本质上对"合意"与"承诺"作出区分是无意义的。无论在任何构成要件中,被害人同意都不是阻却违法性的根据,而都应该被统一看作是阻却构成要件该当性的理由。[2] 笔者把这种观点称为"一元论"。

2.拒绝区分的理由:对"二元论"的总批评

近年来,反对"二元论"的"一元论"阵营日益强大,很多学者从各个角度拒绝"二元论",转而赞成把同意统一作为阻却构成要件该当性的根据。拒绝区分,支持统一的理由归纳起来,主要体现在

---

〔1〕 代表性文献,Vgl. Zipf, *Einwilligung und Riskoübernahme im Strafrecht*, 1970; Kientzy, *Der Mangel am Strafrechtbestand infolge Einwilligung des Rechtsgutträgers*, 1970; Rudolphi Hans-Joachim, Die verschiedenen Aspekte des Rechtsgutsbegriffs, in Eberhard Bartxh (Hrsg.): *Festschrift für Honig zum 80. Geburtstag*, 1970; Roxin, *Kriminalpolitik und Strafrechtssystem*, 1973; Weigend, Über die Begründung der Straflosigkeit bei Einwilligung des Betroffenen, *ZStW* 98(1986); Roxin, *Strafrecht AT*, 2006, § 13, Rn. 4ff。

〔2〕 Vgl. Kindhäuser, *Festschrift für Rudolphi*, 2004, S. 135; Jäger, *Zurechnungund Rechtfertigung als Kategorialprinzipien im Strafrecht*, 2006, S. 22.

以下几个方面：

第一，将同意统一作为排除行为构成事由的最重要的理由，是以一种自由主义和个人主义的法益理论为支撑的。即认为刑法上所保护的个人法益，是法益主体人格展开的工具，是法益主体的意志支配下的存在物。[1]

在"一元论"的学者看来，个人法益与法益主体之间并非是相互孤立和绝缘的，而是与法益主体有着密切的内在联系。法益是作为个人价值实现的可能性而受到保护的。[2] 刑法对个人法益所保护的是法益主体的支配自由，而不是作为单独的构成要件中的客观存在物。[3] 因此，得到法益主体的同意而实施的行为，就意味着这个法益主体的人格自由展开，也因此并没有损害任何法益，也就没有符合任何的客观的行为构成。进一步来说，在某些构成要件中，虽然并没有明文规定行为必须违背法益主体的意志，但是对支配权的蔑视始终是所有法益侵害所必要的前提条件。对个人法益的侵害，正是由于蔑视法益主体的支配意志，进而对包含支配物的构成要件产生影响。[4] 因此，如果得到了一个有效的同意，那么就不存在对支配权的蔑视，也就没有任何的法益损害。因为这种处置并不损害法益主体人格的自由展开，相反，正是这种自由的表现。例如，对于毁坏财物罪，带有同意的行为就不会带来任何法益侵害，也不可能满足构成要件。相应地，这也适用于其他可自由支

---

〔1〕 一些学者从宪法上为这种个人主义法益观寻找根据。罗克辛就认为，法益主体为了自我的人格展开而作出的同意，所体现的是一种行为自由。这种行为自由直接来自于德国《宪法》第2条第1款的规定。参见[德]克劳斯·罗克辛：《德国刑法学总论》（第1卷），王世洲译，法律出版社2005年版，第358页。

〔2〕 Roxin, Die durch Täuschung herbeigeführte Einwilligung im Strafrecht, in Robert Hauser(Hrsg.): *Gedächtnisschrift für Peter Noll*, 1984, S. 275.

〔3〕 Weigend, Über die Begründung der Straflosigkeit bei Einwilligung des Betroffenen, *ZStW* 98(1986), S. 61.

〔4〕 Rudolphi Hans-Joachim, Die verschiedenen Aspekte des Rechtsgutsbegriffs, in Eberhard Barth(Hrsg.): *Festschrift für Honig zum* 80. *Geburtstag*, 1970.

配的法益，如名誉、意志自由、行动自由、财产、性自由以及其他私人领域。因此得到被拘禁者同意的“拘禁”，在刑法上基于同样的原因也是不重要的。就好像财产所有人允许别人长期拿走自己的财产一样，这两种行为都不存在不法。而对于名誉的损害，如果有了相关法益人的有效同意，那么也同样不符合损害名誉罪的构成要件。总之，“一元论”学者的法益观，如同鲁道菲（Rudolphi）所表述的那样，“法益和对法益支配权构成的不仅是一个整体，而且，那个在行为构成中被保护的法益本身，就是由支配的对象和支配权在相互关系中构成的。”[1]

第二，“二元论”的理论在面对构成要件的语言表述这个问题上显得比较僵硬，把本来具有选择随意性的东西反过来作为一种固定的出发点。

这里的矛头指向立法语言本身的确定性问题。到底是合意还是同意，前提是先要看相关行为的构成要件规定的语言表述是否以及在多大程度上能够指向或者涵盖“法益主体同意”的意思，更具体地说，就是该用语是否或者在多大程度上表现出违背法益主体意思的含义。比如，“强迫”这个词，是可以直接、明白地看出违背法益人意志；又如，“盗窃”，也许不如强迫那么直白，但是只要通过解释，仍可以容易地理解，是违背法益主体对财产的支配意志。以上这些用语有一个特点，就是如果存在法益主体的同意，则人们一般不会再将该行为理解为“强迫”和“盗窃”，这比较符合人们的认知习惯和对语言的接受方式。但是，如“伤害”这样的用语，如果法益主体同意行为人砍掉自己的手指，那么这种得到同意的行为是否还是“伤害”？这里就存在争议。如果认为同意阻却构成要件该当性，那么该行为由于得到同意，就是法益主体愿意实施的行

〔1〕 Rudolphi, Bespr. v. Arzt, Willensmängel bei der Einwilligung, *ZStW* 86 (1974), S. 82.

为,那么就不再是“伤害”,当然就首先排除构成要件;如果认为同意阻却违法性,那么这种“伤害”就是客观存在的,并不能因为同意而改变行为性质,因此在构成要件上是满足的,同意只是起到了阻却违法的作用。

“一元论”的学者因而指出,上面的这种区别并不是一种由“二元论”本身推导出来的区别,而是完全取决于立法者的语言选择。立法者在构成要件的表述时大部分还是偶然性地选择用语,而不可能事先考虑到合意或者承诺的问题。如果按照通说的观点采用“二元论”,那么判断是前者还是后者,其实最终还是要看德语中是否有这样一个术语或者说概念,这个概念在能够在构成要件中表达出对法益主体意志的干涉,例如强奸、闯入等。因此,所谓 Einverständnis 与 Einwilligung 之间的区分就完全是形式意义上,而缺乏实质的确定性。[1] 如果把这种纯粹建立在语言的偶然性基础上的区分,却体系性地赋予了不同的构成条件,是不合适的。

第三,“二元论”所提出的“合意”与“承诺”具有不同的成立条件遭遇质疑。

格尔茨从对“合意”与“承诺”的区分中,推导出一系列重要的和明显的差别,主要体现在:法益主体意志的表现形式与表现程度不同;意思瑕疵(包括错误、欺骗和强制)的重要性不同;是否违背“善良风俗”的影响不同;对行为人的认识必要性要求不同;以及行为人出现认识错误时的处理不同等。[2]

上面这些差别,是为了在实践中处理案件的需要,而从合意与承诺的区别中,又引导出的重要差别。在这些差别中,有一些是直

---

〔1〕 Kioupis, *Notwehr und Einwilligung: eine individualistische Begründung*, 1992, S. 95.

〔2〕 具体的整理参见[德]克劳斯·罗克辛:《德国刑法学总论》(第1卷),王世洲译,法律出版社2005年版,第355页;以及冯军:《被害人承诺的刑法涵义》,载赵秉志主编:《刑法评论》(第1卷),法律出版社2002年版,第65~66页。

接从“二元论”理论区别出的两种法律事由的体系性安排中产生的,也就是说,这种差别是以承认这种“二元论”为前提而设定的,本身不具有必然的性质,完全是从“二元论”引申出来的,比如说区别处理行为人认识的必要性和错误。因此,如果“二元论”的理论遭到质疑,那么上面两点中的不同处理方案就失去了基础。还有一些差别,与这两点所具有的某种“法律的”特征相比,更加具有某种“实际的”性质,比如合意与承诺具有不同的生效条件。也就是说,即使没有这种“二元论”的区分,在面对这些不同的案件时,人们本来也会倾向于做不同的处理,只是“二元论”为这种不同的处理方案提供了一种体系上和理论上的根据。从而使得这些不同的差别分别成为合意和承诺的“有效性条件”。

但是,这种体系性、类型性的区分是否能够可靠,越来越受到怀疑。按照“二元论”的区分,合意具有“纯事实特征”,仅仅以被害人的“自然”意志为条件就已经足够满足,至于他是否有认识错误或者是精神病人等情况,不影响合意的成立。但是很多学者认为,合意并不在所有场合均体现纯事实特征,此外,究竟在多大程度上可以受欺骗或者强制影响,是否必须向外表明这一疑问,是无法笼统地加以回答的,[1]而只能在具体的构成要件的解释范畴内,根据其意义和目的作出回答。[2] 在德国刑法学界新近的讨论中,这种在体系性和实质性的区别中如此清楚和大胆的方案,陷入了一种来自两方面的交叉火力之中。广泛传播的“一元论”否认了合意和承诺的这种体系性差别,并且对法益承担者的各种有效赞同,都赋予了排除行为构成的效果。这种观点认为,首先要求取消的就是合意和承诺在实践中建立在有区分的体系性前提基础上的那些差别,也就是区别处理行为人认识的必要性和错误。至于其他的差

---

〔1〕 Kientzy, *Der Mangel am Strafrechtbestand infolge Einwilligung des Rechtsgutträgers*, 1970, S. 65.

〔2〕 Rönnau, *Willensmängel bei der Einwilligung im Strafrecht*, 2001, S. 156.

别,虽然不会通过合意和承诺在体系上的同等处理而被取消,但是仅仅从合意和承诺角度出发,已经很难成为一种坚实的证据。[1]除了"一元论"之外,还有一种观点,虽然也坚持排除行为构成的合意与正当化的承诺之间的区分,以及由此直接引导出来的区别处理行为人认识的必要性和错误,但是认为无论是合意还是承诺,都不能对其有效性条件作出一般性、普遍性的表述方式,而是应当根据各种行为构成的特殊结构,具体问题具体分析。[2]

总而言之,在"一元论"的学者看来,与将同意统一地作为阻却构成要件该当性的事由来比,二元论已经有些陈旧了。从排除行为构成的角度统一考虑同意,需要看到它在应用于各个构成要件时的具体情况:有些处于明文规定的、明确地描述或列举的构成要件中,即行为缺乏(或违背)相关法益主体的同意是从字面上可读出的;有些则是从对构成要件的解释中推导出来的。至于还有一些既不能从字面也难以从文义中得出的"违背意志"的情况,则是一种不成文的、隐含的构成要件特征。

3."二元论"对"一元论"的反批评

针对"一元论"的挑战,"二元论"阵营认为,对于法益主体的意思自治要有一个限定范围,也就是说,对同意要限定其生效范围。尽管法益主体向第三人表示放弃这些重要法益,但是并不意味着刑法因此就置之不理。通说认为,如果采用阻却构成要件该当性的理论,那么就意味着法益就不再是身体或活动自由,而变成了支配身体和行为的意志。支持"二元论"的学者认为,[3]如果同意是阻却构成要件该当性的理由,那么它的这个功能至少与

---

〔1〕 参见[德]克劳斯·罗克辛:《德国刑法学总论》(第1卷),王世洲译,法律出版社2005年版,第357页。

〔2〕 Vgl. Jescheck/Weigend, *Strafrecht AT*, 1996, S. 374; Sternberg - Lieben, *Die objektiven Schranken der Einwilligung im Strafrecht*, 1997, S. 94.

〔3〕 Baumann/Weber/Mitsch/Eisele, *Strafrecht AT*, 2016, § 15, Rn. 123.

表述相关构成要件的规范的字面含义存在矛盾的地方。行为人用石块砸坏了玻璃,即使得到房主的同意,这个玻璃仍然是"被砸坏"的玻璃,并不能由此排除毁坏财物罪的构成要件。毕竟,这也是一种"损害(Beschädigung)"或者"破坏(Zerstörung)",即使是房主自己来扔这个石头。虽然对于投掷石头的房主而言,行为的目标不是他人的,也就是说,不具有所谓的"他人性",但是对于那个得到同意但本身并非房主的人来说,这种"他人性"并不欠缺。因此,同意作为阻却构成要件该当性的理论难以解决这些案件中的矛盾。在这些案件中,法益主体对法益的支配权被合法地阻却了,或者说,他处于一种无支配力的状态。进一步说,即使有病人的同意,腿部截肢仍然是一种对身体完整性法益的侵害。不能认为,行为的不法因为主观意愿上的轻视而获得合理性。倒不如说,由于手术获得了同意,对行为的不法判断在价值取向上发生了某种复杂的改变,从而以一种与正当防卫和紧急避险相近的方式阻却了不法。[1]

三、"一元论"的深度影响

在中国刑法学界,主张彻底推翻传统的"四要件"理论、全面引入德日等大陆法系国家犯罪论体系的"革命派"的代表人物是陈兴良教授,其主编的《刑法学》(复旦大学出版社 2003 年版)是中国刑法学界第一部彻底地以大陆法系的递进式犯罪阶层体系为基本架构的刑法学教科书。正是从包括被害人同意在内的各种正当化事由在犯罪论体系中的地位入手,陈兴良教授得出"直接采纳大陆法系中构成要件该当性、违法性、有责性的递进式结构,摒弃苏俄及我国刑法学中犯罪客体—犯罪客观方面—犯罪主

---

〔1〕 Sternberg-Lieben, *Die objektiven Schranken der Einwilligung im Strafrecht*, 1997, S. 65.

体—犯罪主观方面的耦合式结构”的结论。[1] 但是,尽管全面引入德日等大陆法系国家的犯罪论体系的呼声很高,诸多学者也已经开始学术上的实践,但是由于改良派的强大力量,在现阶段,“革命派”的工作除了从基本立场上阐述推翻传统理论、引入德日犯罪论体系的必要性和意义以外,基本上仍然是在比较粗略的层面上给出一种框架性的介绍,虽然个别问题得到了深入的研究,但从整体上还没有全面地进入德日等大陆法系犯罪论体系的讨论语境,类似被害人同意这种具体命题尚未在相关的著作和论文中得以详细展开。[2]

在这个意义上,笔者对同意的地位之争这一“德国问题”进行详细地介绍和评价,实有未雨绸缪之意。对于“革命派”来说,了解德国、日本等大陆法系刑法学界的重要争论,对于正确、全面地引进大陆法系的刑法理论是非常必要的;同时,刑法学是一门具有普遍原理的规范性科学,研究者也不应该受限于本国学界的讨论范围和深度,而是应该积极参与世界同行对热点问题的讨论,而被害人同意的体系性地位正是这样一个出身德国但具有普遍性意义的前沿问题。

从“革命派”的角度,如何评价被害人同意在德国犯罪论体系中的地位之争呢? 笔者认为,在微观层面的论战上,“一元论”近年来占据了上风,从更为宏观的层面上看,采纳“一元论”,即将被害人同意统一作为排除行为构成(构成要件)的事由会引发一系列深层次的问题,进而对刑法学理论和思维传统带来震荡。这些问题,不宜简单地给出好坏的评判,而是需要主张全面引入大陆法系的

---

〔1〕 参见陈兴良:《违法性理论:一个反思性检讨》,载《中国法学》2007年第3期。

〔2〕 例如,在陈兴良教授按照大陆法系犯罪论体系的框架来撰写的《刑法学》(复旦大学出版社2003年版)一书中,对于被害人同意的体系性地位问题基本没有涉及。

刑法学者更加仔细、全面和审慎的考虑。

(一)“一元论”意味着被害人形象全面、提前地进入各个构成要件

统一地将被害人同意作为排除构成要件的事由,意味着把被害人形象在构成要件阶段就推出,这需要对整个刑法学理论的格局作进一步的、更为谨慎也更为基础性的全盘考虑。

以往的刑法学思维都是在“国家—罪犯”的二元范式的格局下展开。如果一个行为已经进入刑事司法的视野,首先要看这个行为是否符合刑法上的构成要件,在这个阶段,一般是分成主观和客观两个方面来考察,但是无论是主观方面还是客观方面,这里的考察对象都是行为人,一般是不涉及被害人的。这是构成要件作为犯罪行为类型的一般性功能。构成要件的这个类型,是与刑法作为一个部门法在整体上的性质定位和刑事诉讼的两造结构的模式相联系的——在现代国家里,刑法是以规制犯罪行为为主的法律,刑事追诉是国家与犯罪人之间的对话,两者你控我辩、你攻我守、你来我往的清晰形象贯穿整个刑事诉讼的始终,而被害人的身影一般是隐去不见的,有时尽管也出现,但作为一种第三者的形象,相对两者来说比较模糊和微小。

而被害人同意问题的出现,尤其是将被害人意愿作为法益的组成部分,或者说作为一种特殊的构成要件的消极特征,这样一种理论的提出,将被害人的形象渗透到刑法分则中侵害个人法益的各个构成要件中去,使得以往“沉默不语”的被害人摆脱了单纯的保护客体的定位,而成为一种重要的主体。这可能意味着在刑法学的理论研究中有必要注意一种被害人—被告人—国家三足鼎立的局面的出现。

“一元论”提倡把所有的同意问题都放在构成要件阶段来处理,通过对构成要件的解释,被害人同意起到排除行为构成进而

出罪的功能。在一些构成要件中,即使没有明确地说明行为缺乏被害人同意,但是也要解释为该行为是以违背法益主体的意思为前提的。这种看法的背后,是认为在这些犯罪类型中侵害或者违背法益主体的意愿,就已经被理解为满足客观构成要件的前提条件。这种思路,意味着被害人的形象提前进入构成要件阶段,成为一种普遍性的、需要在每个个案中都要一一检验的一种要素,这相当于把被害人的形象推向前台。这种可能性和可行性在这里暂时不作分析,但是这对以往国家——犯罪人两造格局的冲击是无疑的,因此需要对整个刑法学的理论体系作出重大调整,在理论格局上作出重大说明来作为这种"一元论"的基础,但是很遗憾的是,还没有看到对此有足够的认识和详细的说明,对于这一局部变革可能带来的超出局部的基础性震荡,仍然需要更多的也更为谨慎的研究。

(二)"一元论"意味着公民自治权在刑法领域的扩张

统一将被害人同意作为排除行为构成的事由,意味着在刑法领域对公民自治权予以全面的重视和扩张。

这种处理方案与将同意作为阻却违法性事由相比,实际上就是两种不同的解决问题的思路。一种思路是在发现行为的最开始阶段,就反复考察行为到底可能是犯罪行为,还是一般的民事行为,对于出现的可见的外部侵害,考察其到底是否存在被侵害者的同意,也就是说,一开始就把法益主体的意愿摆到第一位来考虑;另一种思路是根据一般的、可见的外部情况,先将其纳入刑事领域,再运用犯罪论的阶层判断工具,一步步地认定或者排除。前者更看重公民的支配自由和行为自由,在国家机器发动之前先考察公民的自治情况,在国家对公民的一般性保护义务之前先尊重公民的个性化选择;而后者则以社会的一般保护为本位,首先根据一般的法益安全性的考虑发动国家机器,然后再考察公民的个人意愿。

是从构成要件开始,还是从违法性开始,虽然在最后的处理结果上可能是一样的,但是在一定程度上也意味着,在涉及犯罪行为时,个人自治与国家追诉谁先谁后的问题。对此,需要作出更加详细和缜密的论证。

(三)"一元论"对司法判断的思维模式的影响

将被害人的同意统一作为排除构成要件的事由,还需要考虑随之带来的司法判断的思维模式上的一系列改变,以及这种改变在便利性、经济性和安定性等方面的效果。

从传统的观点来看,国家在行使刑事追诉权的时候,针对的主要是可能构成犯罪的行为人,而构成要件则是第一步的审查工具。刑法典中的各个规范条文是立法者根据在实践中大量的、普遍发生的情况来设计的,因此作为工具使用的构成要件必然具有一般化、模型化的特点。这个一般化和模型化的意思是,当行为人主观上具有侵害故意,客观上存在被侵害的后果,那么一般情况下就可能构成某种犯罪。特别是对于像故意伤害罪和毁坏财物罪这样的犯罪类型,在构成要件的文字表述上没有也难以通过解释推导出对被害人同意的处理态度。对犯罪行为的第一步审查,往往是在构成要件阶段根据其客观上表现出来的外部情况。假定法益已经受到侵害,是符合构成要件作为一种工具在思维上的类型化特点的。这样的思维框架优势在于简单经济,比较容易入手,而且由于后面也存在违法性和责任的判断,所以也不必担心在这一阶段遗漏特例。公诉机关和司法者也首先根据这个思维判断模式来进行审查。出现被害人同意的情况相对于大量的犯罪行为来说,毕竟是少数或者是例外情况。在处理这种少数情况的时候,第二阶段的违法性的功能正可以处理各种特殊情况。如果把这种考虑提前,从一开始的构成要件阶段就考虑被害人,就意味着改变惯常的具有语法功能的思维习惯,是否值得为少数情况或特例而改变适用于大多数情况的思维习惯,需要慎重考虑。

如果从一开始就深入考察法益由于受害人的主观支配而是否存在客观侵害,以及行为人主观上是否认为得到同意的行为具有危害社会的性质等问题,可能会使问题复杂化。希望从一开始就从构成要件上解决,会不会是对构成要件的承载内容希望过多,对构成要件的功能要求过高,进而会增加额外的思维负担呢?

最后,即使行为从一开始就不涉及刑法,即使行为从一开始由于同意就没有侵害法益,但是从一开始就存在的客观结果并不一定需要必须从一开始就做出准确的主观判断。任何科学实验都是预先有一个假设,在实验的过程中可以严格地遵循实验的具体限制和条件最终得出结果,这是一种比较科学的思维方法。在假设阶段不宜于加入过多的不确定性的参数,一切可以在实验过程中逐步获得。德国的犯罪论体系的精细本身具有这一科学方法的特征,因此在构成要件阶段再加入法益主体的主观上的支配意志,就使得这一假设条件过于复杂,在思维逻辑的清晰性和经济性上打了折扣。

"一元论"的观点强调公民个人的自治权,但正是由于个体的差异和自由选择,显示出种种错综复杂性和不确定性,因此将受个人主观意志支配的法益侵害与否作为参数,使得实验本身缺乏安全性。这里有一个数学推导的比喻,首先假设 $x>1$,$y>1$,(或者假设 x、y 是自然数),然后根据某个包含 x、y 的不等式或方程来求 x、y 的值,最后可能得到的结果是 $x=1$,$y=0$(或者 x、y 是分数)的结果,但是,一开始的假设是必要的,这是继续推导计算的基础。这就好比对一个在构成要件中对同意的立场表述模糊的罪名(比如故意伤害罪),首先假设构成要件成立,法益受到侵害,然后再到违法性阶段解决一样,是一种先假定,再按照逻辑逐步求解的过程。

当然,从一开始在构成要件阶段就考虑同意对法益侵害的影响也未尝不可,相当于从一开始就对假定的条件做出细致的、几乎不会被推翻的限定,这也是一种解法。如果说前面的算法相当于利用方程,首先假设条件,然后逐步推导;那么后面的算法则是从一开始就用算术技巧去得出结论。只要能得到结果,那么确实也不存在某种必须如此的公式。而且在很多情况下,后者的算法甚至比前者更快捷、更方便。但是,综合来看,前一个解决方案的优势在于它的稳定性。因此,笔者认为,在一个以判断犯罪行为的思维实验中,同意问题更适合作为在思维实验进行过程之中出现的限制性、排除性的条件,而不适合作为实验得以进行的前提性的、一般性的假设条件。刑法所要解决的毕竟不仅仅是同意的问题,同意只占刑法案件中很小的一部分。生活中会出现各种各样的合法化事由,对绝大部分法定的合法化事由和超法规的合法化事由,理论和实践中都是放在违法性阶段来解决的。除非特别必要,否则将同意单独提前到构成要件阶段解决在体系上会显得十分突兀,而且因为这样一个单独的事由而单独适用这样一种解决方案(没有其他的阻却构成要件该当性事由),在思维上似乎也不太经济。就大多数财产损害和身体伤害的案件来说,不论出现怎样复杂的情况,都一律利用一种普遍的、共性的解决方案,相对于那种针对不同案件适用不同方案的做法,在法的适用的安定性上更加值得赞赏。

接下来,笔者进一步寻求与“改良派”的对话,对于在中国现实中占据主流的“四要件”犯罪构成理论来说,对于坚持和维护“四要件”理论的“改良派”而言,讨论这个“德国问题”究竟有何意义。

四、被害人同意与四要件理论

显而易见的是,相对于被害人同意能力、同意中的意思瑕疵等问题,同意的地位问题因为与三阶层体系密切相关而显得具有特别突出的“德国性”。究竟是把被害人同意区分为排除构成要件该当性的事由和排除违法性的事由？还是统一作为排除构成要件该当性的事由？德国刑法学界的“二元论”与“一元论”之争,本身就依托于其三阶层递进式结构的犯罪论体系。但是对于坚持传统的“四要件”犯罪构成理论的观点来说,“四要件”理论根本不同于三阶层的犯罪构成理论,因此讨论放在构成要件该当性的阶层,还是放在违法性的阶层,似乎与传统的“四要件”犯罪构成理论毫无关系。从比较法的立场来看,甚至可以是说一个很纯正的“德国问题。”这里的疑问是:花大篇幅对这样一个“德国问题”进行细致的讨论对于改良派占据主流的中国刑法学界究竟有无必要？在“四要件”语境下讨论一个“德国问题”的意义何在？

坚持“犯罪论体系不必重构”的“改良派”人物之一的黎宏教授就持这种观点。在他看来,在中国刑法学界,有关被害人承诺(同意)的地位,不存在二元论的争议,这主要与中国犯罪构成体系有关。和德日不同,中国的犯罪构成体系既是形式判断又是实质判断,既是初始判断又是最终判断,符合犯罪构成的行为一定是实质上违法即具有社会危害性的行为,而实质上违法即具有社会危害性的行为,必定是符合犯罪构成的行为,换言之,德日的犯罪判断过程,分为两个步骤进行、从形式判断向实质判断合围的所谓构成要件符合性的判断和违法性的判断,在中国的犯罪构成体系中是合二为一的,都存在于犯罪构成符合性的判断中,因此,在中国,讨论被害人承诺(同意)到底是属于排除构成要件符合性事由还是排除违法性事由,似乎没有现实意义。[1]

笔者认为,黎宏教授的评论说出了一半的真理。不错,在“四要件”的语境下直接讨论构成要件该当性和违法性,这的确看起来

〔1〕 黎宏:《被害人承诺问题研究》,载《法学研究》2007 年第 1 期。

"似乎没有现实意义"。从这个角度说,黎宏教授基于中国犯罪论体系的立场来评价"二元论",这种立足本土而不是单纯介绍国外理论的做法是值得赞赏的。不过,笔者在前面的分析已经表明,被害人同意在德国犯罪论体系中的地位问题(构成要件阶层还是违法性阶层)只是一种争论的结果和表现形式,"二元论"与"一元论"之争的出发点和本质其实是对"究竟什么才是法益侵害"和"得到被害人同意的行为究竟是什么性质"持有不同看法。如果看到这一点,那么,这个看起来似乎对中国刑法学"没有现实意义"的"德国问题",其实提供了一笔丰富的理论资源,恰恰可能有助于解决"四要件"犯罪构成理论的一个深层次的、结构性的困扰。这个困扰就是包括被害人同意在内的正当化事由的整体地位与"四要件"之间的关系。

(一)地位与功能不相符:被害人同意在"四要件"犯罪构成理论中的困境

首先来看被害人同意在"四要件"犯罪构成理论中的地位。刑法典无论在总则中还是分则中,对于被害人同意均未作出明文规定,而在刑法学理论中是将其作为除正当防卫与紧急避险之外的其他排除犯罪性行为之一进行探讨,从而形成一种超法规的正当化事由;而国内刑法学界关于犯罪构成理论的"四要件"通说,也是将所有的正当化事由放在了犯罪构成要件之外。因此,被害人同意的地位问题,在"四要件"的语境下,很少甚至几乎没有作为一个重要的问题被单独地提出来,更多的是讨论被害人同意的上位概念——正当化事由(或者称排除社会危害性行为或排除犯罪性行为)在"四要件"犯罪构成理论中的地位如何,或者说正当化事由与犯罪构成理论之间的关系如何。换言之,整体的正当化事由的体系性地位,就代表了被害人同意的体系性地位。[1]

那么正当化事由的体系性地位是什么呢?一言以蔽之,"在苏联和我国的犯罪构成理论当中,正当化事由是放在犯罪构成要件之外来考虑的,而不是放在犯罪构成要件之内来考虑。"[2]以正当防卫和紧急避险为例,苏联学者认为,在犯罪构成学说的范围内,没有必要而且也不可能对正当防卫和紧急避险这两个问题作详细的研究。[3] 尽管对这一看法的理由语焉不详,但也是显而易见的,那就是社会危害性不是犯罪构成的要件。[4] 中国刑法理论沿袭了这种看法,认为社会危害性是犯罪的本质特征,而不是犯罪构成的一个要件,因而关于排除社会危害性的行为,不在犯罪构成体系内论述。排除社会危害性行为的这一体系性安排影响极为深远,陈兴良教授曾经对犯罪构成要件与正当化事由之间的关系归纳出事实与价值、形式与实质、一般与例外以及肯定与否定的分析框

---

〔1〕 在中国刑法学理论中,被害人同意的上位概念最早被称作"排除社会危害性行为",这种说法见诸苏联刑法学,后被中国刑法理论沿袭。排除社会危害性的称谓与社会危害性理论存在逻辑上的关联性。在苏联及中国刑法理论中,社会危害性是犯罪的本质特征,因而正当防卫、紧急避险作为非罪行为,被称为排除社会危害性的行为。最初,排除社会危害性的行为,被译为免除行为社会危害性的情况。参见[苏]苏联司法部全苏法学研究所主编:《苏联刑法总论》(下册),彭仲文译,大东书局1950年版,第400页。此后,才通行排除社会危害性的行为这一译法,并被我国刑法理论所采用,参见高铭暄主编:《刑法学》,法律出版社1982年版,第162页。近来又有学者采用排除犯罪性的行为或者正当化行为的概念,以取代排除社会危害性行为这一概念。关于这个概念名称的变化和争议,可参见陈兴良:《本体刑法学》(第2版),中国人民大学出版社2011年版,第238页。为行文方便,这里统一采用"正当化事由"的说法。

〔2〕 陈兴良:《口授刑法学》,中国人民大学出版社2007年版,第243页。

〔3〕 [苏]A. H. 特拉伊宁:《犯罪构成的一般学说》,薛秉忠、卢佑先、王作富、沈其昌等译,中国人民大学出版社1958年版,第272页。

〔4〕 陈兴良:《本体刑法学》(第2版),中国人民大学出版社2011年版,第239页。

架。[1] 从大陆法系的事实与价值的分析框架来看,正当化事由是作为阻却违法事由在违法性阶层发挥作用的,与上一阶层的构成要件该当性同属于犯罪构成体系中的一部分。而国内的形式与实质的框架也好,肯定与否定的思路也好,都是把正当化事由在整体上置之于犯罪构成体系之外,作为犯罪成立的对立面来看待。因此,正当化事由在体系上游离于犯罪构成要件之外,这成为 20 年来的主流观点。贯彻这种思路的结果,体现在教科书的编写体例和顺序上,排除社会危害性、排除犯罪性、正当化事由都是放在犯罪构成体系之后。以至于有学者提出,正当化事由成了"游离于犯罪构成体系之外,与犯罪构成体系不发生任何关系的活泼元素,一个可以在犯罪构成体系之外对犯罪主观方面进行判断,进而对行为性质的认定即犯罪成立与否的认定发挥作用的自由战士。"[2] 作为正当化事由之一的被害人同意自然也处于这种地位。

近年来,随着国内刑法学界对中国犯罪论体系的集体性反思,关于正当化事由的体系性地位也被认为是传统"四要件"犯罪构成理论的最大问题,受到了比较猛烈的攻击。一些学者认为,英美法系和大陆法系的犯罪构成体系,都采取别具特色的逻辑方法,将决定犯罪是否成立的一切积极要件与消极要件,都囊括在其犯罪构成体系中,任何一个行为,经过其犯罪构成体系的一次评价就可以得出犯罪是否成立的结论。相比之下,中国的犯罪构成体系,由于没有将作为正当化事由的消极要件整合其中,导致其基本功能的不完善。这种不完善体现在被害人同意的体系性地位与其出罪功能之间存在逻辑矛盾。既然犯罪成立与否,或者说入罪还是出罪的判断只由四个要件决定,而与"四要件"之外的其他因素概无关系,那么被害人同意具有出罪功能的根据何在呢? 传统的刑法教

---

〔1〕 陈兴良:《本体刑法学》(第 2 版),中国人民大学出版社 2011 年版,第 240 ~ 241 页。

〔2〕 田宏杰:《刑法中的正当化行为》,中国检察出版社 2004 年版,第 144 页。

科书认为，这是因为“在外表上似乎具有犯罪构成的诸要件，然而在实际上却完全不具有犯罪概念的本质属性”。[1] 对此的批评是，“这种观点实际上认为犯罪构成是形式或外表的东西，不一定具有实质内容，不能作为认定犯罪的最后依据；要确定行为构成犯罪，还必须在犯罪构成之外寻找犯罪的社会危害性。”[2]

进一步说，这是由于我国犯罪论体系在“四要件”上采取事实判断与价值评价同时、一次性完成的思路但是又没有将这一思路贯彻到底的结果。正如有学者指出，“在我国刑法学中，事实判断和价值评价同时地、一次性地完成。事实评价主要通过犯罪主客观方面要件的讨论来完成。此外，与犯罪的客观情况紧密相关的其他要件，如犯罪心理，也是构成事实的一个组成部分。行为事实符合构成要件的同时，就可以得出结论说，这样的行为可以受到否定的价值评价。所以，事实判断与价值评价均在同一时间完成，没有先后之分。”[3]而被害人同意之所以能够发挥出罪功能，不仅仅是一个事实判断的问题，更是一个价值评价的问题。得到同意的行为不为罪，是因为存在更深层的价值上、规范上的理由。但是这个价值判断又被放置到了“四要件”之外，那么，对于一行为的价值评价又被分裂成两部分来完成了。

总之，由于被害人同意的体系性地位是位于“四要件”之外，本身无法成为判断犯罪构成与否的标准之一，这就给被害人同意的出罪功能带来了困扰：既然四个要件已经决定犯罪成立与否了，被害人同意作为出罪理由的合法性和正当性又从何而来呢？正是包括被害人同意在内的正当化事由体系性地位与“四要件”犯罪构成

---

〔1〕 高铭暄、马克昌主编：《刑法学》（第7版），北京大学出版社、高等教育出版社2016年版，第126页。

〔2〕 张明楷：《犯罪论原理》，武汉大学出版社1991年版，第319页。

〔3〕 周光权：《犯罪构成理论与价值评价的关系》，载《环球法律评论》2003年秋季号。

理论之间的这种困扰,坚定了很多学者彻底摒弃“四要件”犯罪构成理论,转而引入大陆法系犯罪论体系的决心。[1] 解决所有正当化事由的体系性地位超出了本章的范围,就被害人同意而言,是否在传统的犯罪构成理论中就确实无法解决了呢?笔者认为,仍然存在某种可行的方案。要想解决这个问题,必须从被害人同意的地位与出罪根据两个方面一起入手。

(二)解决方案:重新解释被害人同意的地位和根据

1. 体系性地位:必须将同意问题纳入“四要件”之内

对“四要件”犯罪论体系总体上持改良意见的黎宏教授认为,很多学者所批评的由于正当化事由体系位于“四要件”之外,从而出现两个犯罪成立的标准,这种观点其实是对传统理论的一种误读。我国传统教科书认为,“我国刑法中犯罪构成的理论阐明:犯罪行为的社会危害性是反映在犯罪构成诸要件的总和上。当一个人的行为具有犯罪构成的诸要件,就说明这个人的行为具有社会危害性,即构成某种犯罪。但是,在复杂的社会生活中,往往存在这样的情况:一个人的行为在外表上似乎具有犯罪构成的诸要件,然而在实际上却完全不具有犯罪概念的本质属性,相反地,这种行为对国家、他人或本人都是有益而无害的,因而它实质上不具有犯罪构成。”误读的原因是教科书编排体系给人的印象。“各种刑法教科书都是在讲述了犯罪构成理论之后,再将正当防卫、紧急避险等作为排除犯罪性事由加以说明和论述的。”“从理论上讲,在说行为符合具体犯罪的犯罪构成的时候,实际上也意味着该行为不可

---

[1] 陈兴良教授曾经在《社会危害性理论:一个反思性检讨》(载《法学研究》2000 年第 1 期)一文中为了解决在犯罪构成之外仍然存在实质判断的问题,主张“将社会危害性逐出规范刑法学领域”,后来认为“这一观点有简单化、情绪化之嫌”,“只有放弃我国目前通行的耦合式的犯罪构成体系,采用大陆法系的递进式的犯罪论体系,才能从根本上解决这个问题。”参见陈兴良:《违法性理论:一个反思性检讨》,载《中国法学》2007 年第 3 期。

能是正当防卫、紧急避险等排除犯罪事由，换言之，在得出这种结论之前，已经进行了该行为不是正当防卫、紧急避险等正当行为的判断，否则就不可能做出这样的结论来。因为，犯罪构成符合性的判断是唯一的、终局性的判断。”〔1〕

应该说，如果坚持传统的“四要件”犯罪构成理论，黎宏教授的这种辩护是使正当化事由摆脱体系困境的唯一可能的解释方法。只要认为犯罪构成是犯罪成立的唯一根据，就必须将刑法中的正当化事由置于犯罪构成体系之内解决。在现有的刑法学语境下，行为符合四个要件是构成犯罪的唯一、决定性因素。如果认为行为已经符合四个构成要件，然后再试图以某种理论来使行为正当化，这在逻辑上就是自相矛盾的，也无法为定罪提供确定的标准。因此，从逻辑上讲，任何出罪事由，必须是行为本身不符合四个构成要件。除此之外，再无其他的途径能够在逻辑上讲得通。这是在坚持“四要件”框架不改动的前提下，解决被害人同意体系性难题的基础性判断。

2. 引入“一元论”为同意排除“四要件”提供解释资源

解决方案的前提已经明确，那就是要想在维持“四要件”理论的前提下解决矛盾，就必须把被害人同意问题放在“四要件”之内予以解决。在我看来，这里的关键问题在于：被害人同意的出罪根据必须能够建立在消解或阻却四个要件的基础之上。但是，黎宏教授的文章对此没有做进一步的说明。所谓“在得出（行为符合具体犯罪的犯罪构成）这种结论之前，已经进行了该行为不是正当防卫、紧急避险等正当行为的判断”的说法，有点模糊不清。这种判断到底如何进行，又以什么为判断标准，正当防卫、紧急避险以及被害人同意等正当化事由，到底是怎样从“四要件”中排除出去的，都语焉不详。

---

〔1〕 黎宏：《我国犯罪构成体系不必重构》，载《法学研究》2006 年第 1 期。

张明楷教授倒是曾有过进一步的尝试。在他的第一版《刑法学》中指出:“或许可以认为,如果将意外事件、不可抗力放在犯罪主观要件中进行研究,将正当防卫等表面上符合客观要件的行为放在犯罪客观要件中进行研究,将经被害人的同意或推定同意所实施的表面上侵犯了他人的合法权益的行为放在犯罪客体中进行研究,倒是合适的。”[1]这本来是一个很有启发性的思路。但遗憾的是,张明楷教授没有将他的想法坚持到底,在第二版的《刑法学》中放弃了这一方案。这是由于一方面,他详细地阐述了取消犯罪客体作为犯罪构成要件的立场,[2]从而使得之前的“将被害人同意放入犯罪客体中进行研究”的想法无所附着,自然破产;另一方面,张明楷教授在正当化事由的根据上,坚持“一元论”的立场,也就是试图将所有正当化事由统一于一定的根据,认为正当化事由具有本质上的相通性,应在统一的原理下予以理解。张明楷教授的“一元论”主张是法益衡量说。此外,对所有的正当化事由根据做“一元论”理解的还有陈兴良教授,他主张的是社会相当性理论。[3] 日本也有一些学者以社会相当性说作为被害人同意的正当化根据。[4] 但笔者认为,社会相当性理论无力解决被害人同意的出罪根据问题。一方面,刑法中正当化事由的范围“极其广泛,甚至是无边无际的”,[5]试图将各种事由的根据定于一尊,这种努力

---

〔1〕 张明楷:《刑法学》,法律出版社1997年版,第221页。

〔2〕 张明楷:《刑法学》(第2版),法律出版社2003年版,第134页。当然,在他的第三版教科书中,他构建了客观构成要件和主观构成要件的双层犯罪论体系,从而将被害人同意问题纳入到客观构成要件中,认为存在同意即阻却了客观构成要件符合性,这就已经挣脱了传统“四要件”理论的束缚,更加贴近大陆法系的“不法—罪责”体系了。

〔3〕 陈兴良:《本体刑法学》(第2版),中国人民大学出版社2011年版,第244页。

〔4〕 代表学者有团藤重光、福田平、大塚仁等,参见陈子平:《刑法总论》(2008年增修版),台北,元照出版有限公司2009年版,第162页。

〔5〕 李海东:《刑法原理入门(犯罪论基础)》,法律出版社1998年版,第77页。

“迄今为止,尚未成功地完成”,也“不可能终结性地完成”。[1] 另一方面,社会相当性理论本身的抽象性也越来越受到质疑。而它本身能否与“四要件”的结构相兼容,更是值得怀疑。就这里需要处理的问题而言,如果抽象地把社会相当性作为被害人同意的根据,在“四要件”的体系框架内是不能令人满意的。为什么得到被害人同意的行为就是具有社会相当性的行为?更重要的是,为什么具有社会相当性的行为就不符合四个要件?四个要件这一源于苏联、具有中国式特色的理论阐述中本来就没有考虑过所谓社会相当性的问题,那么这里突然出来一个“社会相当性”的概念,要想将其作为出罪的根据,就存在一个逻辑上的推理困难。在“四要件”的框架内,笼统地使用社会相当性的概念,这相当于社会危害性概念的重生。必须从四个要件本身出发,来说明被害人同意何以对其排除,而不是从另外的抽象概念出发,直接赋予其排除“四要件”的威力;否则就是在“四要件”之外又另立了新的标准,而使得“四要件”只具有形式上的意义。曾经用以批判社会危害性理论的理由,同样适用于反对这里的“一元论”。

相比之下,法益权衡说的说服力似乎比社会相当性更大一些。按照法益衡量说中的利益阙如原理,得到被害人同意的行为没有侵犯法益,张明楷教授就是以此作为被害人同意的根据。[2] 这已经和笔者的思路比较接近了。但是他在具体论述被害人同意的问题时似乎又偏离了这个方向,认为“被害人请求或者许可行为人侵害其法益,表明其放弃了该法益,放弃了对该法益的保护。既然如此,法律就没有必要予以保护,损害被放弃的法益的行为,就不构成犯罪”。[3] 这实质上是又回到了“保护必要性”的思路上去,最

---

〔1〕 [德]克劳斯·罗克辛:《德国刑法学总论》(第1卷),王世洲译,法律出版社2005年版,第398页。

〔2〕 张明楷:《刑法学》(上册)(第5版),法律出版社2016年版,第223页。

〔3〕 张明楷:《刑法学》(上册)(第5版),法律出版社2016年版,第223页。

终仍然是把“欠缺保护必要性”作为被害人同意的出罪根据，但是这种根据不能够令人信服地说明，同样都是欠缺“保护的必要性”，为什么一个在事前得到同意的行为能够阻却行为的违法性，而被害人的事后许可却不可以。正如黄荣坚教授所指出的那样，这种理由“显然忽略了‘被害人是自由’的说法对于被害人的规制立场而言是对的，但是对于加害人的规范立场而言是不对的。刑事政策上对于被害人的保护必要性，其保护的管道在于对于加害行为人的规范机制，而不是事后对于被害人行为的评价，因此基本上，被害人的行为规范思考法则不应该介入加害人的行为规范思考法则。被害人对自己的不智选择，不应该改变法律对于加害人的规范必要性。”〔1〕

针对上述问题，笔者主张从德国刑法学界关于被害人同意的地位之争里汲取资源，引入“一元论”的理论。如前文所述，在德国的犯罪论体系中，“一元论”是主张将被害人同意作为一种全面排除行为构成的根据，在传统的犯罪论体系中就可以将其转换成一种排除“四要件”的理由，也就是说，避开了与“二元论”骨肉相连而又在“四要件”犯罪论体系中无法消化的问题——即构成要件该当性和违法性的阶层区分问题，而是可以直接在四个要件层面统一讨论问题，这种话语转换的成本是非常小的。这里就初步回应了本章第一部分结束时提出的问题，如果按照大陆法系中的“二元论”（有的同意阻却构成要件该当性，有的同意阻却违法性），同样也无法与“四要件”的结构兼容，其间的话语转换除非是推翻整个“四要件”的理论体系，否则是不可想象的。

按照“一元论”的理论主张，同意由于是法益主体对法益的自由支配，因而从一开始就不存在法益的侵害，而行为人的行为也不是一种侵害行为，而是在实现法益主体的自治权。这种解释思路

---

〔1〕 黄荣坚：《基础刑法学》（上），中国人民大学出版社2009年版，第207页。

用到“四要件”中来，也非常具有解释力。四个要件是指犯罪客体、犯罪主体、犯罪客观方面和犯罪主观方面。既然犯罪客体实质上就是刑法上的法益，[1]那么显然，得到被害人同意的行为并没有侵害法益，当然也就没有侵害这里的“犯罪客体”。当然，近年来也有不少学者主张从“四要件”中去除“犯罪客体”的。[2] 但是即便如此，“一元论”同样可以从同意排除犯罪的客观方面来使其正当化。因为得到同意而为的行为，是符合法益主体的意愿的，这种意愿不仅消除了结果无价值，也消除了行为无价值，[3]使其不能再称为刑法意义上的犯罪行为，或者说，不是刑法分则的构成要件中所规定的行为类型。比如说，得到被害人同意的情况下，进入他人房间的行为就不是刑法意义上的“侵入”；得到女方同意与其发生性关系也不是《刑法》第236条的“强奸”；得到同意拆看被害人信件的行为不是第253条中的“私自开拆”；得到同意把被害人反锁在房间里不能说是《刑法》第238条的“非法拘禁”；得到同意对房主的旧房子进行拆迁的行为也不是第275条中的“毁坏”；得到病人同意对其进行手术的行为当然也不是第234条意义上的“伤害”。这样，同意就有效地排除了犯罪的行为要件，由于“四要件”“一损俱损、一荣俱荣”的特点，整个犯罪构成就都被排除了，这里就缺乏一种成立犯罪的条件，因而同意成为一种出罪的事由。

总之，无论是排除犯罪客体，还是排除犯罪行为，同意的出罪功能与“四要件”的理论体系之间的关系都可以得到比较圆满的解

---

〔1〕 此处不详细展开，参见张明楷：《法益初论》（修订版），中国政法大学出版社2003年版，第181页。

〔2〕 张文教授最早提出否认犯罪客体是犯罪构成要件的观点，参见张文：《关于犯罪构成理论的几个问题探索》，载北京大学法律《法学论文集》（续集）编辑组主编：《法学论文集》（续集），光明日报出版社1985年版，第252页以下；以及张明楷：《犯罪论原理》，武汉大学出版社1991年版；刘生荣：《犯罪构成原理》，法律出版社1997年版等著作中均提出了相同的观点。

〔3〕 Maurach/Zipf, *Strafrecht AT*, 1992, § 17, Rn. 33.

释，不会出现前面所说的那种体系内部的逻辑冲突。因此，在保持目前“四要件”的理论框架不变动的前提下，引入德国刑法学“一元论”的理论资源，加以适当的“本土化”，会极大地有利于在逻辑上理顺被害人同意与“四要件”的关系，为同意的体系性地位，以及化解其与“四要件”的定罪标准之间的体系性冲突提供了非常有说服力的根据。

五、地位之争的辐射效果

一些学者认为，“二元论”与“一元论”的争论，主要是建立在三阶层犯罪论体系之上的，因此对于采取二阶层的犯罪论体系来说，似乎没有什么意义。我国台湾地区的黄荣坚教授和内地的张明楷教授就持这种看法。黄荣坚教授的教科书采取“不法—有责”的二阶层理论，认为，“从犯罪结构二阶层理论的角度而言，把被害人同意的法律作用区分为阻却犯罪构成要件该当性的同意以及阻却违法性的承诺，是完全没有意义的。”〔1〕张明楷教授在其最新的《刑法学》(第3版)中，构建了“客观构成要件—主观构成要件”的体系，也是一种二阶层的理论，对于被害人同意的“二元论”，由于“本书主张客观构成要件与违法性的一体化，故不作上述区分”。〔2〕此外，周光权教授的《刑法总论》采用“客观要件—主观要件—犯罪阻却事由”的“新三阶层论”，尽管也承认存在直接排除构成要件该当性的被害人同意，〔3〕不过在他的体系中，这种区分并无实际意义。而在陈兴良教授的“罪体—罪责—(罪量)”的体系中，被害人

---

〔1〕 黄荣坚：《基础刑法学》(上)，中国人民大学出版社2009年版，第214页。

〔2〕 张明楷：《刑法学》(第3版)，法律出版社2007年版，第199页。

〔3〕 周光权：《刑法总论》，中国人民大学出版社2007年版，第228页。值得注意的是，周光权教授对于被害人同意之体系地位与法律效果的观点已经有所改变。目前，周光权教授认为，被害人同意属于“违法排除事由”，“得到被害人承诺的侵害行为，并不排除构成要件，但却阻却违法性，属于超法规的违法阻却事由。”参见周光权：《刑法总论》(第3版)，中国人民大学出版社2016年版，第219页。

同意的地位之争也并不是一个被重视的问题。[1] 但是，笔者认为，讨论“二元论”与“一元论”之争的意义，不仅限于基于“革命派”立场的对德国理论的全面介绍和未雨绸缪，也不仅有助于“改良派”借助德国资源来为被害人同意在中国犯罪论体系中的地位寻找理论支持，还在于讨论这个问题过程中无法回避也因此凸显出来的更为重要的一些一般性问题。

这些问题，超越了德国犯罪论体系内部的三阶层与二阶层之争，也不仅仅是一些“德国问题”，而是对于各国的刑法学理论都具有普遍性的意义，包括中国刑法学界的“创新派”。对于前面提到的几位学者自创的体系，笔者在这里无法一一展开。这几个体系，既不同于典型的大陆法系犯罪论体系，也不同于传统的四要件理论，但是笔者认为，就下面所提到的一般性问题，对这些新体系来说，仍然是不能回避的。这些问题，只有被放在被害人同意领域里尤其是同意的地位之争这个德国语境中才会被完整地揭露出来，同时，它们的影响也超出了被害人同意的问题范畴。它们包括对于法益概念中是否包含个人支配意愿的反思；对于刑法上的个人自治权内涵的理解；在关于同意的具体个案中如何面对不同情况提出不同的解决方案等。这些问题，并不是仅仅存在于三阶层或者二阶层的犯罪论体系中，而是各国刑法学应予共同关注的问题。

（一）使法益概念被重新问题化

在对“二元论”和“一元论”讨论之中，法益概念被重新“问题化”了。

法益概念起源于德国，在今天被大部分大陆法系国家普遍接受，成为一个刑法学理论中的基础性概念。在国内，通过一些学者的不懈努力传播，法益概念也日益深入人心，在中国刑法学理论体

[1] 陈兴良：《口授刑法学》，中国人民大学出版社 2007 年版，第 260 页。

系中逐渐占有一席之地。但是随之也出现了一些问题，很多学者在理论叙述时把法益概念拿来使用，甚至将其作为一个不言自明的概念。但是即使在这个概念的起源地德国，经过几十年的发展，法益概念仍然显示出巨大的包容性和可变性，不断地向研究者开放出许多新的问题。德国学者通过在被害人同意问题上的分歧，恰恰揭示出了问题背后的法益概念的复杂性。基于对法益概念的不同理解，必然反映在被害人同意问题上的不同立场。反过来，通过对被害人理论的深入研究，也使得法益这一刑法学的基础性概念又一次被“问题化”了。

如前文所分析的那样，“一元论”与“二元论”最重要的前提性和基础性差异就是在于对个人法益概念的理解上。一元论者之所以要把二元论中阻却违法性的同意一并合入排除行为构成的范围，就是不能接受得到同意的财产损害和身体伤害中存在“法益损害”的观点。从公民的行为自由出发，基于个人自治权的法益观，认为凡是得到同意的行为都不存在所谓法益侵害的问题，而是个体人格的展开和实现。那么法益概念究竟是否应该包括法益主体的个人支配意愿呢？这个问题现在看起来并不是不言自明的。“一元论”的提出，使得法益概念被重新“问题化”了。对于中国现在的刑法理论来说，作为迈开向大陆法系刑法理论学习的第一步，打好基础是非常重要的，而“法益”概念可以说就是大陆法系刑法学“基础”中的“基础”。

中国刑法学界很多学者呼吁“学派之争”，而最基本也最重要的争论之一就是“法益侵害说”与“规范违反说”的对立。法益侵害究竟意味着什么？法益侵害是否包括对法益主体意愿的侵害？在被害人同意下实施的行为是否还构成对法益的侵害？只有深入研究这些问题，才能避免法益概念最终沦落成和“社会危害性”一样永远正确但是又华而不实的“大词”。通过对“二元论”和“一元论”的分析，进一步探讨作为其争议基础的法益观，使得法益概念被重新问题化，对于刑法学界真正理解“法益”这一概念有着十分重要的意义，这同样是今天的中国刑法学界面临的非常紧迫的任务。

（二）问题性思考对体系性思考的挑战

区分阻却构成要件该当性的合意和阻却违法性的承诺，这个大胆清晰的“二元论”方案能够在德国以及其他国家赢得通说的地位，不仅仅在于概念上的区分所带来的一种体系上的优美感，更重要的在于为错综复杂的司法实践提供了一种模型性的、体系性的解决方案；而且按照这种方案，也确实对一些案件的不同处理提供了具有说服力的依据。但是，正如本章第一部分所分析的那样，“二元论”除了在法益的观念上，也在具体问题的解决上遭到了质疑和挑战。如果说它成功之处在于提出各种差别，那么如今它面临的攻击也在于这些差别。

笔者认为，一元论者把同意统一作为一种排除行为构成的事由，但是他们希望统一的仅仅是同意在犯罪论体系中的地位，并捍卫和主张一种作为同意的基础原理的、以保证同意统一适用的法益观念。这一点也决定了：一元论者并不是要像统一同意的“名分”那样去统一同意的实质要件，或者说是有效性条件；恰恰相反，一元论者正是要极力反对二元论者的那些人为和僵硬的区分，反对二元论者为阻却构成要件该当性的“合意”与阻却违法的“承诺”所分别设定的那些一般性的有效要件。一元论者认为，在同意要件的问题上只能是具体情况具体分析，不可能存在统一的标准，即使存在，也绝对不应该是仅仅限于“合意”和“承诺”两种情况这么简单。事实上，一元论者在他们的批评意见中所展示的，正是要说明，即使在所谓的“合意”和“承诺”的各自阵营内部，在面对意思瑕疵、同意能力、意思表达等问题时，解决方案往往也是无法达成一致的。教义学上的诱惑与体系性思考的冲动，也许会驱使人们希望在一元论者那里找到关于同意要件的一元性标准,但是这恰恰是走向了“一元论”的反面。如果一个二元的标准都被批评得支离破碎,又怎么可能出现一个统一的标准?所以,“一元论”只是在同意的地位、名分以及法益观上坚持“一元”,而在关于同意的具体问题上则是主张多元和复杂化的。因此,“二元论”的背后实际上是一种大一统的体系性的思考,而支撑“一元论”的则是一种问题导向的、具体问题具体分析的思想。就具体问题的解决而言,“二元论”的人为区分确实显得有些僵硬,在说服力上有“以现实就理论”之嫌。因此,“一元论”所主张的“具体问题的考虑优先于理论体系的建构”,至少在被害人同意的问题上,是问题性思维对传统的德国刑法学的体系性思维的一种挑战。

这也是“一元论”与“二元论”之争对中国刑法学另一点重要启发和可资借鉴之处。目前国内刑法学的犯罪论体系,由于没有像德国刑法学那样的阶层之分,因此作为排除犯罪性事由之一的被害人同意,从体系上来说,本来就没有办法推导出阻却构成要件该当性还是阻却违法性的区分,因而先天性地具有“一元论”的特点。但是所有对“二元论”的讨论都是有意义的。因为正是从这场争论中,我们看见的是在被害人同意的问题上,“二元论”试图设立一般性要件的种种失足之处。一种教义学上的方案一旦形成,它往往就会反过来要求司法实践对其予以遵循,或者说,对司法实践进行指导,进行自觉的归类,即使在某些时候按照这种方案得出的结论不是那么令人信服。这是在教义学上普遍存在的危险,而当这种危险被人们发现甚至频繁出现的时候,这种方案本身就必然遭遇质疑。毕竟,人们需要捍卫的是如何合情合理地、有说服力地解决问题,而不是捍卫为解决问题而提出的某个已出现偏差的理论。这场争论所展示出的问题的复杂性,将启发我们在包括同意理论在内的各种领域里,认真对待体系性思考与问题性思考的关系:理论的出发点,究竟是着手于建构所谓的一般性要件,还是立足于一些基本范畴和核心问题,从中再抽象出针对各个问题的比较具体的解决方案?

六、小结:不同立场的多元选择

关于被害人同意在犯罪论体系中的地位问题,国内刑法学界目前尚无比较一致的看法。对包括被害人同意在内的正当化事由体系性地位的改革方案往往取决于对犯罪论体系改革的基本立场。随着传统的“四要件”犯罪构成理论风雨飘摇,奠基于这个理论基础之上的包括被害人同意在内的正当化事由的体系性地位,也成为学界关注争议的焦点。它既是采用“四要件”理论的必然性逻辑结果,也是“四要件”理论的大破绽之一。因此,对于被害人同意体系性地位的看法,一方面既涉及对于整个犯罪论体系变革的基本立场,反过来也是证明这一基本立场的重要切入点。变革的基本立场有三:要么就来一个根本的解决,全盘引进德日的犯罪论体系,那么这些中国式的困扰就都不存在了;要么就是在现有的体系下,维持不变,想办法努力从理论上对其自圆其说;要么就是自己重新创立一个新的体系。在这种局面下,要想解决被害人同意的体系性地位问题,首先当然要表明是哪一种“体系”。

笔者试图为各种立场都能提供有价值的方案。这是由于笔者的写作任务不是表明个人的基本立场,而是希望从具体问题出发,努力展示兼及不同立场的各种可能性,提供一个全方位和具有选择性解决方案的理论图景。对彻底的革命派而言,从战略性的角度考虑,有未雨绸缪的意思。考虑到德国犯罪论体系对被害人同意在刑法理论体系中的位置的讨论,已经形成了相当的气候,因此,尽早介入这种讨论,前瞻性地了解其核心问题,至少为中国犯罪论体系在将来的整体变革在当下做一些局部的积累和铺垫;对于维持“四要件”的改良派而言,也能通过借助“一元论”的理论资源,在“四要件”的框架之内合理解释被害人同意的出罪功能。此外,对由同意地位而衍生出来的一些问题,本书亦从跨越个别语境的层面做了分析。这些问题,无论是直接引入大陆法系的犯罪论体系,还是坚持已有的四要件理论,还是我国学者自己创建的新体系,都无法回避,需要认真对待。总之,从国内对该问题的现有研究水平看,这里与其说是立足于中国理论语境,毋宁说是在面对理论自尊心的窘迫和司法现实的要求时,积极地引进国外丰富的理论资源来建设和丰富语境的问题。在此过程中,一方面尽力融入一些刑法学规范性原理的讨论,另一方面更要把对解决现实问题有益的理论分析清楚。这就是笔者讨论被害人同意的体系性地位的出发点和落脚点。

第七章
不法阶层之行政许可

本章讨论构成要件阶层和违法性阶层中的行政许可问题。行政许可作为一种刑法上的不法阻却事由，主要适用于具有“行政附属性”的刑法条文。行政许可发挥出罪功能，既可能阻却构成要件该当性，也可能阻却违法性，因此可称之为不法阻却事由。本章以不同类型的行政许可所具有的不同体系性地位为轴心，对在不同阶层发挥作用的行政许可的出罪功能进行探讨。

一、行政附属性与行政许可

行政许可作为一种超法规的出罪事由，近年来，开始受到各国刑法学界的重视。主要原因在于随着社会发展，在传统的自然犯之外，大量的行政犯涌入刑法典；而行政许可发挥出罪功能的范围，主要集中在环境犯罪等大量具有“行政附属性”的犯罪类型。因此，“直到环境刑法具有了日益增长的意义之后，行政许可（官方批准）才成为刑法信条学感兴趣的热点问题。”〔1〕

〔1〕［德］克劳斯·罗克辛：《德国刑法学总论》（第1卷），王世洲译，法律出版社2005年版，第526页。

所谓“行政附属性”(Verwaltungsakzessorietät),是指刑法条文本身不能自动地满足行为可罚性的全部要求,而是需要借助于行政法的某些规定。[1] 换言之,需要通过一定的解释技术和方法,将某些行政法的规定或判例解释进刑法条文的可罚性条件之中。[2] 例如,《刑法》第296条规定:“举行集会、游行、示威,未依照法律规定申请或者申请未获许可,或者未按照主管机关许可的起止时间、地点、路线进行,又拒不服从解散命令,严重破坏社会秩序的,对集会、游行、示威的负责人和直接责任人员,处五年以下有期徒刑、拘役、管制或者剥夺政治权利。”这里的“法律规定”不是刑法本身,而是《集会游行示威法》的相关规定。又如,《刑法》第343条规定,“违反矿产资源法的规定,未取得采矿许可证擅自采矿,擅自进入国家规划矿区、对国民经济具有重要价值的矿区和他人矿区范围内采矿,或者擅自开采国家规定实行保护性开采的特定矿种,情节严重的,处三年以下有期徒刑、拘役或者管制,并处或者单处罚金。”要想对采矿行为进行刑法上的规制,必须结合《矿产资源法》和采矿许可证的相关制度进行解释。由此可见,在面对“行政附属性”的问题时,对于法条所规制的对象,刑法典本身不具备单独调整的能力,[3]已不能固守独立的法秩序半径,相反,需要承认和借助行政法的规定。

在涉及具有“行政附属性”的刑法条文时,刑法规定的正当防卫、紧急避险等各种出罪事由都可以适用,但是,更为常见的出罪事由是行政许可。不同于正当防卫等出罪事由既适用于自然犯也适用于法定犯,行政许可发挥出罪功能的领域主要集中在具有“行政附属性”的法定犯中。正如有学者指出的,“行政违反加重犯(尤

---

[1] Baumann/Weber/Mitsch/Eisele, *Strafrecht AT*, 2016, § 15, Rn. 159.

[2] Bloy, Straftaten gegen die Umwelt, *ZStW* 100(1988), S. 500.

[3] 事实上,在立法成本和技术上,也不可能把刑法塑造成一个完全独立的部门法形象。

其是以未经……许可、未经……批准为成立条件的犯罪)的最典型的犯罪阻却事由就是行政许可”。[1] 显然,如果集会、游行、示威的行为获得了相关部门的许可并在许可范围内实施,即使对社会秩序造成了严重影响,也不能成立《刑法》第296条的非法集会、游行、示威罪;如果采矿人取得了主管部门的许可,那么即使对矿产资源造成了破坏,也不能按照《刑法》第343条的非法采矿罪对其追究责任。在上述场合,一个获得许可或批准的行为足以排除构成要件的不法,这就是行政许可的出罪功能。

二、行政许可的体系性地位

出罪事由是一个统称,在“构成要件该当性—违法性—有责性”的犯罪论体系中,它既包括在违法性阶段考虑的正当化事由,也包括在构成要件该当性阶段考虑的排除行为构成的事由。那么,行政许可究竟是一种阻却构成要件该当性的事由,还是阻却违法性的正当化事由?

尽管大部分刑法学教科书都是将行政许可放在违法性一章的正当化事由中去讨论,但是基本上都承认,行政许可并不总是作为一种正当化事由,在很多情况下,获得行政许可的行为从一开始就没有满足构成要件,换言之,首先是直接地阻却了构成要件该当性。那么,哪些情形下行政许可阻却构成要件该当性,哪些情形是正当化事由,能否对此概括出一般性的准则?迄今为止,刑法教义学还没有形成非常一致的意见。大家都承认,要想在每个个案中都能清晰明确地说明行政许可究竟是以何种地位发挥出罪功能,这是相当困难的。[2] 但是,也并非完全没有共识。一般认为,这里的关键点在于考察行为的不法内涵都包括哪些内容。换言之,行

---

〔1〕 张明楷:《行政违反加重犯初探》,载《中国法学》2007年第6期。

〔2〕 Kühl, *Strafrecht AT*, 2017, § 9, Rn. 120.

为的不法仅仅是冲击了行政许可本身，还是除此之外，仍有其他所谓"不同寻常的特征"[1]？

具体而言，对于一个未获许可的行为，在考虑行政许可的必要性和权威性受到损害之外，还要考察行为本身是否单独可以构成一种具有可罚性的不法类型。如果答案为是，那么即使在获得许可的情况下，行为也不能阻却构成要件该当性，行政许可只能在违法性阶段作为一种正当化事由；相反，一个行为虽然没有获得行政许可，但如果行为性质本身是价值中立的（Wertneutral）或具备社会相当性（Sozialadäquat）时，则该行为的不法内涵仅仅在于它对行政法律的蔑视，在这种情况下，行政许可扮演的就是一个阻却构成要件该当性的角色，获得行政许可的行为从一开始就不满足构成要件。[2]

但是，这实际上是把判断的基准推给了社会相当性，而社会相当性本身在刑法教义学体系中的地位和意义仍然存在相当大的疑问。有些学者把它看成是排除行为构成（阻却构成要件该当性）的情况，有些学者把它看成是正当化的根据，有些学者则把它看作是免责的根据。很多人因为它的标准所具有的不明确性对法安全有危害，以及它与公认的解释方法相比是多余的，所以拒绝这个概念，或者想让它最多作为一般的解释原则适用。很多学者认为，尽管社会相当性理论追求的是正确的目标，但它并没有为排除具有特殊特征的行为构成提供能够供解释用的更精准的标准。所以，今天这种理论已经很难提供一种特别的信条学意义了。[3] 因此，依靠社会相当性理论来区分两种不同地位的

---

〔1〕 参见[德]冈特·施特拉腾韦特、[德]洛塔尔·库伦：《刑法总论 I——犯罪论》，杨萌译，法律出版社 2006 年版，第 189 页。

〔2〕 Arzt/Weber/Heinrich/Hilgendorf, *Strafrecht BT*, 2015, § 41, Rn. 22.

〔3〕 参见[德]克劳斯·罗克辛：《德国刑法学总论》（第 1 卷），王世洲译，法律出版社 2005 年版，第 194 ~ 195 页。

行政许可,尽管具有很直观的说服力,但弊端同样明显,借用一个本身也边界不清的概念工具来解释问题,容易把问题从一个迷局引向另一个迷局。

从行政许可的目的入手来区分两者,是一种与上述观点的结论大致相当但是切入角度略有不同的方案。一个本身有害或危险或不受欢迎的行为,本来是被普遍禁止的,只是在例外的情况下,基于法益衡量后为了实现一种优势的利益而对其许可,那么这种许可便可以构成正当化事由;如果许可要求只是为了针对那些虽然并不普遍禁止但是需要国家关注和监督的行为,那么许可在这里则成为一种阻却构成要件该当性的事由。在行政法上,前一种许可被称为特别许可。许可赋予当事人从事禁止行为的自由。借助特别许可,因法律抽象规定而产生的困境和困难得以消除。后一种许可被称为控制性许可。在这种场合,行为之所以需要获得行政许可,并不是因为该行为都不能实施,也不是因为该行为本身侵犯其他法益,只是因为需要行政机关在具体事件中事先审查是否违反特定的实体法的规定。因此,只要申请人的行为符合实体法的规定,就应许可。[1] 在前一种场合,行政许可的作用主要是提高公信力证明和合理配置资源,取得行政许可后实施的行为,不可能符合犯罪的构成要件,因而阻却构成要件符合性;在后一种场合,行政许可的作用主要是控制危险,取得行政许可后实施的行为,仍然是一种符合客观构成要件的行为,但阻却违法性。[2] 尽管论述角度有所不同,但很清楚的是,控制性许可与阻却构成要件该当性的许可之间,特别许可与阻却违法性的许可之间,在范围上大致是一一对应的。

在阻却构成要件该当性的许可(控制性许可)的情况下,国家

---

〔1〕 [德]哈特穆特·毛雷尔:《行政法学总论》,高家伟译,法律出版社2000年版,第209页。

〔2〕 张明楷:《行政违反加重犯初探》,载《中国法学》2007年第6期。

的利益在于监督危险源是否完全被控制，以及在该领域内工作之人是否具备专门知识及其可信任度。未经过许可的行为的不法内容在于，使政府对于该项活动行使监督的努力遭到挫折，或增加监督的困难。这就是刑法理论上的“纯粹的不服从犯”（reine Ungehorsamsdelikte）。[1] 法律规定取得驾照和医生执业资格后才能开车和看病的意义，正是在于通过这种许可对申请者的专业能力和适应性进行监督和控制。例如，从事医疗治病的行为，本身是基于救治的目的，也具有善的意义，行为本身并没有侵犯法益，也不是被普遍禁止的行为。但是，只有符合卫生部门规定的执业条件，获得行医资格，才能从事医疗行为。《刑法》第 336 条的“未取得医生执业资格”是一种构成要件要素，颁发执业证的许可就是一种阻却构成要件该当性的根据。又如，2000 年 11 月 10 日最高人民法院《关于审理交通肇事刑事案件具体应用法律若干问题的解释》第 2 条第 2 款第 2 项规定，“无驾驶资格驾驶机动车辆的”，在造成一人重伤的情况下，也依交通肇事罪定罪处罚。“无驾驶资格驾驶机动车辆”在这里是一种构成要件要素，如果取得驾照驾驶，又无其他禁止事由时，造成一人重伤则不能按照交通肇事罪定罪，而只能论以过失致人重伤罪。因此，颁发驾照在这里就是一种阻却构成要件该当性的事由。

也有一些行为，在得到许可时直接阻却构成要件该当性，但是按照社会相当性或控制性许可的理论对其归类都不是很适宜。例如，我国《刑法》第 245 条规定的非法侵入住宅位于“侵害公民人身权利、民主权利罪”一章中，但是德国《刑法》第 123 条规定的非法侵入住宅则属于“妨害公共秩序的犯罪”。该条规定了侵入的对象包括“用于公共事务或交通的封闭场所”，有德国学者对此认为，这

---

〔1〕［德］汉斯·海因里希·耶赛克、［德］托马斯·魏根特：《德国刑法教科书》（上），徐久生译，中国法制出版社 2017 年版，第 500 页。

正如未经允许进入他人家宅是直接违背了他人的意志一样（缺乏被害人同意），未经许可进入公共设施也是一种直接违背行政机关意志的行为（缺乏许可）。[1] 由于构成要件在这里都是直接保护意志自由，因此在得到同意和许可的时候，就没有任何对意志的违背，当然也就阻却了构成要件该当性。

除此之外，行政许可也可能作为一种正当化事由（阻却违法性）发挥出罪的功能。例如，《刑法》第 303 条规定了赌博罪和开设赌场罪，发行彩票的行为，本质上也具有赌博性质，在社会风俗上属于不被容忍的行为，客观上也对经济生活秩序形成干扰，但是，各国基于财政利益和政策的考虑，往往会许可特定的机构发行彩票。因此，这里的许可就是一种对普遍禁止行为的例外允许，是一种特别许可。得到行政许可而发行彩票的行为，并没有阻却构成要件该当性，而是阻却违法性，相反，没有得到许可而擅自发行、销售彩票的行为，则缺乏正当化事由而构成《刑法》第 225 条的非法经营罪。[2] 又如，《刑法》第 325 条规定，“违反文物保护法规，将收藏的国家禁止出口的珍贵文物私自出售或者私自赠送给外国人的，处五年以下有期徒刑或者拘役，可以并处罚金。”即使基于某种特殊原因而得到许可，将珍贵文物赠送给外国人，赠送行为仍然是一种致使本国文化财富流失的行为类型，许可在这里并不能在构成要件该当性的层面上使行为脱逸，而只能在违法性层面使其正当化。再如，《刑法》第 351 条规定，“非法种植罂粟、大麻等毒品原植物的，一律强制铲除”。种植毒品原植物的行为，将会导致毒品的大量生产，本身具有侵害公众健康的危

---

〔1〕 Winkelbauer, Die behördliche Genehmigung im Strafrecht, *NStZ* 1988, S. 201.

〔2〕 这是根据 2005 年 5 月最高人民法院、最高人民检察院《关于办理赌博刑事案件具体应用法律若干问题的解释》第 6 条得出的结论。若无此司法解释，则擅自发行、销售彩票的行为应被定性为赌博罪。

险，国家对此本来是普遍禁止的，但是，在一些医疗场合，也需要相应的制品保证医疗效果，经过利益权衡，国家特别允许一定的企业生产毒品原植物。这种许可就是一种阻却违法性的正当化事由。

存在疑问的是，有些行为的禁止，究竟是由于该行为本身具有侵害法益的危险或不受欢迎，还是因为该行为若在没有许可的情况下实施则体现出对国家权力的蔑视并增加了监督的困难，这一点的判断会受到不同国家不同发展时期的国民观念的制约。例如，《刑法》第六章“妨害社会管理秩序罪”下第六节“破坏环境资源保护罪”中规定了大量的危害环境的行为。乱排污水、盗伐林木、进口废物等环境犯罪，在几十年前可能并不具有可罚性，后来基于国家对社会管理秩序的需要而进入刑法，如今，环境保护得到全球的重视，从保留一个长远的星球发展看，甚至具有了某种社会伦理的内涵；但是同时，这也远远不是共识，全球仍然存在大量的反环保主义者，认为环境保护是一种虚伪的主张，是以牺牲现实的人类利益为代价。在这种情况下，就很难回答，得到许可而排放污水、砍伐林木和进口废物的行为，究竟是阻却了构成要件该当性，还是阻却了违法性？对这个问题的回答，在不同的国家和不同的时期，答案可能都会不一样。

最后，需要阐明的是，讨论行政许可的体系性地位的意义是什么？无论是阻却构成要件该当性还是违法性，最后都是出罪的结果，那么，讨论行政许可的不同类型，明确其体系性地位，究竟有什么实益？如果只是为了满足体系的圆满和区分的精巧，则似乎并不足以成为深度研究的原因。尤其是，我国现在大部分教科书仍然采取传统的“犯罪客体—犯罪主体—犯罪的客观方面—犯罪的主观方面”的四要件理论，少数比较有影响力的创新体系也基本上是采取两阶层的犯罪论。〔1〕 有学者提出，“如果采取两阶层的犯罪论体系，则意味着区分阻却构成要件该当性与阻却违法性没有实际意义。因为在两阶层的犯罪论体系中，阻却违法性的事由也是阻却构成要件该当性的事由。”在这种语境和局面下，是否仍有区分阻却构成要件该当性的行政许可和阻却违法性的行政许可之必要？笔者认为，即使不采纳“构成要件该当性—违法性—有责性”的体系，讨论不同类型的行政许可仍然是有实践意义的。这突出地体现在面对有瑕疵的行政许可，以及行为人对行政许可发生错误认识的情形时，不同地位和不同类型的许可具有不同的出罪效果。下文对此展开论述。

三、有瑕疵的特别许可与法秩序统一性

以欺骗、胁迫、贿赂等不正当手段取得的、带有瑕疵的行政许可是否具有出罪功能，是刑法理论上争议较大的问题。通说的观点认为，区分阻却构成要件该当性的许可与阻却违法性的许可的实践意义正在于此，即瑕疵会对两种不同的许可类型的出罪功能产生不同影响，存在瑕疵并不影响前者阻却构成要件该当性的功能，但是却会取消后者的正当化功能。〔2〕 或者换一种角度说，有瑕疵的控制性许可仍然能够阻却构成要件该当性，但是有瑕疵的特别许可则不能使得行为正当化。〔3〕 但是，这种区分本身也连带出一些重要的理论问题需要解决。例如，对于一个虽然有瑕疵但是

---

〔1〕 如陈兴良教授的“罪体—罪责—(罪量)”体系和张明楷教授的“客观构成要件—主观构成要件”，基本上是两阶层的递进式体系。周光权教授的“犯罪客观要件—犯罪主观要件—犯罪阻却事由”虽然以三阶层的形式出现，但是与德日等大陆法系国家的三阶层体系在逻辑顺序上又有很大不同。因此，严格来说，除了陈兴良教授主编过的《刑法学》(复旦大学出版社 2003 年版)一书外，国内刑法学界并没有严格采取“构成要件该当性—违法性—有责性”的体系的学者。

〔2〕 Baumann/Weber/Mitsch/Eisele, *Strafrecht AT*, 2016, § 15, Rn. 165.

〔3〕 张明楷：《行政违反加重犯初探》，载《中国法学》2007 年第 6 期。

在行政法上尚有效的特别许可(阻却违法性的许可),如果刑法拒绝其正当化的作用,是否与行政法之间存在冲突?

违法的行政许可(rechtswidrige Genehmigung)分为两种:一种因违反法律规定而自始即为无效(nichtig);另一种是以欺骗、贿赂等不正当手段取得而具有实质违法性,但在行政法的形式上是有效的,只不过这种效力处于可争辩或可撤销(anfechtbar)的状态。第一种许可,作为在实体法上无效的具体行政行为,自它发布之时就没有任何法律约束力,当事人不受它的拘束,其他国家机关和其他社会成员也可以不尊重它。当事人不履行它所规定的义务,不承担法律责任。这种在行政法上自始无效的许可,在刑法上也没有意义,不具有正当化功能。作为行政附属性的体现,对这一点基本没有争议。与此相对,一个阻却违法性的许可,本身是以不正当手段获得的,是否仍具有出罪功能,则是一个存在重大争议的问题。德国刑法理论的多数意见基于一种"权利滥用"的思想来否定这种有瑕疵许可的出罪功能。[1] 但是,这种说法本身尚不足以显示问题的复杂性以及平息对此的疑问。一方面,不仅这种有瑕疵的许可本身侵害行政法,而且得到许可而为的行为也违反了实质的行政法。另一方面,形式的行政法律又把这种许可视为有效,在法律效果上和那些合法且有效的行政许可是一样的。除非经过法定程序由国家有权机关作出撤销决定,才能否定其法律效力。因此,刑法理论上有观点认为,为了维护"法秩序的统一性",对于那些虽然具有违法性但是在行政法上仍然有效的许可,刑法应该尊重行政法的认定;因此,应该承认这种许可具有正当化功能。[2] 简言之,行政法同意之事,刑法不能否定。

---

〔1〕 参见[德]冈特·施特拉腾韦特、[德]洛塔尔·库伦:《刑法总论Ⅰ——犯罪论》,杨萌译,法律出版社2006年版,第190页;[德]克劳斯·罗克辛:《德国刑法学总论》(第1卷),王世洲译,法律出版社2005年版,第527页。

〔2〕 Wessels/Hettinger, *Strafrecht BT1*, 2016, Rn. 1061.

但是,这种看起来很有说服力的、以"法秩序的统一性"为基本依据的观点,却忽略了法律语境的具体细节。在刑法上,把一个根据有瑕疵的许可而实施的行为评价为具有"刑事违法性",这并不与行政法的评价相矛盾。[1] 因为无论许可有效与否,该行为其实在行政法上也是不法的。我国《行政许可法》第79条规定,"被许可人以欺骗、贿赂等不正当手段取得行政许可的,行政机关应当依法给予行政处罚。"可见,对于这种行为的实质违法性而言,刑法和行政法的评价并无冲突。[2] 但是,刑法与行政法在违法性的判断上没有冲突,并不意味着就要接受一个在行政法上有效力的行政许可。违法性与效力并不是等同的问题,而是两个不同的问题。[3] 违法并不一定都是无效,有效也并不一定都意味着合法。一个违法取得的行政许可,并不会因为行政法上的有效性,而变身成一个合法的行政许可。这里最关键的问题在于有必要将"有效性"和"违法性/合法性"二者分离考虑。[4] 因此,不能简单地以行政法上的效力为准线来决定许可在刑法上的正当化功能。

更重要的理由在于,刑法上并没有类似于行政法上对具体行政行为确认无效或撤销这样的制度安排。换言之,刑法并没有一种与行政法上的许可制度在功能构造上相对应之物。刑法出入罪的基本原理是,一个满足构成要件该当性的行为,必须在违法性层

---

〔1〕 Winkelbauer, Die behördliche Genehmigung im Strafrecht, *NStZ* 1988, S. 205.

〔2〕 有学者认为,"刑事不法正式以民事上、行政上的不法为其逻辑前提的,即只有在具有民事上、行政上的不法的前提下,才有刑事不法可言。如果民事、行政上是合法的,则不可能在刑事上认定为不法。"参见陈兴良:《违法性理论:一个反思性检讨》,载《中国法学》2007年第3期。

〔3〕 否则,行政诉讼法就没有必要区分"确认违法"的判决与"确认无效"的判决。

〔4〕 Baumann/Weber/Mitsch/Eisele, *Strafrecht AT*, 2016, § 15, Rn. 163.

面被正当化，才可能出罪。然而仅仅凭借许可的效力，并不能直接地实现上述的出罪功能。在行政法领域内，之所以可以承认一个违法取得的许可仍然有效，是因为行政法上有针对许可的撤销机制，可以清除本不应该具有的效力。《行政许可法》第69条第2款规定，“被许可人以欺骗、贿赂等不正当手段取得行政许可的，应当予以撤销。”一个公民，如果因为在有瑕疵的许可下实施的行为而受到权利和利益上的侵害，可以依据行政实体法和程序法针对该许可提出撤销请求；行政机关也可以据此主动撤销一个实质上违法的许可。〔1〕 与此相反，试图通过清除一个有效的许可，从而建立起被有瑕疵的许可所损害的法益保护，这在刑法上却是不可能的。〔2〕 从另一个角度说，是否通过行政程序撤销许可的效力，对刑法并无太大意义，因为刑法关心的时点并不在于行为人申请或被撤销许可的时候，而是在得到许可的行为带来法益侵害的后果时，刑法才有兴趣介入。〔3〕 对那些被违法许可的行为所损害的法益，刑法只有一种办法予以保护，那就是不承认这种许可的正当化功能，即使其在行政法上是有效的。〔4〕 从这个角度说，所谓“行政附属性”，只是一种有限制的“附属性”。

---

〔1〕 例如，湖北省发布的《湖北省防治工程建设领域商业贿赂行为暂行办法》规定，通过商业贿赂行为所取得的行政许可，依法予以撤销。载 http://www.hbzfhcxjst.gov.cn/Web/Article/2011/11/19/1242418653.aspx? ArticleID = c3a327b1 - f84f - 4fd8 - a1ed - 1ec2f2edä46，最后访问日期：2017年6月30日。

〔2〕 Baumman/Weber/Mitsch, *Strafrecht AT*, 2003, § 17, Rn. 129.

〔3〕 例如，交通管理机关在对车辆例行检查时，发现某司机的驾驶证有问题（如隐瞒真实年龄），便可通过行政法的途径撤销其证件；但是，只有在该司机交通肇事至少造成一人以上重伤，可能构成犯罪时，刑法才会介入，也只有这个时候，刑法才会考虑其驾驶证的瑕疵问题。

〔4〕 德国《刑法》第330条d第5款明文规定，“未经批准的行为、未经计划确定的行为或其他未经许可的行为：指基于威胁、贿赂或共谋而获取，或通过不正确的或不完全的说明而骗取批准、计划确定或其他的许可。”这实际上是从立法角度支持了刑法的独立判断，可以搁置行政法上的效力。

此外,《行政许可法》第 69 条第 3 款规定,“依照前两款的规定撤销行政许可,可能对公共利益造成重大损害的,不予撤销。”这再次说明,尽管存在利用欺骗、贿赂等不正当手段获得许可的基本事实,但是该许可也并不一定就会在行政法上被撤销,许可的效力仍然可能继续维持。这种情况下,刑事法官更加不能等待和依赖行政法官的利益权衡,因为行政法上利益衡量的目标和方向与刑法不同。行政法可以基于更大利益的考虑,为了避免撤销引起的不利效果,而维持一个本该撤销的许可;但是,刑法却不能基于这样一种对惩罚后果的顾忌,而排除一个行为的违法性。〔1〕 在这个问题上,刑法必须确立自己独立的判断基准。〔2〕

四、有瑕疵的控制性许可与出罪判断

如上所述,对于阻却违法性的特别许可,当存在瑕疵时,即使在行政法上仍有效力,刑法也可以拒绝其出罪功能,这并不会带来刑法与行政法之间的冲突。那么,对于阻却构成要件该当性的许可(控制性许可),是否完全不受任何欺骗和贿赂的影响,而始终能够发挥阻却构成要件该当性的功能?

---

〔1〕 在这一点上,有德国学者认为,一个违法但有效的许可,排除的不是刑事违法性(Strafrechtswidrigkeit),而是刑事可罚性(Strafbarkeit)。参见 Horn, *Systematischer Kommentar zum Strafgesetzbuch*, 2006, Vor § 324, Rn. 18。也有学者认为,只有等到行政机关撤销许可进而消除其效力之后,才能认定一种刑事可罚性,也就是说,将撤销许可看作是刑事可罚性的一个客观条件,这样就可以回避刑事可罚性与行政法上的许可效力之间的冲突。参见 Schönke/Schröder/Lenckner, *Strafgesetzbuch*, 2014, Vor § 32, Rn. 63。

〔2〕 国内也有学者持相似观点,如张明楷教授认为,在特别许可(也就是阻却违法性的许可)的场合,未取得行政许可的行为,不仅侵犯了相应的管理秩序,而且侵犯了刑法保护的其他法益。通过欺骗等不正当手段取得了行政许可而实施的行为,因为侵犯了刑法保护的法益,应以犯罪论处。例如,通过欺骗、胁迫手段获得种植毒品原植物的许可的,并不阻却犯罪的成立,依然成立非法种植毒品原植物罪。参见张明楷:《行政违反加重犯初探》,载《中国法学》2007 年第 6 期。

与之相对，控制性许可，由于刑法理论上认为这类许可针对的行为本身是价值中立、具有社会相当性的，或者说，行为破坏的仅仅是国家的监督和控制，因此只要许可在行政法上有效，刑法就应予以承认。[1] 国内也有学者持相同看法，如张明楷教授认为，“在控制性许可的场合，没有得到行政许可的行为，侵犯的是相应的管理秩序，而没有侵犯刑法保护的其他法益。故只要取得了行政许可，即使使用了欺骗等不正当手段，也应认为没有侵犯管理秩序，因而阻却构成要件符合性。”[2]

但是，笔者认为，对于控制性许可，其出罪功能是否受到欺骗手段的影响，不能一概而论，而是需要着眼于刑法具体规范的目的，以及欺骗和贿赂的具体事项，结合具体个案具体分析。

例如，按照上述两种观点，驾驶证属于控制性许可，如果存在瑕疵并不影响其发挥出罪功能。但实际上，在具体案件的判断中，结论完全可能不同。最高人民法院《关于审理交通肇事刑事案件具体应用法律若干问题的解释》第 2 条第 2 款第 3 项规定，无证驾驶，交通肇事致一人以上重伤的，以交通肇事罪定罪处罚。因此，若行为人有合法驾照而致一人重伤时，应按过失致人重伤罪而非交通肇事罪论处。现假如 A 开车肇事致一人重伤，警察在处理事故时，发现 A 是在 1998 年取得驾照，而 A 的身份证上注明 A 是 1982 年出生，即 A 是在 16 岁时取得驾驶证。而《机动车驾驶证申领和使用规定》第 11 条规定，申请小型汽车驾驶证的，年龄应在 18 周岁以上。经盘问，A 供述当时是采用欺骗和贿赂的手段隐瞒年龄取得驾驶证，又，A 今年 26 岁，驾龄已有 10 年。笔者认为，在本案中，应考虑法律惩罚“无证驾驶”理由在于禁止和限制缺乏驾驶技能的人驾驶而为公共安全带来危险，而 A 取得驾照后驾龄已有

---

〔1〕 Baumann/Weber/Mitsch/Eisele, *Strafrecht AT*, 2016, § 15, Rn. 165; Kühl, *Strafrecht AT*, 2017, § 9, Rn. 130.

〔2〕 张明楷:《行政违反加重犯初探》，载《中国法学》2007 年第 6 期。

10年，已经具备了相当的驾驶技术，对于“无证驾驶”可能侵害法益的危险期早已过去，如果A在过去10年中并无重大不良的驾驶记录，则应认为驾驶证本身的瑕疵与所发生交通事故之间并无直接性的关联，再对其认定为“无证驾驶”，则超出了该当条文的刑罚目的。因此，不宜认定A为无证驾驶，其驾驶证仍然具有出罪功能，对A的行为应定过失致人重伤罪而非交通肇事罪。但是，如果A欺骗和隐瞒的事项并非年龄，而是《机动车驾驶证申领和使用规定》第12条规定的不得申请驾驶证的眩晕症、心脏病、癫痫病、精神病等生理疾病，那么，在A取得驾照后行驶因疾病发作而肇事时，则应认定该许可不具有出罪功能，认定其为“无证驾驶”，对其应以交通肇事罪处罚。再如，若A以欺骗和贿赂的手段，并没有参加交规培训和考试而取得了驾驶证，则在取得驾驶证后随即上路因违反交规肇事的，应排除该驾驶证的出罪功能，认定其为“无证驾驶”；但是，若A在上述情况下取得驾驶证已有10多年后，作为已经熟悉交通法规的老司机，只是出于过失而肇事的，再对其认定为“无证驾驶”则为不妥。

再如，B以贿赂的手段骗取了出境证件而出境，能否按照《刑法》第322条规定的偷越国(边)境罪对其定罪处罚？有学者认为，在没有权威机关确认的情况下，不能将骗取的签证视为无效证件。而且若没有利用该签证实施违法犯罪，就不符合宣布吊销、作废的条件。因此，行为人使用欺骗手段获得有权机关颁发的出入境证件后，进出国境的，不成立偷越国境罪。[1] 但是笔者认为，这种看法值得商榷。最基本的反对理由在上文已经阐述，即刑法对实质违法性的判断并不依附于行政法上的许可是否有效或被吊销。假

〔1〕 参见张明楷：《行政违反加重犯初探》，载《中国法学》2007年第6期。

设B是一名犯罪嫌疑人或具有其他法律不批准出境的情况,[1]但是通过欺骗和贿赂的手段取得出境许可的,危害的不仅是边境的管理制度,也必将给司法机关的工作带来极大困难和障碍,所以不应承认出境许可的出罪功能,应该认定为成立偷越国境罪。

这里引申出两点疑问值得讨论。第一,在控制性许可的场合,再判断实质违法性问题,是否会混淆了与特别许可之间的区分?第二,在法律没有明确规定的场合,又不依赖于行政法上的效力判断,独立地认定违法问题,是否有违罪刑法定原则?[2]这两个问题有深入研究的必要,笔者在此简略说明自己的看法。

关于第一个问题。有学者认为,"对于控制性许可而言,从事刑事审判的法官只需要进行形式的判断,不应当进行实质的审查。"[3]但是,哪些行政许可能够阻却构成要件该当性而属于控制性许可,哪些阻却违法性属于特别许可,这个界限如前文所述,并不是非常准确和清晰的。有些许可的颁发,可能具有多重的目的,一方面在于强调国家的控制和监管,另一方面也是防范某种危险。特别是某些行为究竟是单纯的行政违法还是具有某种价值观上的利益侵害,认定起来非常困难,也常常会随着国民观念的变化而发生改变。而正是由于一个许可上面承载着对多种事项和资格的审查,所以,一个使用欺骗等不正当手段获得的许可,当欺骗的对象

〔1〕《中华人民共和国出境入境管理法》第8条规定,"有下列情形之一的,不批准出境:(一)刑事案件的被告人和公安机关或者人民检察院或者人民法院认定的犯罪嫌疑人;(二)人民法院通知有未了结民事案件不能离境的;(三)被判处刑罚正在服刑的;(四)正在被劳动教养的;(五)国务院有关主管机关认为出境后将对国家安全造成危害或者对国家利益造成重大损失的"。

〔2〕例如,张明楷教授就认为欺骗获得证件不属于《刑法》第322条规定的"违反国边境管理法规",因为骗取证件不能纳入到"未持有、伪造涂改、无效或冒用他人证件"等出入境法规明文禁止的范围内;另外,"使用欺骗手段取得出境证件,也不能认定为无效证件"。因此得出结论说,骗取证件出境的行为不能认定为偷越国境罪。

〔3〕张明楷:《行政违反加重犯初探》,载《中国法学》2007年第6期。

和事项不同时，得到许可而实施的行为性质会有不同。例如，《机动车驾驶证申领和使用规定》第 17 条规定，“在户籍地居住的，应当在户籍地提出机动车驾驶证申请”。如果 C 通过欺骗和贿赂的方法，在非户籍所在地（也没有暂住证）取得驾驶证，那么就不宜对这种许可取消出罪功能，因为这种欺骗的事项针对的是驾驶证管理制度，并不会直接危害到道路交通安全。因此，这里的许可作为一种阻却构成要件该当性的事由，不会受到欺骗手段的影响而丧失其出罪功能。但是，与此相反，如果 C 隐瞒的是自身所患有的癫痫等不适宜驾驶的疾病，那么这种欺骗取得的许可就有相当大的危险性，它会使一辆随时可能因驾驶者突发疾病而失去控制的机动车进入公共交通，这会大大增加交通肇事的概率，给公共安全带来极大的隐患。因此，这种许可的影响已经透过构成要件该当性进入到违法性层面，从法益侵害的危险的角度考虑，在刑法上应该拒绝 C 的驾驶证的出罪功能，应认定其为“无证驾驶”。

上述例子说明，在交管部门撤销驾驶证之前，各种欺骗和贿赂，尽管并不影响驾驶证在行政法上的效力，但是在刑法上，这些不同情况下的欺骗和贿赂，在不同的案件中，对认定驾驶证的出罪功能会有不同的影响。这里考虑的关键点是，刑法只有在发生交通肇事构成犯罪时，才会考察驾驶证的问题。在此，决定性的因素是，有瑕疵的驾驶证是否对交通肇事行为发生时的具体法益有侵害或侵害的危险，或者说，取得驾驶证的欺骗、贿赂等不正当手段与最后法益侵害的结果发生之间是否存在直接性的关联。当欺骗行为仅仅是体现了一种对国家管理制度的蔑视和对抗时，许可在这里扮演的就是阻却构成要件该当性的角色，瑕疵不应该其发挥阻却构成要件该当性的功能；当欺骗行为会产生法益侵害的现实危险时，或者说一种本该禁止的危险行为却通过欺骗手段得到了许可时，许可在这里扮演的就是阻却违法性的角色，存在欺骗等瑕疵就会取消许可的正当化功能。由此可见，一种许可究竟是控制性许可还是特别许可，只是在没有瑕疵发生时的理想区分，当有瑕疵存在时，仍然需要结合欺骗、胁迫和贿赂的事项对取得许可的行为做进一步的实质违法性的判断，从而才能决定该许可是否具有出罪功能。

关于第二个问题。在将许可当作一种正当化根据的场合，进行实质性判断，的确会在一定程度上脱离法律规范文字的束缚。但是这并不能就说是违背了罪刑法定的原则。行政许可本身就是一种超法规的正当化根据。而正当化根据所要解决的是实质违法性的问题，这并不是刑法的特殊材料，而是来源于所有的法律领域。例如，债务人 S 准备移民，将要登机离境，债权人 T 夺其机票与行李，阻碍其离境，这种行为由于 T 可以根据民法上的债权而主张自己的行为是自力救济，应该得到允许。又如，司法工作人员 G 为强制执行而强行进入债务人 J 家中，其行为会通过执行法的有关规定而被正当化。上述例子说明，刑法在考虑正当化根据的问题时，"经常独立于外部文本的射程"，"仅仅受法律目的和基本原则的约束"。"各种正当化都包含了一种与个别案件相关的、以具体情况为条件并且符合举止行为的恰当性的说法，因此，立法者允许在这种正当化根据中，接受一种适当性的保留。"〔1〕简言之，各种正当化根据在整体上具有一种"不确定性"，在这里，罪刑法定原则的限制功能和约束力并非被放弃，只是边界在于规范的目的而非文本。〔2〕

五、小结：行政许可的研究前景

随着法定犯时代的到来，刑法中具有行政附属性的条文呈现日益增长之势。在此类犯罪中，行为人获得行政许可，是一种重要

〔1〕 参见［德］克劳斯·罗克辛：《德国刑法学总论》（第1卷），王世洲译，法律出版社2005年版，第90～91页。

〔2〕 对这个问题当然会有不同的看法，需要进一步的研究。

的阻却不法的事由。对不法的阻却,既可能表现为排除构成要件,也可能表现为行为的正当化。与之对应的就是控制性许可与特别许可。之所以区分不同的行政许可,主要是在许可出现瑕疵时,控制性许可与特别许可在发挥出罪功能的效果方面存在差异。行政法上的效力与刑法上的违法性判断是两个独立的问题,因此,一个以欺骗、威胁和贿赂等不正当手段获取的有瑕疵的许可,即使在行政法上有效,在刑法上也可能被取消其出罪功能(有限制的行政附属性)。在许可阻却违法性的场合,有瑕疵的许可丧失其出罪功能;在阻却构成要件该当性的场合,有瑕疵的许可的出罪功能是否受影响,还需要结合欺骗等不正当手段针对的具体事项,进行个别的、实质的判断。目前,我国刑法学界还没有充分重视行政许可在刑法上的功能,但是展望未来的司法实践,在法定犯的场合,必将出现越来越多的关于行政许可的出罪问题,进而激发和带动刑法理论的研究进度。

第八章
责任阶层之违法性认识

本章讨论责任阶层的违法性认识错误问题。在三阶层犯罪论体系中,违法性认识错误向来被认定为一种责任阻却事由。随着法定犯时代的到来,凸显了违法性认识错误问题的意义与复杂性。大幅高频的法定犯立法,加剧了"不知法者不免责"的传统观念与责任主义的冲突,但是,刑法日益繁重的规制任务,又不允许追求"不知法者不为罪"的理想图景。在这种局面下,理论研究的重心应当由违法性认识必要性的理念宣扬,转移到违法性认识错误的可避免性判断的技术层面上来,构建兼顾责任主义与刑事政策、能够为司法实践接纳的解决方案。本章以违法性认识错误的可避免性为中心,对于可避免性的平衡功能、判断尺度、审查条件以及法律后果等进行了深入探讨。在塑造学术传统并保持延续性的同时,为司法实践逐渐认同并接纳违法性认识错误提供可操作的具体方案。

一、法定犯时代的违法性认识

一个人实施了刑法禁止的行为,却没有认识到自己行为的违法性,这在刑法理论上被称为违法性认识错误,又称作法律认识错误或者禁止错误。违法性认识错误通常包括:(1)对相关法规范的无知。例如,官员的情妇向他人索贿,却不知《刑法修正案(七)》已经设立了利用影响力受贿罪。(2)误以为法规范已经失效。例如,申请成立公司者了解到《公司法》于2013年修改后在注册资本方面降低了公司设立门槛,误以为刑法中的虚报注册资本罪也随之完全废止。(3)对法规范的适用范围产生错误理解。例如,处于离婚诉讼期间的丈夫强行与妻子发生性关系,自认为强奸罪不适用于夫妻关系。(4)对正当化事由的存在或界限发生认识错误。例如,教师误以为自己有责打体罚学生的权利,或者防卫者误以为自己可以对侵害行为采取任何强度的反击。

迄今为止,我国刑法没有对违法性认识错误问题作出明文规定。立法上的沉默导致该问题在20世纪的最后20余年中一直处于理论研究的边缘。大约从2005年开始,经由引入域外的责任主义理论,国内刑法学界围绕着违法性认识的必要性与体系性地位等问题又重新展开了讨论。但是,最近几年,这种讨论又陷入了缺乏实质性进展的停滞状态。随着法定犯时代的到来,违法性认识错误问题呈现出前所未有的复杂性,也给刑法理论提出了挑战。

(一)两极化的观念类型

成立犯罪是否需要具备违法性认识,对此存在两种截然相反的观点。

在20世纪八九十年代,国内学界的通说是“违法性认识不要说”,即否认违法性认识对于认定犯罪的必要性。行为人的刑事责任依刑法判定,“不因主观上的认识错误而发生变化”,[1]这是“一个不容置疑的原则”。[2] 与上述观点相反,自2000年以来,学界开

---

〔1〕 杨春洗、杨敦先主编:《中国刑法论》,北京大学出版社1994年版,第94页。

〔2〕 高铭暄主编:《刑法学原理》(第2卷),中国人民大学出版社1993年版,第132页。

始出现“违法性认识必要说”的主张。这种观点强调违法性认识对于犯罪成立的必要性,认为“公民对法律的不知乃至于误解均是国家不教之过”,[1]不考虑违法性认识错误“是一种国家权威主义的立场”。[2]

“违法性认识不要说”的理由,一是知法推定,二是担忧犯罪人以法律错误为借口逃避追究。[3]“违法性认识必要说”则认为,知法推定的神话已经瓦解,对于不知法者发动刑罚,严重违反责任主义原则。前者的逻辑贯彻到底,在法律后果上是不知者不免责。后者的观点推到极致,则是不知法者不为罪。但是,不知法者不免责与不知法者不为罪,这两句给人印象是势不两立、只能择一立论的法谚,其实仅仅是一种两极化的观念类型。事实上,陷入违法性认识错误或者说缺乏违法性认识的人,其行动的法律后果究竟为何,比观念层面的对立化争议更加复杂。对于处在法定犯时代的中国社会而言,这一点表现得尤为明显。

(二)法定犯时代的到来

要理解违法性认识处理方案的复杂性,首先要进入到中国刑事立法变迁的历史脉络中。过去半个多世纪,中国社会经历了从无法可依到法定犯激增的历史变迁。从新中国成立至1979年的30年间,始终缺乏一部完整规定犯罪与刑罚的刑法典。尽管早在1950年就由当时的中央人民政府法制委员会开始准备立法工作,后来又由全国人大常委会办公厅负责起草,中间历经33稿,刑法

---

〔1〕 陈兴良:《违法性认识研究》,载《中国法学》2005年第4期。

〔2〕 周光权:《违法性认识不是故意的要素》,载《中国法学》2006年第1期。

〔3〕 例如,“出于刑事政策的考虑,认为如果犯罪成立要求违法性认识,行为人可能以其没有违法性认识为借口来逃避刑事制裁,将等同于‘国家放弃了自己的生存权’”。冯军:《刑事责任论》,法律出版社1996年版,第211页。违法性认识错误会成为罪犯任意辩护的保护伞,导致“给司法机关带来麻烦,不利于同犯罪作斗争”的后果。赵秉志主编:《刑法争议问题研究》,河南人民出版社1996年版,第303页。

典却一直没有制订出来。在十年“文化大革命”期间,立法工作更是陷入了全面的停顿,刑法草案被束之高阁。“文化大革命”结束后,刑事立法工作重新提上议程。1979 年,承载整个社会巨大期待的新中国第一部刑法典终于面世。[1] 这标志着,在打击犯罪、维护社会基本秩序的领域,在经历了一段相当长时期的无法无天、极不正常的状态后,中国社会终于进入了有法可依的局面。本着不要烦琐而应简明扼要的立法指导思想,这一阶段的刑法典只有 192 个条文。除了一些针对当时形势的反革命犯罪之外,人身犯罪、财产犯罪等一些具有“自然犯”性质的条文在整部法典中占了绝对比例。作为各国刑法共享的基础和核心部分,这些自然犯罪也具有最严重和最无争议的危害性,它们在中国社会经过 30 年的游荡和隐匿,终于被刑法典明令禁止,是这一阶段刑事立法的最大贡献。

20 世纪 90 年代,中国社会的发展进入了快车道,经济、社会形势日新月异,这导致 1979 年刑法典甫一制定就已滞后,一系列的单行刑法随之面世。但是,这些单行刑法仍不足以应对社会迅速发展所带来的种种问题。因而,制定出一部新的能够反应改革开放和建立社会主义市场经济体制要求的刑法典,势在必行。经过近 20 年的酝酿,新刑法典于 1997 年以改革开放和建立社会主义市场经济体制为修法背景,以跨世纪的姿态大修后出台。与 1979 年刑法典的 192 个条文相比,1997 年刑法典剧增到 452 条,其中维护市场经济秩序和社会稳定方面的刑法条文得到大幅增加和细化,刑法典中的法定犯比重越来越高。特别是 2006 年以来,立法者又先后出台 8 个刑法修正案,增改的大多数条文都集中在市场规制、社会管理、环境保护等法定犯领域,而于 2014 年 4 月 25 日通过的刑法立法解释,也主要是针对单位犯罪、骗取社会保障待遇、非法收购濒危野生动物及其制

---

〔1〕 关于 1979 年刑法的制定过程,可参见高铭暄:《中华人民共和国刑法的孕育诞生和发展完善》,北京大学出版社 2012 年版。

品、虚报注册资本、虚假出资以及抽逃出资等法定犯的问题的解释。[1]

经过数年大幅高频的修法,现行刑法已经远远超出杀人、强奸、盗窃等自然犯的核心领域,行政犯罪、经济犯罪、环境犯罪、社会治安犯罪等法定犯的立法激增,"犯罪形态在数量变化上由传统的自然犯占绝对优势演变为法定犯占绝对比重这样的局面",储槐植教授进而提出,一个"法定犯时代"已经到来。[2]

法定犯与自然犯的划分由来已久,最早可以追溯到数百年前的罗马法。意大利学者加罗法洛提出了现代意义上的自然犯与法定犯之分。这一分类挑战以人权保障和抽象人为前提假设的刑事古典学派,试图从谁是真正的犯罪人这一识别问题入手,回应 19 世纪后期欧洲犯罪率激增的社会问题。加罗法洛认为,只有那些道德异常的、侵害怜悯或正直等基本情感的犯罪人才是真正的犯罪人,他将此称为"自然犯"。[3] 仅仅与特定时代的环境或事件相关而与行为人的道德异常无关的、由立法者根据时势需求规定于法典之中的那些犯罪,则是加罗法洛意义上的"法定犯"。[4] 随着犯罪学理论的精细化和多元化,加罗法洛的研究更多的是具有开辟经典范式的学术史意义。但是,关于法定犯的核心理解,即与特

〔1〕 载 http://www.npc.gov.cn/npc/xinwen,最后访问日期:2017 年 6 月 30 日。

〔2〕 储槐植:《要正视法定犯时代的到来》,载《检察日报》2007 年 6 月 1 日。

〔3〕 [意]加罗法洛:《犯罪学》,耿伟、王新译,中国大百科全书出版社 1996 年版,第 67 页。

〔4〕 "那些未被我们列入的犯罪不属于社会学研究的犯罪范围。它们与特定国家的特定环境有关,它们并不说明行为人的异常,即不证明他们缺少社会进化几乎普遍为人们提供的道德感。"[意]加罗法洛:《犯罪学》,耿伟、王新译,中国大百科全书出版社 1996 年版,第 53 页。按照加罗法洛的标准,法定犯包括:威胁以一个政府组织为代表的国家的行为;无政治目标的攻击社会权力的行为;可能侵害公共和平、公民的政治权利、宗教信仰或导致公共礼仪受到侵害的行为;与某个国家中地方性或特别立法相抵触的行为。参见[意]加罗法洛:《犯罪学》,耿伟、王新译,中国大百科全书出版社 1996 年版,第 50 ~ 51 页。

定时代和社会的需求相关因而呈现出较大的非自然性、立法规制性和易变性这一点，一直被保留下来，在今天的学术研究中作为一个基础概念来使用，也是笔者展开讨论的一个重要视角。

（三）违法性认识在法定犯时代的复杂性

引入自然犯和法定犯的视角，回顾中国刑事立法60多年的变化，再回过头来看违法性认识问题，会对这一问题的复杂性有更深切的理解。

1979年刑法典的制定，在内容上主要是确立了人身犯罪和财产犯罪等自然犯，在条文数量和用语表达上也追求简明扼要、通俗易懂，就是为了"让人记住""方便全国人民学习"。[1] 既然立法追求要让普通人知法，那么普通人也就能够并应当知法。在这种"知法推定"的前提下，不知法本身就意味着对法律的漠视和不敬。此时，再讨论能否将不知法作为抗辩理由，可能就会像有些学者批评的那样，"鼓励人们不学法、不知法"。[2] 曾经出现在1957年《中华人民共和国刑法草案》（修正稿）（第22次稿）第16条中的关于违法性认识错误的规定（对于不知法律而犯罪的，不能免除刑事责任；但是根据情节，可以从轻或者减轻处罚），在1979年刑法典正式出台时已经不见踪影。可以说，1979年刑法的条文内容、条文数量、法典规模、用语风格以及立法追求，都明显更支持"不知法者不

---

〔1〕 彭真在1985年题为《立法要适应改革、开放的需要》的报告中指出："现在美国、欧洲、日本都在讲法律泛滥成灾。他们不是法不完备，而是泛滥成灾。有些欧洲朋友劝告我们要防止法律泛滥成灾。我们的法绝不能像他们那样，搞得那么烦琐。法，繁了不行。繁了，谁也记不住，叫人怎么执行？所以，法还是要简明扼要。"参见彭真：《论新时期的社会主义民主与法制建设》，中央文献出版社1998年版。高铭暄教授在接受采访回忆这段参与立法的经历时提到，"制定1979年的刑法，当时的决策层要求立法用语务必通俗易懂，以'方便全国人民学习'，刑法条文简单朴实，但也不免失之粗疏。"参见《河南法制报》2012年1月18日。

〔2〕 赵秉志主编：《刑法争议问题研究》，河南人民出版社1996年版，第303页。

免责”的观念，也为刑法学界主张“违法性认识不要说”奠定了基础，提供了背书。

但是，时代变化必然带来对传统观念和理论的冲击。“不知法者不免责”这一传统观念的合理性，在法定犯时代到来的新背景下，无法逃避被重新评估的命运。

随着大量超出核心刑法领域的、仅凭日常普通人的生活常识难以轻易而知的法定犯规定不断涌现，修法频率日益加快，价值观逐渐多元，法律秩序边界的不稳定程度也渐次提升，由此导致的是“知法推定”的神话破产，未能认识或难以及时认识法律的“法盲”数量剧增。这其实是社会发展到一定阶段后，各国法律共同面对的问题。“一个多元社会里充斥着影响生活各个领域的刑事制裁，不可能指望每个人都知道什么是刑法，什么不是刑法。”〔1〕如果强行要求所有人于任何场合都要认识法律，会被批评为是一种国家的“蛮不讲理”。〔2〕而一个不知法的人，无法获得不进行违法活动的动因，再对其进行谴责就存在正当性的疑问。因为“只有能够认识到自身行为是被法律禁止的人，才是有责的行为主体”。〔3〕此时继续坚持“不知法者不免责”的观念，就必然会与现代法治要求的责任主义原则发生冲突。当这一冲突大面积存在时，就可能会严重危及整个法律秩序的基础。

与法定犯时代到来同步的，是民众权利意识的觉醒和媒体对法制新闻的大量报道。在近年来的一些轰动性案件中，经常出现被告人辩称“没想到或不认为自己的行为是犯罪”的说法得到公众舆论广泛支持的现象，一些网站对此专门调查的结果表明，很

〔1〕［美］乔治·弗莱彻：《反思刑法》，邓子滨译，华夏出版社2008年版，第532页。

〔2〕周光权：《违法性认识不是故意的要素》，载《中国法学》2006年第1期。

〔3〕［德］汉斯·海因里希·耶赛克、［德］托马斯·魏根特：《德国刑法教科书》（上），徐久生译，中国法制出版社2017年版，第602页。

多人认为被告人的行为算不上是犯罪,“换做自己也会那么干”,由此对司法判决的定罪结论产生强烈质疑和抵触。与之相对,一些案件的审理者罔顾被告人“不知违法”的辩解而直接得出有罪结论,学界有时候也只是着眼于对定罪结论进行法理论证,这些做法与很多普通民众的正义直觉产生了激烈对立。如果刑法适用不考虑普通人的正义直觉,就会降低它的道德信誉,也会降低普通人守法约束的水平。〔1〕 在实践中,由于司法者缺乏对违法性认识的重视以及解决问题的技术渠道,这种冲突往往又被进一步简化和渲染成舆情审判与司法独立的紧张,最终导致司法权威的逐渐削弱,以及犯罪控制能力的整体性下降。此类案件层出不穷,令人扼腕。〔2〕

不过,问题的复杂性在于:如果说“不知法者不免责”的传统观念已经不能适应法定犯时代的到来,那么,法定犯的增多,同时也表明刑法规制的任务日益加重,试图在实践中完全贯彻“不知法者不为罪”的观念,在法定犯时代恐怕也是此路不通。然而,如何应对这一两难困境,提出更合理可行的解决方案,似乎还没有引起国内学界的足够重视。

(四)国内学界研究的停滞

目前学界对“不知法者不免责”的批评,主要是植于责任主义的论证,〔3〕但是这并不能理所当然地驳倒从刑事政策角度反对违法性认识必要性的观点。

---

〔1〕 关于大众正义直觉与公民守法约束水平的关系,参见 Tom R. Tyler, *Why People Obey the Law*, 1990, p. 65。

〔2〕 这方面的案例既有自然犯也有法定犯。前者如许霆盗窃案、梁丽侵占案,后者如吴英集资诈骗案、李晓(海外代购)走私普通货物案。

〔3〕 参见周光权:《违法性认识不是故意的要素》,载《中国法学》2006 年第 1 期。也有学者从罪刑法定原则的角度提出批评,参见黎宏:《刑法总论问题研究》(第 2 版),中国人民大学出版社 2016 年版,第 236 页。

从刑罚的性质和功能来看，只有站在报应刑的立场上，才可能合乎逻辑地推理出责任主义原则。相反，刑罚的预防功能无法解释责任主义的基础。但是，与信奉古典自由主义和个人主义的传统社会不同，现代社会各领域的系统风险普遍升高。法定犯时代的到来同时意味着：报应刑主导和责任主义至上的刑法思想已经难以从容应对现代社会的治理任务。“随着控制风险以安抚公众成为压倒性的政治需要，刑法逐渐蜕变成一项规制性的管理事务……在风险不断扩散的后工业社会，为适应积极主义的治理模式，启蒙以来的责任主义刑法正被迫做出重大调整，日益以规制为己任而走上所谓的现代化之路。”[1]仅仅是强调责任主义原则，而完全无视法定犯时代的刑法所承担的日益繁重的治理社会的任务，对存在违法性认识错误的行为人直接放弃惩罚，即使在理论层面，也已经不可能获得普遍的说服力，在实践层面就更加难以为司法者所认同。

至此，一个自然的追问是，如果基于责任主义而承认违法性认识的必要性，又该如何回应从刑事政策角度提出的轻纵犯罪以及削弱刑法规制能力的批评和质疑？

遗憾的是，在这一点上，国内学界的研究进度陷入了某种停滞状态。似乎否定掉“违法性认识不要说”背后的国家威权主义思想，把责任主义扶上宝座，所有问题就迎刃而解，最多也是不言而喻的末节了。于是，有很多研究仍然围绕着违法性认识必要性的问题打转。此外，也有一些学者转移了研究重心，以犯罪论体系变革为契机，以德日的三阶层犯罪论体系为平台，探讨违法性认识的

---

〔1〕 劳东燕：《责任主义与违法性认识问题》，载《中国法学》2008 年第 3 期。

体系性地位问题,即它究竟是故意要素还是责任要素。[1] 但是,这两部分的研究都无法回答上文指出的问题。前一方面的研究属于停滞不前,与前期的理论积累相比较少推进,甚至开始出现低水平重复建设的弊象。针对后一部分研究,有学者提出了强烈的批评意见,“违法性认识问题的关键不在于违法性认识的欠缺究竟阻却的是责任还是故意,而是在何种情况下不予追究行为人的刑事责任才是合理的……学界实有必要将关注的重心放在此类制度技术或裁量机制的构建或完善上,而不是对违法性认识在犯罪论体系中的位置问题坐而论道。”[2]

这样的批评虽然有些严厉,[3] 但也的确击中了问题的要害。在笔者目前收集到的最近5年以违法性认识错误作为辩解理由的60多个判例中,绝大多数判决书采取了“法律错误或违法性认识错误不影响刑事责任的认定,对被告人辩解或辩护意见不予采纳”的立场。司法实践的这一态度,与学界关于违法性认识的热火朝天的研究形成鲜明对比,也迫使学者反思:在立法缺失的背景下,如果不能消除人们从刑事政策角度提出的肯定违法性认识错误是否会轻纵犯罪的疑问,同时在技术上提出可以缓解刑事政策与责任

---

〔1〕 代表性论文参见陈兴良:《违法性认识研究》,载《中国法学》2005年第4期;周光权:《违法性认识不是故意的要素》,载《中国法学》2006年第1期。我国学界关于违法性认识的体系性地位的争论,主要是在引自德日的阶层犯罪论体系的知识背景中展开的。德日刑法理论对于这一问题,主要存在故意理论和罪责理论的对立,其中将违法性认识视作独立于故意的责任要素的罪责理论是目前德国学界和司法实务界的通说。

〔2〕 劳东燕:《责任主义与违法性认识问题》,载《中国法学》2008年第3期。

〔3〕 认定一个人是由于不具备故意还是不具备责任而出罪,这对于学术传统的形成甚至判决书说理都是有意义的。此外,作为没有立法支撑的超法规事由,违法性认识错误与正当防卫、欠缺责任能力等法定事由相比,具有天然的弱势地位。学界对违法性认识必要性的大力呼吁以及体系性地位的深入探讨,对于“以法律为准绳”的司法者重视违法性认识这种没有法律规定的问题,还是有着非常重要的观念启蒙的作用。

主义之间的紧张关系因而容易被司法者所接受的具体方案，那么，即使通过观念启蒙的努力让司法者认识到违法性认识错误的重要性，也难以在实践中获得认同。[1]

综上，在前期的观念启蒙的基础上，目前关于违法性认识错误的研究，的确应当进入更加具体深入的阶段：建立化解刑事政策与责任主义之间冲突的技术机制，并为司法实践提供切实可行的解决方案。

二、平衡机制：错误的可避免性

要想在刑事政策与责任主义取得平衡并得到实务认同，首先在观念上要破除"不知法者不免责"与"不知法者不为罪"二元对立的观念误区，明确违法性认识错误并不必然导致无罪的法律后果，两者之间没有"直通车"。换言之，不知法者未必就不免责，不知法者也未必就不为罪。既然不是直通车，那就需要在技术层面上设置中间环节。申言之，仅仅在符合某些条件的情况下，才可能是"不知法者不为罪"；而在不符合这些条件的情况下，则可能是"不知法者不免责"。那么，需要设置哪些条件，如何建立这一中间环节？

（一）比较法上的借鉴

从国外的立法和司法经验来看，在是否宽宥违法性认识错误的问题上，有些国家的立法规定要看该错误是否可以避免。例如，德国《刑法》第 17 条规定，"行为人行为时没有认识其违法性，如该错误认识不可避免，则对其行为不负责任。如该错误认识可以避免，则对其

---

〔1〕 以学界熟悉的研究为例，讨论正当防卫的必要性和体系性地位当然重要，但更应当跟进的是界定正当防卫的成立条件，甚至可以说，没有对正当防卫成立条件的细致研究，正当防卫永远都是一个纸面上的概念，既不能发展成为一个有丰富学术内容的教义学领域，也在司法实践中发挥不了实际的甄别作用。这个道理，同样适用于目前处在瓶颈状态的违法性认识研究。

行为依第49条第1款减轻其刑罚。”法国《刑法》第122－3条规定，“证明自己系由于其不力避免地对法律的某种误解，本以为可以合法完成其行为的人，不负刑事责任。”[1]有的国家立法规定要看行为人有无合理的理由相信行为的合法性。例如，瑞士《刑法》第20条规定，“行为人有足够的理由认为，他有权为该行为的，法官以自由裁量减轻处罚或免除刑罚。”[2]按照美国《模范刑法典》第2.04条第(3)款的规定，法律尚未公布或不能被合理地知悉，以及行为人因信赖官方意见而犯错，这两种情况能够成为法律错误的抗辩事由。此外，还有些国家在司法层面提出要审查行为人认识法律的努力程度。例如，意大利《刑法》第5条规定，“任何人不得以刑事法律的不知为理由要求宽宥”，[3]但这一规定被意大利宪法法院1988年第364号判决宣布为部分违宪。根据该判决，在行为人尽最大努力仍不可能得到对法律规定的正确理解的情况下，行为人不知道法律的具体规定，也可以作为排除犯罪的理由。[4]

其实，所谓行为人已尽到努力去认识法律但仍然陷入错误，这意味着其违法性认识错误难以避免。同样，有合理根据相信自己行为的合法性，这往往是导致人们陷入违法性认识错误的主要原因，也是认定该错误难以避免的重要根据。因此，审查一个人是否尽力去认识法律，或者审查一个人陷入违法性认识错误是否有合理的理由，就是在具体地审查该违法性认识错误是否可以避免。由此可见，在违法性认识错误的问题上，大多数国家都没有将认识错误与法律后果直接挂钩，而是在两者之间设置了错误是否可以避免的审查环节。这样一来，证明存在违法性认识错误，仅仅是被告人提出抗辩的一个必要的起始环节，对错误者能否减免责任的

---

〔1〕《法国新刑法典》，罗结珍译，中国法制出版社2003年版，第10页。

〔2〕《瑞士联邦刑法典》，徐久生、庄敬华译，中国方正出版社2004年版，第7页。

〔3〕《最新意大利刑法典》，黄风译，法律出版社2007年版，第7页。

〔4〕陈忠林：《意大利刑法纲要》，中国人民大学出版社1999年版，第121页。

关键在于司法者要对这种错误是否可以避免进行检验。

(二)错误可避免性的平衡功能

对违法性认识错误的可避免性进行审查,是要根据错误可否避免来赋予不同的法律后果。只有当违法性认识错误系不可避免时,该错误才会得到最大程度的原谅(减免责任)。而当行为人还是可以认识到其行为的不法性时,他就可以避免错误,而处在可避免的错误之下的行为人,应当承担责任或至多从轻处罚。但是,为什么设置这样一种审查机制,就能够"既符合刑法规制的需要,又能兼顾责任主义的要求"?

回答这一问题,首先需要阐明可避免性的学理内涵。违法性认识错误的可避免性这一概念的构建,并不能够从违法性认识的概念本身当然地推演出来,也不是传统的罪责领域中的法教义学逻辑演绎的产物。一方面,法律惩罚一个明知自己的行动违法但仍然实施的人,是因为他存在现实的违法性认识而具备可罚性。但是,另一方面,一个陷入违法性认识错误的行为人,按照审查错误是否可避免性的机制,在该错误本可避免的情况下,法律仍然要惩罚他。但是在这种情况下,被追究责任的行为人,恰恰是欠缺违法性认识。这里似乎出现了一个逻辑上不相协调的悖论:行为人具备违法性认识的时候要惩罚他,行为人陷入可避免的错误因而不具备违法性认识的时候也要惩罚他,那么,两种惩罚的统一性根据何在?

显然,既要惩罚存在的东西(具备违法性认识),又惩罚不存在的东西(不具备违法性认识),这对传统的以心理事实是否存在为根据的心理责任论来说,[1]是一个无法应对的悖论。那么,对于以可谴责性或可非难性为根据的规范责任论来说,是否就能回答这

---

〔1〕 主张心理责任论的观点可参见郭自力主编:《中国刑法论》,北京大学出版社2016年版,第66页。

一问题呢？对此，德国最高法院曾有这样的意见，“行为人本来能够做出正确的（合法的）选择，但是他却选择了不法”。与之相呼应的学界观点是，因为行为人“把无价值的东西放在了优先的位置”。[1] 但是，这种看法存在疑问。因为那个因陷入错误而缺乏违法性认识的行为人，根本没有认识到自己行为的“不法性”或“无价值性”，自然也就没有针对行为做出“正确的”或“有价值”的选择的可能性。类似的观点还有，周光权教授从“违法性认识可能性”的角度提出的意见，他认为违法性认识和违法性认识可能性之间并不存在本质差别。“行为人知道行为违法，仍然实施类似行为，当然值得非难；行为人如果稍加注意，就能够认识到违法性，但行为人却疏于认识，藐视法律的存在，就是具有违法性认识可能性，也值得加以非难。换言之，违法性认识和违法性认识可能性都是在为责任非难提供判断资料和依据。”[2]

可是，具备违法性认识与具备违法性认识的可能性，是完全不同的两种情形：前者事实上对违法性有认识，因此也具备法的敌对意识和反规范态度；后者事实上对违法性没有认识，或者是按照自认为合法的标准去行动，没有对法的敌对意识和反规范态度。而谴责一个认识且有意敌视法律的人，与谴责一个不认识也谈不上敌视法律的人，不可能基于同样的理由。无论是将两者归纳进同一个谴责根据之下，还是将后者（违法性认识可能性）作为前者（现实的违法性认识）的上位概念，在逻辑上都存在重大断裂。总之，在违法性认识错误领域中设立“可避免性”标准来决定责任，或者将违法性认识可能性作为责任要素，这种理论安排实际上难以从以可谴责性为中心的规范责任论的教义学构造中依据逻辑推导出来。

其实，构建违法性认识错误的可避免性这一概念的基础性考虑，

---

〔1〕 Bockelmann/Volk, *Strafrecht AT*, 1987, Rn. 55.

〔2〕 周光权：《违法性认识不是故意的要素》，载《中国法学》2006 年第 1 期。

已经超出了单纯的心理事实或可谴责性的范围,而必须加入刑事政策或规范效力的因素。如果说传统的责任概念是围绕"罪过"构建起来的,那么只有既包括"罪过"又包含"预防"的责任概念,才可能容纳错误的可避免性的概念。将在教义学结构上明显不同的具备违法性认识的情形与因陷入可避免错误而不具备违法性认识的情形都放在同一个责任层面,是在技术上协调法教义学与刑事政策的一个典型。妥协的目的在于不放弃责任主义的同时,也要满足有效威慑犯罪的一般预防的要求。违法性认识错误的可避免性标准,就是这样一个旨在兼顾刑事政策与责任主义要求的技术方案。

如前所述,支撑"不知法者不为罪"的理念,是坚持责任主义的理想;而为"不知法者不免责"奠基的力量,则是基于一般预防效力和刑事政策的理由。在法定犯时代,既要坚守责任主义的底线,也不能放弃刑法的一般预防功能以实现治理社会的任务,而是需要在两者的紧张关系之间找到平衡点。因此,如何处理违法性认识错误的问题,实质上是如何平衡刑事政策与责任主义之间张力的问题。如果法秩序单方面强调责任主义和罪责原则,坚持"不知法者不为罪",对于那些没有认识到法规范的情形都无限制地按照有利于行为人的方式处理,那就相当于切断了规范效力与责任主义之间的张力,使得责任主义无所羁绊的一支独大的同时,最终可能会加剧和纵容公民对法的漠视态度,刑法禁令在实际社会生活中的效力将出现明显的虚弱,刑事政策要求的一般预防的效果也难以实现。所以,在违法性认识错误能否以及如何归责的问题上,必须要同时考虑到有效遏制个人可能对法的冷淡,"通过归责建立和维护一般预防的效果"。[1]

这样看来,只有在功能主义的责任概念之下,才能有效地解释认识错误的可避免性(或违法性认识可能性)这样的制度安排或理

---

〔1〕 Neumann/Schroth, *Neuere Theorien von Kriminalität und Strafe*, 1980, S. 34.

论设计。[1] 按照主张功能责任论的德国学者罗克辛的说法,“罪责和责任的区别,在禁止性错误中具有重大的意义。当放弃惩罚与刑法的预防任务相一致时,这种错误就被看作是不可避免的。”[2] 如果从另一位功能责任论者雅科布斯的视角观察,问题就变成:对法的无知就意味着刑法的一般预防功能无法发挥,那么国家和社会在多大程度上能够忍受行为人对法的无知,而不至于使社会本身的根基动摇?[3] 在这个意义上,就需要考虑对法无知的行为人是否要对他的错误负责,同时,这必然会要求责任主义做出一定的妥协。

正是在刑事政策或积极一般预防的思想驱动下,违法性认识错误的可避免性这样一种考察非现实的、潜在的违法性认识可能性的概念,才会出现在责任概念之中。即使行为人缺乏足够的与现实的违法性认识相当的可谴责性,也可以基于预防必要性的、功能主义的原因而令其承担刑事责任。此时,已经在一定程度上放松了罪责对应意义上的责任主义要求。于是出现了平衡和折中的方案:一方面,如果一个人陷入了不可避免的违法性认识错误,那就应当考虑免除或减少他的责任。这不仅是基于难以谴责的责任

---

〔1〕 近年来,以罗克辛教授和雅科布斯教授为代表,在责任领域出现了从规范责任论向功能责任论发展的态势。两者所主张的责任论都被认为是功能主义的,尽管它们在具体结构上有所不同。罗克辛教授的独特性在于区分了责任与罪责。他用责任概念取代了罪责概念在传统犯罪论体系中的最后阶层的地位。缺乏罪责或者缺乏预防必要性时,都会排除责任。参见[德]克劳斯·罗克辛:《德国刑法学总论》(第1卷),王世洲译,法律出版社2005年版,第557~558页。相比之下,雅科布斯的功能责任论的核心主张更加强调通过归责建立和维护一般预防的效果,行为人是否具有责任,要根据行为人对法规范的忠诚和社会解决冲突的可能性来决定。参见Jakobs, *Strafrecht AT*, 1993, 1/4ff;以及冯军:《刑法问题的规范理解》,北京大学出版社2009年版,第2页。

〔2〕 [德]克劳斯·罗克辛:《德国刑法学总论》(第1卷),王世洲译,法律出版社2005年版,第623页。

〔3〕 Jakobs, *Strafrecht AT*, 1993, 19/33.

主义的理由,而且也是由于严厉惩罚这种不可避免地犯错的行为人,不仅起不到针对其他公民的一般预防的效果,而且还可能会激起个案中的行为人对法律的不满,走向特殊预防的反面。

另一方面,如果一个人不具备违法性认识,但他本来有机会和可能认识到法律时,那么他就不能再根据违法性认识错误而享受免除责任的优惠。这不仅是部分地由于这种不去认真对待法律本身也具有可谴责性,更主要是基于刑事政策或规范效力的理由,如果这种因为漠视法律而犯罪的人也能得到充分的原谅,那么刑法呼吁公民忠诚于法或警告潜在犯罪者的一般预防的目的,就再也无法得到实现。所以,设置可避免性这样的解决方案,基本上算是考虑到了刑法规制的需要,也顾及了责任主义的要求。因此,在法教义学上,错误的可避免性(或违法性认识可能性)的概念,无法落在仅仅以罪过和报应为核心内容的罪责理论之中,而只有在以罪过和报应为惩罚边界,同时考虑一般预防功能的责任理论中,才能得到准确的理解。

(三)错误可避免性与违法性认识可能性的关系

值得注意的是,违法性认识错误的可避免性与"违法性认识可能性"的关系。近年来,有学者借鉴日本刑法理论,引入了违法性认识可能性的概念并将之作为责任要素。[1] 例如,周光权教授主

---

〔1〕 日本《刑法》第38条第3款只规定了违法性认识错误具有可以减轻刑罚的效果,"不得因不知法律而认为没有犯罪的故意,但根据情节可以减轻刑罚。"这看起来似乎更接近违法性认识不要说的立场。不过,一方面,在日本刑法修改中存在违法性认识不要立场软化的趋势。参见[日]大塚仁:《刑法概说(总论)》(第3版),冯军译,中国人民大学出版社2003年版,第391页。另一方面,要求违法性认识或违法性认识可能性的判例越来越多。"在判例尤其是下级裁判所的判例中,在没有违法性的意识的可能性的场合,主张根据第38条第1款而阻却故意的限制故意说占主流,并可以预测,最高裁判所也会朝此方向变更判例。"[日]西田典之:《日本刑法总论》,王昭武、刘明祥译,法律出版社2013年版,第215页。在这种情况下,违法性认识的可能性理论已经成为日本学界关于违法性认识问题的主流观点。

张违法性认识是成立故意犯罪的必要条件。“对于违法性认识,不能理解为具体的、现实的认识,而要扩大解释为违法性认识的可能性。”〔1〕张明楷教授有类似的看法,“认为违法性认识的可能性是责任要素,但不是故意的内容;实施了符合违法性构成要件的违法行为的行为人不具有违法性认识的可能性时,不能对其进行法的非难。”〔2〕

其实,违法性认识的可能性与这里所说的“违法性认识错误的可避免性”是一体两面的问题。违法性认识(可能性)属于正面肯定责任成立的要素之一,但是在通常情况下,这一要素的存在,并不需要控方积极地加以证明,而是在完成构成要件故意的检验之后,就可以直接推定行为人具备违法性认识。只有当行为人作为辩解理由提出不具备违法性认识(存在违法性认识错误)的场合,才需要对这一错误是否属于可以避免的错误进行审查。如果审查的结果是错误不可避免,则反过来说明行为人不具有违法性认识的可能性,因而排除其责任;如果审查的结果是错误可以避免,则反过来说明行为人具备违法性认识的可能性。由此可见,“以什么基准、如何判断违法性认识的‘可能性’? 这与缺乏违法性的认识‘是否不可回避’是本质相同的问题。”〔3〕只不过,违法性认识可能性这一概念本身是形式的,它只有通过错误是否可以避免的实质性审查和判断之后,才可能得出是否存在认识可能性的结论。

上文通过考察国外的立法、司法和理论研究的经验,由此得到的结论是,在违法性认识错误的问题上,国内学界的研究应当实现重心的转移,从理念宣扬阶段迈向技术构建的阶段。换言之,从违法性认识的必要性,转向违法性认识错误可避免性的判断,这可能是目前国内学界挣脱现有研究的瓶颈束缚的发力点,也是能够被

---

〔1〕 周光权:《违法性认识不是故意的要素》,载《中国法学》2006 年第 1 期。
〔2〕 张明楷:《刑法学》(上)(第 5 版),法律出版社 2016 年版,第 322 页。
〔3〕 张明楷:《刑法学》(上)(第 5 版),法律出版社 2016 年版,第 322 页。

实务界逐渐接受法律认识错误的突破口。接下来，笔者就如何构建"既符合刑法规制的需要，又能兼顾责任主义的要求"的违法性认识错误的可避免性判断机制展开具体讨论。

三、错误可避免性的判断尺度

讨论完概念的内涵之后，接下来就要为司法者如何判断违法性认识错误的可避免性，设定一些基本的判断尺度。通常情况下，可供参考的宽严尺度包括一般人与个别人之别、作为犯与不作为犯之别以及本国人与外国人之别。

（一）个别人与一般人的判断尺度之别

这里首先涉及的是作为参照系的人的能力尺度。判断个案中的行为人能否避免错误，依据的到底是一个主观的、基于行为人个人能力的标准，还是一个客观的、以一般平均人为参照的标准？有的学者认为，错误的可避免性要根据行为人的个体性、个别化的能力情况进行判断。〔1〕"回避可能性的判断基准，不是'一般人'，而是具体状况下的'行为者的个人能力'。由于是责任的判断，所以，不能以平均人能否回避为基准。"〔2〕

但是，笔者认为，上述观点不能被普遍化，需要区分不同的领域以适用不同尺度。一方面，在一般普通人的基本生活领域中，应当斟酌个案中的具体情况，根据行为人的生活经历以及他个人的认知能力来确定可避免性要求的尺度。

要求行为人注意义务的范围，往往取决于"问题的复杂程度、该领域的相关法律的修正频率以及诸如企业规模、获得持续信息

---

〔1〕 参见 Lackner/Kühl, *Strafgesetzbuch*, 2014, § 17, Rn. 7; Maurach/Zipf, *Strafrecht AT/1*, 1992, § 38, Rn. 35；［法］卡斯东·斯特法尼：《法国刑法总论精义》，罗结珍译，中国政法大学出版社1998年版，第317页。

〔2〕 张明楷：《刑法学》（上）（第5版），法律出版社2016年版，第323页。

的期待可能性等一些具体的个别性因素”。[1] 无论彼此间的能力和经历存在多大差异，每个人都有在基本的生活领域中自由发展的权利，对此采取“一刀切”的标准既不现实也缺乏正当性，相反，采取个别化的标准符合责任主义原理。此外，如果在遵守基本生活领域中的规范的问题上，对所有人的注意能力的要求都采取同一尺度，就必须要求，先天智力、后天教育程度以及各种可能影响人们注意能力的因素必须被同等地施加在每一个人身上。只有在这个前提下，提出同等无差异的能力要求才是合理的。但是，这种同质化的理想状态不仅在道德上缺乏可欲性，而且在实现成本上也超出了社会可承受的范围。因此，如果一个人在基本生活领域中误解了针对普通人设定的法律规范，要根据他本人的情况来考察该错误是否可以避免。

例如，被告人刘学莲在凤山乡文海村困扑大箐大武地种植罂粟 4400 株，后被公安机关强制铲除。辩护人提出，刘学莲是文盲，不懂法律，种罂粟是为了自己做药，不是为制造毒品牟利，其不知道种植罂粟是犯法的。法院以非法种植毒品原植物罪判处 5 年有期徒刑。[2] 该案审理于 1994 年，当时 1979 年刑法中未对种植毒品原植物的行为作出规定，法院的判决根据是全国人大常委会《关于禁毒的决定》第 6 条第 2 款的规定，“非法种植罂粟 3000 株以上或其他毒品原植物数量大的，处 5 年以上有期徒刑”。法院一方面在判决书表示采纳“刘学莲种植罂粟是为了自己药用，其归案后认罪态度好，有悔罪表现”的辩护意见；另一方面回避了对违法性认识错误的认定和处理，只是从轻判处被告人 5 年有期徒刑。这一判决结果显然没有考虑到错误的可避免性而判处过重。本案中被

---

〔1〕 Schönke/Schröder/Sternberg - Lieben/Schuster, *Strafgesetzbuch*, 2014, §17, Rn. 17.

〔2〕 云南省景谷傣族彝族自治县人民法院(1994)刑初字第 53 号刑事判决书。

告人是在种豌豆的窝棚里发现了六个罂粟果，由于听说鸦片能治牲畜拉肚子，就把罂粟果撒在地里种植。植物种植对于作为农民的被告人而言属于日常性的基本生活领域，而禁止种植毒品原植物也是面向普通人的一般性规范，按照这里讨论的错误的可避免标准，应当按照个别化、事实性的尺度来进行错误是否可以避免的判断。被告人是生活在山区农村里的文盲，比较缺乏接触和了解国家法律特别是在刑法典之外的特别刑法的机会与可能性。考虑到被告人的具体生活经历和认知能力，应当认定该违法性认识错误属于不可避免。

又如，在姚录峰、李宏伟盗窃案中，两被告人带领他人偷窃一段铁轨带回单位。被告人辩称，"是为了集体利益，为矿上工作需要才去偷的，既没有把钢轨拉回家里，也没有供个人占有、使用，请求法院判其无罪。"〔1〕盗窃罪中的非法占有目的，既包括为自己占有，也包括为他人占有。行为人误以为为了本单位利益而偷窃就是无罪，显然是对非法占有目的存在错误理解。法院虽然在判决书中承认被告人存在法律上的认识错误，但是仍然认为"这种法律上的认识错误不能免除其刑事责任"。这一结论并不妥当。盗窃罪是面对一般人而非针对专业人士的立法。在认定盗窃案中的错误是否可以避免的时候，应当按照个别化的标准进行考察。特别是考虑到非法占有目的并不是刑法典明文规定的盗窃罪的主观要素，非法占有目的还包括为他人非法占有也是经由刑法理论不断解释而得出的结果，在这种情况下，要综合考虑被告人的工作环境、教育程度和行为动机来做出错误是否可以避免的判断。

另一方面，如果案件涉及行为人职业上的工作领域，或者在法律上加以特殊规制和调整的生活领域（如证券投资、道路交通等），

---

〔1〕 最高人民法院中国应用法学研究所编：《人民法院案例选》（2004 年刑事专辑）（总第 47 期），人民法院出版社 2005 年版，第 346～348 页。

此时，就不宜再按照行为人的个别化标准来判断，而应当采取在这个领域中的一般内行人的客观的评判尺度。

上述观点意味着，即使行为当时本人的实际能力在这个一般基准之下，也不能因此免责。这主要是基于功能主义和一般预防的考量。在特殊的社会领域中设立专门性规范，能够有利于以一种典型的方式降低可能升高的风险，使得人们能够在这些领域中行动。如果进入了这些领域，从事相应的工作，就必须具备相应地了解并遵守相关规范的能力；也只有这样，这些领域的工作才可能建立起社会信任，那些只有在缺乏行业规范的情况下才会增生的不必要的成本，才可能因此得到降低和避免。所以，不允许从业者再用个人能力的不充分来进行辩护。

例如，被告人作为村小组的出纳，在经手领取村里的征地补偿款及退耕还林粮食补助款时，将部分款项用于其个人的挖掘机的日常费用开支。公诉机关以挪用资金案提起公诉。被告人辩称，“2002 年因本组出纳有病，我就兼任本组出纳，收取的粮食补助款、退耕还林款及粮食补助款等款项，是会计上账后，我没有按照财务管理制度管理，因为我不太懂财务管理制度，我只是认为，会计有账，我这有钱，所以有些钱我就放在家中，用时方便，有些钱我就存在我个人的卡上，公私都在用。”法院认为其辩称属于法律认识错误，不予采纳。[1] 本案中的被告人本来并不从事出纳工作，是在出纳有病后临时兼任出纳，其声称自己“不太懂财务管理制度”有可信之处，但是即使承认其存在违法性认识错误，也应当严格审查其错误的可避免性。财务出纳是一种专门性的工作，禁止挪用资金也是针对那些能够经手或管理单位财物的特定人士而设立的规范，因此，判断尺度应以必须掌握和了解的财务制度的一般的出纳工作人员为准，而不能根据被告人临时接替工作、不了解财务管理

---

〔1〕 陕西省石泉县人民法院(2007)石刑初字第 18 号刑事判决书。

制度等个人情况来确定可否避免的标准。

实践中常见这样的案件，即行为人在进入某个特定的工作场合或职业领域之前，没有及时学习本应当学习的相关的法律知识，等到其实施某项构成要件行为的时候已经来不及去了解了。例如，一个没有学习交通法规的人开车上路，当他因为认识错误而违反交通规则的时候，不能允许其辩称因现场来不及了解规则而主张错误不可避免。不过，将这种错误认定为本可避免并因此追责时，可能会面对这样的质疑：通常情况下，按照主客观相统一或者说意行同在原则，刑法只能谴责一个在行为当时有能力和机会选择其他合法行为但却仍然实施犯罪行为的人。那么，在案发当时行为人确实来不及也没有能力认识法律时，如何为这种有悖于主客观相统一原则的谴责提供根据？

笔者认为，援引过失犯中的“超越承担罪责”理论，来为对因先前过错而陷入违法性认识错误的行为人的惩罚提供法理依据，可能是较为合理的方案。所谓“超越承担罪责”，是指通常情况下，刑法奉行实行行为与责任能力同时存在的基本原则，但是如果行为人明知其缺乏预见或回避结果发生的能力，仍然实施特定危险行为，从而导致结果发生，则尽管其在实施实行行为之时并没有注意能力，则仍可认为其违反了注意义务，成立过失犯。[1] 例如，普通外科医生明知其从未实施过开颅手术，不具备正确控制手术中的危险的能力仍敢为脑肿瘤患者实施开颅手术致病人死亡。[2] 显然，这是一种将实行行为时点前移的思路。

将“超越承担罪责”的思路移用来讨论违法性认识错误的衡量尺度，应当这样理解：尽管行为人在实行行为当时因欠缺注意

---

〔1〕 Duttge, *Münchener Kommentar zum Strafgesetzbuch*, 2017, § 15, Rn. 131; Maurach/Zipf*Strafrecht AT/1*, 1992, § 38, Rn. 35.

〔2〕 林山田：《刑法通论》（下册）（增订10版），北京大学出版社2012年版，第124页。

能力而无法正确认识法律，但是对于这种能力欠缺，行为人难辞其咎，因为他既然参与游戏（进入某一职业领域或特殊的生活领域），他就应当在参与之初就了解“游戏的规则”。行为人在未能了解规则的情况下，本可通过不实施危险行为以避免侵害法益，但却置他人法益于不顾而贸然实施，因而违反了一种前置的不作为义务。援用“超越承担罪责”的理论来解决“先前过错”的违法性认识错误问题，就是对那些从事特定职业而又在行为当时难以认识法律的人，调整判断其认识法律能力的时点，将其从实际行为当时前置到他进入该特定职业领域之时。这样一来，就可以将对陷入错误者的归责根据，追溯到其先前对于相关法律规范的不予了解上面去。

（二）作为犯与不作为犯的判断尺度之别

此外，具体个案中的行为方式也会对可避免性的判断产生影响。针对作为犯还是不作为犯，法律认识错误可避免性的判断尺度应当有所区别。一般而言，与作为犯相比，不作为犯中的违法性认识错误更容易发生。这是因为，作为犯常常是在一个特定方向上表现出真实的能量来源和消耗，因而以通常更容易辨认的方式实现构成要件并导致侵害他人的结果发生，这一点向行为人展示了其行为在原则上的不可允许性。相反，“在人们对主动干预负有义务之处，这些就远远没有那么容易发现了，特别是因为——除了在严重的危险状况以外——当时的情形常常并没有给出指示说，这一个行为能够是所要求的。”〔1〕特别是考虑到，不纯正不作为犯中的作为义务（保证人义务），在学理上一直存在巨大争议，迄今尚未厘定清楚的范围和轮廓，对于没有受过法学训练的普通人，就更

〔1〕［德］克劳斯·罗克辛：《德国刑法学总论》（第2卷），王世洲等译，法律出版社2013年版，第520页。

加难以对其缺乏认识进行谴责。因此，原则上讲，在不作为犯的场合，认定违法性认识错误不可避免的尺度，较之于作为犯的场合，要相对轻缓些。在其他条件相同的情况下，一个应当作为而未作为的命令错误，比一个不应作为而作为的禁令错误，更值得原谅一些。[1] 例如，同样是保姆对儿童的杀人罪，采取不救助意外溺水的儿童的不作为方式，与采取暴力致死的作为方式相比，在认定违法性认识错误不可避免时的尺度要宽松一些。

（三）本国人与外国人的判断尺度之别

一个不常见但值得强调的判断尺度是，与本国人的违法性认识错误相比，在判断外国人的错误是否可以避免时，标准可以适当降低。例如，在马里人阿里·兰多尔（ALY）走私淫秽物品案中，辩护人提出，由于文化上的差异，被告人在其自己的国家销售购买色情光碟并不构成犯罪，所以也不清楚在中国属于犯罪行为。法院接受了该辩护意见，在判决书中指出，“ALY 为马里籍人，其前述行为属于对中国法律认识错误而造成，主观恶性较小。”[2] 在法院最后做出的从轻处罚的判决中，法律认识错误发挥了重要作用，而该

---

〔1〕 Schönke/Schröder/Sternberg - Lieben/Schuster, *Strafgesetzbuch*, 2014, § 17, Rn. 21a. 此外，有的德国学者提出，由于纯正不作为犯中的作为义务（保证人地位）常常要根据相关附属刑法才能明确，不熟悉相关法律的公民很难了解。因此，在不作为犯的违法性认识错误的判断尺度比作为犯宽松。参见[德]克劳斯·罗克辛：《德国刑法学总论》（第 2 卷），王世洲等译，法律出版社 2013 年版，第 520 页。但是，这个理由存在疑问。正如前文论述的，在专业领域中应当秉持一般人标准的判断尺度，而纯正不作为犯的作为义务，基本上就是针对那些专业领域中的专业人士设定的，对这些作为义务的错误不能降低判断标准。例如，《刑法》第 304 条规定的故意延误投递邮件罪，行为主体是“邮政工作人员”；《刑法》第 416 条的不解救被拐卖妇女、儿童罪，行为主体是“对被拐卖、绑架的妇女、儿童负有解救职责的国家机关工作人员”等，这些纯正不作为犯的作为义务是作为专业人士的行为主体必须了解的，因而不能因为行为方式是不作为犯就放宽错误判断的尺度。

〔2〕 广东省广州市中级人民法院（2009）穗中法刑二初字第 193 号刑事判决书。

错误抗辩之所以能够被法院接受，根本原因在于考虑到被告人是马里籍人，因此对于中国法律欠缺认识和了解情有可原。显然，与本国人相比，该判决对外国人法律认识错误的可避免性判断采取了相对宽松的尺度。不过，司法实践中也有一些判决对本国人与外国人采取了相同的判断尺度。例如，同样是走私淫秽物品案，辩护人也同样提出了法律认识错误的辩护意见："被告人加奴作为加蓬国的商人，该国政府对销售淫秽物品并没禁止，被告人加奴对该行为缺乏违法性认识，因此，加奴的行为不构成犯罪。"但是，法院明确拒绝了该辩护意见，在判决书中指出，"该行为显然发生在我国境内，侵犯的是我国的法律，我国刑法对该行为具有管辖权。虽然被告人加奴在加蓬国时不认为销售淫秽物品是违反法律的行为，但其来到我国经商，就应遵守我国的法律，其对法律认识的无知不能作为其免予承担刑事责任的理由。"[1]该案件与前述案件一样，同样是由广州市中级人民法院做出的刑事判决，同样是针对外国人走私淫秽物品案，但是却对法律认识错误采取了截然不同的态度。当然，无视法律认识错误的加奴案宣判于2007年，重视法律认识错误的阿里案宣判于2009年，从时间上来看，也可以认为法院对于法律认识错误的作为抗辩事由的重视度有了明显提高，开始从本国人与外国人相区分的角度，考虑该错误可否避免进而是否接受其发挥减免罪责的功能。

综上，在认定违法性认识错误的可避免性时，在判断标准和尺度的把握上应当注意以下几点：(1)对于那些存在于生活领域中针对每个普通人的法律规范，应当采用基于心理事实的、个别化的标准。相反，在涉及特殊的社会领域中的专门性法律的场合，采用规范化的、一般人的标准更为妥当。(2)在认定违法性认识错误无可避免时，对不作为犯适用的尺度应当比对作为犯适用的尺度要轻

[1] 广东省广州市中级人民法院(2007)穗中法刑二初字第5号刑事判决书。

缓一些。(3)在认定违法性认识错误无可避免时,对外国人适用的尺度应当比对中国人适用的尺度要轻缓一些。

四、错误可避免性的审查条件

在证实存在违法性认识错误的基础上,司法者要根据个案中的不同尺度,对错误的可避免性进一步地审查。一个可以避免的违法性认识错误,必须满足以下两方面的条件:客观上存在查明法律以避免错误的机会;行为人没有努力查明法律去避免错误。这两方面条件的审查应当递进性地进行。

(一)客观上存在机会(去查明法律以避免错误)

1. 由事实可能性与规范上的可期待性共同决定的"机会"

这里所说的客观机会有两层含义。第一层含义是指抽象和宏观意义层面的可能性。在行为人生活的周遭世界中,总得有某个机构或个人存在,可供行为人相对便利地去问询他的行为是否合法。这一点,主要是在那些不可期待行为人去提出问询的场景中才有意义。例如,"由于通讯不发达、所处地区过于偏僻等原因,行为人不知法律的存在"。[1] 行为人生活在深山老林中,终岁以砍伐树木为生,几乎从不进城,这种情形下可以承认其缺少认识刑法规定的滥伐林木罪的机会。又如,被告人用捆绑游街的方式对待那些虐待长辈者,在一个习惯于伦理约束和权威治理的偏远山村中,可能得到全体村民的拥护和支持。这种情况给被告人带来的自以为正确合法的心理误导,很难期待他摆脱这种心理认知和周

〔1〕 周光权:《违法性认识不是故意的要素》,载《中国法学》2006年第1期。

遭环境去反思自己行为的合法性。[1] 最极端的例子是，兵荒马乱的年代里，城头变幻大王旗，官吏四处流窜，老百姓根本不知道也无从问询法律，这种情形可以称作是客观上没有认识法律的外部环境。不过，这种情形是较为少见的。在大多数能够由法院审理的案件中，这种提供法律认知可能性的外部环境也都是相应存在的。

第二层含义是指行为人在个案中有思考或咨询行为合法性的机会。如果行为人在行为时并没有机会去思考或咨询行为的违法性，就难以认定其错误是可以避免的。换言之，允许行为人以缺乏认识法律的机会作为错误不可避免的理由。不过，对这一点，刑法理论上有不同的意见。有一种观点是纯粹从规范视角出发因而几乎不考虑具体情况，从而对此直接予以拒绝。在这种观点看来，每一个自然人都应当在自己的行为之前审查其行为的合法性。或者说，认识违法性的机会是普遍存在的，因而不能以客观上没有机会作为辩解理由。例如，德国联邦最高法院提出，“每个人在行为前，都应当意识到其正要做的一切是否与法律要求保持一致”。[2] 显然，这是从一种规范的、应然的层面对每个公民提出同等的要求。

但是，这种不切实际的、不现实的要求，距离生活中的实际情况太过遥远了。把人们对于法律的尊重提高到一个法律意识如影随形、随时随地参考法律的地步，这是一种过于理想化的要求。按此，既然每个人本来都有机会去认识法律而行为人却不去认识，那么，他所陷入的错误就是由于他自身不去把握机会所导致，必然是

---

〔1〕 电影《被告山杠爷》(1994)曾在学界引起很多讨论，但是基本上都是在宏观层面反思人治与法治、国家法与民间法的冲突。参见苏力：《法治及其本土资源》，中国政法大学出版社1996年版，第24页；陈柏峰：《治理、法治与现代国家——被告山杠爷再解读》，载《云南大学学报》(法学版)2009年第6期。但是，很少有人注意到，这部影片在具体的法教义学的技术层面所折射出的，司法者对于解决这类法律错误问题有心无力的窘境。

〔2〕 *BGHSt* 2,201.

一个本可避免的错误。按照这样的观点,可能最终会导向将所有的违法性认识错误都被视作是可以避免的。可是,当这种要求在可避免性标准的建构中完全不考虑现实中人们做出决定时的各种具体可能性时,它也就同时丧失了能够将刑法上值得宽宥的和不值得宽宥的错误加以区分的功能。另外,“如果每个自然人在自己的行为之前都必须进行合法性思考,那么社会生活就一定会停顿下来。”[1]这显然是提出这种要求的法秩序难以承担的巨大成本。更进一步来看,既然这种不切实际的要求本身根本无法满足,它就非常可能陷入被人们视作一种口号而加以轻视的境地,于是导致在那些确有必要的地方,检验违法性的努力也被懈怠。这样一来,刑法也失去了呼唤人们重视行为规范、认真对待法律的号召力。

与上述所有人都有机会避免错误的看法相对的观点是,把避免错误的机会限定在很窄的范围之内。这种观点认为,应当考虑获得违法性认识的客观机会,但是这种机会仅仅限定于行为人能够现实地意识到自己的行为可能被禁止的情况。在这个情况之外,“他就是一个没有能力查明自己的行为是否可以适用特殊规范的人。”[2]按照这种观点,至少要在行为人对自己行为性质有所怀疑的场合,才承认他具有认识法律的机会;而对于没有考虑过自己行为性质的行为人,事实上是没有机会认识法律的。把审查机会仅限于那些已经对合法性起疑心者,这种观点在方法论上也与前一种纯粹从规范出发的观点正好相反,是一种完全从心理事实的层面考虑问题的方式。

但是这种观点存在以下疑问。第一,这种观点可能为行为人留下了太大的空间。因为审查自己行为合法性的能力,不仅为那些对行为性质有所怀疑的人所具备,而且也为那些对行为性质毫

---

〔1〕 [德]克劳斯·罗克辛:《德国刑法学总论》(第1卷),王世洲译,法律出版社2005年版,第625页。

〔2〕 Horn, *Verbotsirrtum und Vorwerfbarkeit*, 1969, S. 105.

无怀疑的人所具备。第二,按照这种观点,只有当行为人对他的行为的合法性产生怀疑,当他现实地意识到他的行为可能会被禁止的时候,才可能认定错误的可避免性。因为只有在这种情况下,才是纯粹从一种心理事实的层面来寻找和证立可避免性。相反,当行为人对自己的行为根本未产生任何合法性怀疑,也从未想到自己的行为可能违法时,事实上也根本没有可能去避免错误。此时再从事实层面指责他说,违法性认识错误本来可能避免,显然就存在矛盾。为了保持逻辑的一致性,就只能认为这个对法律完全漠不关心、脑海中从未闪过法律的行为人由于“不可避免的错误”而不承担责任。相反,那个对合法性抱有谨慎的怀疑但最终还是认识错误的人,却很可能要受到惩罚,因为既然他已经起了疑心,他的错误在事实上就总是有机会去努力避免。可是,这样推导出来的结论难以令人接受,在刑事政策上也是错误的。

由此可见,行为人在什么情形下被认定为有机会,从纯粹规范的角度来确定,是过于理想化地脱离了实际生活,但是仅仅借助一个从心理学的标准来展开事实性理解的“能够”,也同样难以回答这个问题。行为人在什么时候能够对他的错误答责,纯粹从规范的角度或者心理事实的角度来考虑都是行不通的。妥当的解决方案是:要对心理学的事实标准做一些规范性的调整;对于能够避免错误的“能够”的最低限度,需要从规范的层面进行理解。在这个意义上,错误的可避免性以及审查机会的判断,就是一种由事实可能性与规范上的认识期待性共同决定的结果。

2. 认识法律的三种机会

基于事实与规范的双重考虑,在以下几种情形中,应当重点考察陷入违法性认识错误的行为人是否有认识法律、避免错误的机会。

第一,行为人对于行为的法律性质存在怀疑。在行为人本能地或通过自己的思考观察或者其他人的提示而对行为涉及的法律状况产生疑虑的情况下，或者本来以为行为合法，但是了解到可能有相反的司法判决或官方说明时，就存在查明法律以澄清疑问的机会。国外刑法理论多数意见认为，如果行为人没有利用这个机会去解惑，就可以认定存在一个可以避免的违法性认识错误。[1]国内也有学者认为，“行为人对法的状况产生疑问，意味着对行为的违法性产生疑问，但行为人没有真正地考虑该疑问，而是轻率地相信其行为具有合法性时，存在违法性的错误，而且该错误是可能避免的，行为人具备有责性。”[2]

但是，对此能否一概而论，尚值得商榷。对行为的合法性存疑，既有可能认定构成可以避免的违法性认识错误，也有可能认定为已经具备（有条件的）违法性认识。后一种情况是指，“意识到自己的行为可能是不法的，而又在意志上接受了这种可能性的人，就已经具备了违法性认识。”[3]这种认为自己的行为可能被禁止但也可能被允许的情形，属于一种有条件的违法性认识。既然已经具备违法性认识，也就不再适用违法性认识错误的处理规则。

当然，将对行为的合法性存疑者认定为已经具备违法性认识，还需要附加额外的条件，那就是行为人有消除自己对法律状况的疑问的可能性而未予利用。例如，行为人被亲属要求透露自己所在公司的技术信息，行为人怀疑这种行为可能是被禁止的，也曾打算去问询自己做律师的朋友但最后还是觉得麻烦懒于问询而直接将信息告诉给亲属。对于这里涉嫌的《刑法》第 219 条侵犯商业秘密罪，行为人不能够主张违法性认识错误，因为他在有可能消除不法怀疑的情况下没有消除，对此应认定其已经具备违法性认识，不能对其减免处罚。但是，如果行为人在对这种行为的法律性质生疑之后，经过自己查阅信息或咨询他人，轻率地相信了行为的合法

---

〔1〕 Neumann, *Kindhäuser/Neumann/Paeffgen Strafgesetzbuch*, 2017, § 17, Rn. 63.

〔2〕 张明楷：《刑法学》（上）（第 5 版），法律出版社 2016 年版，第 323 页。

〔3〕 *BGHSt* 4, 4.

性，此时，他的行为就是一种陷入违法性认识错误的行为。在这种情形下，就需要检验这种错误是否可以避免。[1]

相反，在行为人难以消除不法怀疑的场合，不应当认定具备违法性认识。典型的例子是，行为人只能在两种都存有不法怀疑的行为之间进行选择。例如，工厂的门卫在看到疑似小偷者即将骑摩托车离开时，不知道能否使用手边的砖头向对方投掷。他怀疑投掷可能会涉嫌故意伤害罪，但是又担心不投掷会违反义务，承担放纵罪犯的责任。当行为人在两种疑虑中不得不进行权衡而选择了在他看来更可能合法的行为时，即使他的选择是错误的，也不应认定其具有违法性认识。对于这种情形如何处理，理论上也存在不同的观点。有观点认为，对此可以类推违法性认识错误的处理规则，按照不可避免的违法性认识错误论处。[2] 也有的观点认为，对此可以借助期待可能性理论来解决。[3] 从逻辑上来看，前一种观点更为可取，但是鉴于我国刑法目前还没有对违法性认识错误作出明文规定，在当前语境下，与其类推适用一个超法规的责任阻却事由，不如直接适用期待性可能性理论来减免其责任。

第二，行为人知道（或应当知道）自己的行业行为可能受到某些特殊的法律规范调整。只要行为人知道（或应当知道）对于自己进入到某个特定领域中所从事的行为，法律上可能存在相应的规范加以调整，此时就应当认为行为人存在检验法律状况的机会。例如，道路交通的参与者应当知道这个领域中存在经常修订变化

---

〔1〕 这里涉及的有条件的违法性认识与违法性认识错误的区分问题，是采用了与“区分有条件的故意与有认识的过失”相同的方式。参见[德]克劳斯·罗克辛：《德国刑法学总论》（第1卷），王世洲译，法律出版社2005年版，第626页。

〔2〕 [德]克劳斯·罗克辛：《德国刑法学总论》（第1卷），王世洲译，法律出版社2005年版，第620页。

〔3〕 Schönke/Schröder/Sternberg - Lieben/Schuster, *Strafgesetzbuch*, 2014, §17, Rn. 21.

的交通法规，酒店经营者也应当知道在法律上存在一些涉及餐饮住宿方面的规定。对于参与从事特定职业的行为人来说，他至少应当意识到"各行有各行的规矩"。"仅仅是这种意识的存在就必须成为一种行为人可以利用的机会，就应当促使他去关心在这里适用的法律条文。"[1]因此，在行为人因为不了解这些法律条文而陷入违法性认识错误的场合，这种错误就属于本来有机会去认识法律而可以避免的错误。

司法实践中，对于声称因不了解自己所从事的特定行业中的相关规范而形成的法律认识错误，法院往往也不会采纳其辩护意见。例如，被告人邱某某承接了某某公司零星工程，因其未取得建筑从业资质，为结算工程款，遂通过被告人蔡某某介绍，支付7%的开票费，再由被告人蔡某某向他人支付部分开票费后，从他人处虚开了某某公司的建筑业统一发票18份(票面金额420,773元)，交由某某公司入账。对于被告人提出的"自己不知道虚开发票的行为是犯罪"的意见，法院认为，"被告人邱某某主观上对其行为性质的认识错误不影响犯罪构成，对其辩解不予采信。"[2]在本案中，邱某某虽然不具备建筑从业资质，但实际上一直从事工程建设，工程款的来往结算是其工作中的重要部分。因此，按照笔者主张的对专业领域的规范采取一般人尺度的观点，邱某某对于结算款项时开发票的问题，必须也应当知道存在相应的税务方面的法律规范。所以，即使其确实陷入错误，但是客观上也存在了解相关法律、避免错误的机会，在存在机会但又未予利用的情况下，该错误属于本可避免。又如，在刘实故意泄露国家秘密罪一案中，被告人刘实多次参加有关部门召集的沈阳市人民政府原副市长马向东涉嫌犯罪案件协调会。会后，刘实多次将马向东案件的有关情况泄

---

〔1〕［德］克劳斯·罗克辛：《德国刑法学总论》(第1卷)，王世洲译，法律出版社2005年版，第626页。

〔2〕上海市浦东新区人民法院(2012)浦刑初字第5017号刑事判决书。

露给他人,严重干扰了马向东案件的正常审理。对此,辩护人提出“被告人参加的有关会议上没有对保密问题提出明确要求”的辩护意见。法院对此认为,“作为长期从事政法工作的领导干部,刘实应当明知处于侦查阶段的案件情况不能对外泄露这一常识。”〔1〕这一说法,既可以看作是对存在违法性认识错误的否定,也可以认为,作为政法工作领域的领导干部,有充分机会认识和了解相关法律规范,因此,即使事实上确实存在认识错误,这种错误也完全可以避免。

第三,行为人认识到自己行为的社会危害性(法益侵害性)。认识到行为的社会危害性,不能当然地表明就形成了违法性认识。但是,社会危害性认识,至少是行为人思考自己行为在法律上是否无害的一个入口和机会,也是司法者认定行为人的违法性认识错误具有可避免性的一个线索和证据。〔2〕不过,认定这种机会存在的可能性大小,取决于如何理解故意概念与社会危害性认识的关系;在比较法上,要注意到各国刑法语境的差异。

例如,德国刑法没有对故意概念做出明确定义。根据理论通说,故意不包含社会危害性认识。因此,故意实施构成要件行为的人,未必具备社会危害性认识,也不能轻易断定其具有认识法律的机会。〔3〕不同的是,我国《刑法》第 14 条明确规定了故意概念,“明知自己的行为会发生危害社会的结果,并且希望或者放任这种结果发生,因而构成犯罪的,是故意犯罪。”主流观点认为,该规定说明故意包含了社会危害性认识,一个具备故意的行为人,不仅认识到自己的行为会导致某种结果,而且认识到这种结果具有危害

〔1〕 江苏省高级人民法院(2001)苏刑二终字第 161 号刑事裁定书。

〔2〕 Neumann, Kindhäuser/Neumann/Paeffgen *Strafgesetzbuch*, 2017, § 17, Rn. 16.

〔3〕 Joecks, *Münchener Kommentar zum Strafgesetzbuch*, 2017, § 17, Rn. 41.

社会的性质。[1] 而根据阶层性的递进式检验，在责任阶段进行违法性认识错误的检验，是以完成构成要件阶段的故意检验为前提的。换言之，对于故意犯而言，任何能够被审查违法性认识错误的行为人，都已经具备了故意以及社会危害性认识，此时，“通过认识社会危害性来认识违法性”的机会几乎是普遍存在的，甚至可以说，无论是自然犯还是法定犯，也不管是处在核心刑法领域还是处在环境刑法等非核心领域，只要已经认定行为人具备故意，就可认定他具有认识法律以避免错误的机会。

不过，对《刑法》第 14 条也可以做另外一种解释：行为人的认识对象仅仅是事实意义上的结果。至于这一结果是否“危害社会”，属于一种规范性评价，它通过立法者的立法和司法者的裁判来完成，并不要求行为人必须认识。按照这种解释逻辑，认定行为人具备故意，只能说明其认识到自己在自然意义上“做什么”，但未必就认识到其举止行为的社会危害性。对此，应当区分自然犯与法定犯。在杀人、强奸、放火等自然犯的领域，构成要件行为的社会危害性带有明显的自然的性质，基本上属于常识的范畴，因而故意行动者难以辩解自己缺乏对行为事实的危害性认识，此时，经由社会危害性认识而通往违法性认识的机会，也是普遍存在的。“如果某人没有意识到强奸或者杀人是违法的，人们可以正当地期待一个心理疾患证明，以便说明这是一个可信的主张。”[2] 例如，在被告人与其公公因家庭琐事发生争执后持菜刀将其公公的食指砍伤的案件中，将法律认识错误作为辩解理由显然不可能得到采

---

〔1〕 参见姜伟：《犯罪故意与犯罪过失》，群众出版社 1992 年版，第 145 页；高铭暄、马克昌主编：《刑法学》（第 7 版），北京大学出版社、高等教育出版社 2016 年版，第 107 页；陈兴良：《教义刑法学》（第 2 版），中国人民大学出版社 2014 年版，第 553 页。

〔2〕 ［美］乔治·弗莱彻：《反思刑法》，邓子滨译，华夏出版社 2008 年版，第 531 页。

纳。[1] 又如，在被告人盗窃被发现后拔出匕首威胁他人的场合，被告人自认为“当时拿出匕首是为了避免被打，吓唬旅客，不是使用暴力，不构成抢劫罪”的说法也难以被法院重视。[2] 这一法律认识错误即使存在，也是本可避免的，抢劫罪属于自然犯，被告人只要认识到自己是在“拿出匕首吓唬旅客”，这一行为的社会危害性就是显而易见，除非被告人拿出心理疾患或者精神缺陷的证明，否则，他就当然地具备社会危害性认识，同时存在认识违法性的契机，这种错误就属于可以避免的错误。

相反，在市场规制、社会管理、环境保护等法定犯的领域，那些故意从民间集资借贷的人、未经许可故意出售烟酒的人以及故意使用自己发明的新方法捕捞水产品的人，其行为在客观上的社会危害性并非显而易见，因此行为人主观上没有社会危害性认识也不稀奇。特别是在某些具有“行政附属性”的构成要件中，条文本身不能自动地满足行为可罚性的全部要求，而是需要借助于行政法的某些规定。此时行为人对其行为的社会危害性没有认识，实属常见。例如，《刑法》第186条规定，银行或者其他金融机构的工作人员违反国家规定发放贷款，数额巨大或者造成重大损失的，构成违法发放贷款罪。如果行为人不清楚或者误解“国家规定”，那么行为人对自己违法发放贷款的行为缺乏社会危害性认识，也是完全可能的，此时就不能够再去说，行为人应当经由社会危害性认识而获得违法性认识的机会。[3]

综上，如果存在上述三种查明法律状况的机会，那么，人们就总是可以利用这些机会，采取一些措施来使得自己回避错误。相

---

〔1〕 河南省新野县人民法院(2010)新刑初字第232号刑事判决书。

〔2〕 最高人民法院刑事审判庭编辑:《刑事审判参考》(总第41集)，法律出版社2005年版，第8页。

〔3〕 对这种情形，司法者考虑其错误是否可避免的角度不是社会危害性认识，而是行为人前面所说的从事特定行业就应了解到存在相关法律规范。

反，如果这些机会都不存在，就没有必要再进一步去审查行为人主观上是否尽到了查明法律的努力。此时，对于行为人所陷入的违法性认识错误，应当径直认定为是不可避免的错误。

（二）行为人没有努力（去查明法律以避免错误）

只要具备了上述三种查明法律的机会之一，那就还需要继续向下审查，行为人是否已经尽到了努力去了解法律。如果行为人根本没有努力去查明法律，就应得出违法性认识错误本可以避免的结论；如果行为人已经尽了最大的努力去查明法律，那么该错误应当被认定为不可避免的错误。但是，如何才算是尽到了努力？这里涉及行为人以什么样的方式和手段去获取法律信息的问题。

1. 诉诸已身的良心省思？

国外的司法实践曾经提出一种通过“可以期待的良心的紧张”来获取信息和认识的方式，并在法院系统中获得普遍认可。[1] 其基本内容是：行为人首先在良心上有义务尽到应有的努力，去运用他的理性的认知能力和整个伦理世界观，来辨识他的行为的非法性。如果他对此不作为，并且是基于一种可归责的原因错过了认识其行为违法性，那么这个错误就是可谴责的，因而也是可以避免的。必要的良心努力的标准，一般是斟酌个案中的具体情况，根据行为人的生活经历和职业环境，以及他个人的能力来确定。

但是，以良心省思作为回避错误的手段，这一看法在理论上基本没有得到赞同。[2] 因为谈论良心对于解决问题或降低问题的难度没有任何实质帮助。良心不可能是决定性的一环。违法性认识针对的不是道德、宗教或意识形态的规范秩序，而是行为在现实法

---

〔1〕 *BGHSt* 2，194（201）；*BGHSt* 21，18（20）；BGH *NStZ* 2000，307（309）；BGH *NJW* 2000，S. 2367.

〔2〕 对此批评的文献，可参见 Baumann/Weber/Mitsch/Eisele，*Strafrecht AT*，2016，§ 18，Rn. 101；Jakobs，*Strafrecht AT*，1993，19/41。

律秩序中的禁止与否。因此,即使人们基于自己的良心省思,以伦理、政治或其他价值观、世界观上的理由,认为自己有义务去实施一个违反实在法秩序的行为,这也不会影响到对其违法性认识的认定。[1] 此外,就可行性而言,良心省思的方式也是不可靠的。除了那些在自然犯领域中几乎不可宽恕的认识错误之外,在法定犯领域中,难以想象人们可以通过自我良心省思的方式去获知法律规范。特别是在目前中国刑法大篇幅增设各类经济犯罪、环境犯罪等法定犯的背景下,行为人仅仅是诉诸内心的良心省思,不可能就直接认识到自己的相关行为涉嫌犯罪与否,甚至在某些场合下反而有可能会得出相反的结论。因此,更切实可行的途径,不如说是行为人努力利用外部机会搞清楚相关的法律规定。

2. 面向外部的信赖或咨询

行为人是否已经尽力去运用他的理性的认知能力来查明法律,这一点不可能依赖"良心上尽到应有的努力",而主要还是从一些客观形式表现出来的对他人的信赖和询问来判断。这里主要涉及以下两方面的情形。

一方面,因信赖或咨询司法机关或者其他有权机关的意见而陷入的违法性认识错误,应当视作难以避免。在一定范围之内,行为人可以信赖法院判决或司法解释;遵从法院判决或司法解释行事的,应当认为已经尽了查明法律的努力,由此所陷入的错误,属

---

〔1〕 刑法理论的主流观点均认为良心犯与违法性认识之间不存在矛盾。Vgl. Schröeder, *Leipziger Kommentar zum Strafgesetzbuch*, 2006, § 17, Rn. 18. 按照国外学界早期的文献,认为良心犯仅仅是一个刑罚裁量的问题,但是良心犯对定罪的意义,已经赢得了越来越受关注的重要性。有的学者主张,应当根据《德国基本法》第4条第1款"信仰和良心自由、宗教和世界观信奉自由不可侵犯",在构成要件层面考虑良心犯出罪的问题。Vgl. Rönnau, *Leipziger Kommentar zum Strafgesetzbuch*, 2006, Vor § 32, Rn. 361ff. 有的学者认为可以考虑直接或类推适用阻却责任的紧急避险的规定。Vgl. Neumann, *Kindhäuser/Neumann/Paeffgen Strafgesetzbuch*, 2017, § 17, Rn. 46. 还有的学者建议通过期待可能性的理论来处理。Vgl. Lackner/Kühl, *Strafgesetzbuch*, 2014, Vor § 32, Rn. 32.

于不可避免的违法性认识错误。如果行为人行为当时的判决或司法解释认为这类行为无罪的,他就能够认为自己无罪。在一条法律修订之前,法院做出的先前的判决是可以信赖的,这是一种保护信赖关系的需求。行为人根据法院判决或司法解释认为某项刑法规范是"失效"的,他也是处在不可避免的违法性认识错误之下行事。对于空白罪状涉及的某些行政规定,如果被法院认定为属于不合法的抽象行政行为的,行为人可以信赖法院的判决而行事。在法院判决相冲突的情况下,当行为人按照高级别法院的判决或者同级别法院中更晚近的判决行事的,也是处在一个不可避免的违法性认识错误之中。"对于上级法院判决与自己所遇到情况之间的地域差别,行为人倒是不必太过于认真。"[1]不过,在法律问题比较可疑而判决也还没有生效的情况下,行为人不能够信赖对他最有利的判决。此外,检察院在法律事务方面的处置态度和立场,也是可以被行为人所信赖的。

可能存在疑问的是,当同级别的数个法院对于一个问题有不同的认定时,对于被告人而言,是否要期待他等问题得到澄清之后才去实施那个可能被禁止的行为?例如,对于民间放高利贷的行为,A 省 B 市法院认定无罪,A 省 C 市法院认定为非法经营罪,D 市的被告人也都知道这两个判决并以此抗辩,此时应如何处理?按照笔者的观点,这属于对行为违法性存在疑问的情形,当该疑问在个案中有可能清除而行为人未去努力清除时,这就不是一个违法性认识错误,而是已经具备违法性认识。相反,如果难以期待行为人找到更权威的法律信息或途径来解决这个疑问,那应当否定存在违法性认识,可按照期待可能性理论对其减免责任。

司法机关之外的其他专职或主管的机构人员的意见,也应当

---

[1] Schönke/Schröder/Sternberg - Lieben/Schuster, *Strafgesetzbuch*, 2014, §17, Rn. 21.

被视作是可以信赖的,行为人信赖这种意见而陷入违法性认识错误,系属不可避免。不过,司法实践中,对于这种意见的表现形式以及可否作为信赖根据的问题,还需要做更细致的判断。

例如,在李启玲非法出售国家重点保护植物罪案中,被告人李启玲作为福鼎市高山村李氏宗族代表人,将本宗族所有的一棵红豆杉树以捐赠名义向林业局提出砍伐申请,得到《采伐证》之后出售给他人。辩护人提出,根本无法识别许可证申请单位栏后面备注的"不能出售"的字迹,而且林业部门在放发采伐证并收取育林金 30,000 元时也没有释明,导致被告人误认为可以出售。针对该辩护意见,法院在判决中认为,红豆杉属国家一级保护植物,《中华人民共和国野生植物保护条例》第 18 条规定了禁止出售、收购国家一级保护野生植物。法律法规对红豆杉的珍贵性和出售、收购的违法性已明确规制,有关部门未予释明致使行为人产生法律认识上的错误,不影响被告人李启玲行为的违法性。[1] 这个判决在结论上可能是妥当的,但是论证思路存在问题。法院以一种"知法推定"和"不知法者不免责"的强硬态度,直接拒绝了违法性认识错误的辩护意见。从错误可避免性的角度来看,林业局根据被告人提出的捐赠用途而允许其砍伐,发放砍伐证的根据就是因为该红豆杉不是用于出售而是用于捐赠,而且在砍伐证上已经证明"不得出售",在这种情况下,林业局没有再向申请人主动释明不得出售的义务,这种不释明也不能作为一种导致被告人产生信赖的根据。相反,申请人存在向有权机关咨询的机关,若真有疑问,应主动向林业局提出咨询。因此,本案中的认识错误即使存在,也属于未尽努力而本可避免。

再如,被告人余守仁在尚未取得《医疗机构执业许可证》的情况下,为村民家的婴儿诊疗,由于诊断不明、观察不细、治疗措施不

---

〔1〕 福建省福鼎市人民法院(2008)鼎刑初字第 92 号刑事判决书。

当，以致延误病情，病婴因严重脱水病情加重，后送县人民医院抢救无效死亡。公诉机关以非法行医罪对被告人提起公诉。[1] 根据《刑法》第336条的规定，非法行医罪的主体是未取得医生执业资格的人。国务院《医疗机构管理条例》第24条规定："任何单位或者个人，未取得医疗机构执业许可证，不得开展诊疗活动。"因此，关于《刑法》第336条中的"医生执业资格"，理论和实践上的多数意见认为，应当理解为同时具备医师资格和医疗机构执业许可证。本案中被告人余守仁具有乡村主治医师任职资格，但是没有医疗机构执业许可证。从判决书认定的事实来看，被告人未取得执业许可证的原因，在很大程度上是由于卫生部门管理不严，换证不及时，且在被告人未取得执业许可证的情况下，当地卫生部门仍然按有关规定将其纳入乡村一体化管理，视为乡镇卫生院的一个派出机构。被告人据此辩解自己的行为不属于非法行医。法院认为，村卫生组织管理不严，默许了被告人的无证行医行为，不能改变其违反卫生行政法规的性质，被告人不能据此自然获得合法行医的身份与资格。但是，这仅仅是在论证被告人的行为客观违法性不受被告人主观认识的影响。问题的关键在于，被告人的主观认识错误该如何处理？法院在判决书指出，"卫生部门管理不严未依法取缔其行医活动，乡镇卫生院将该卫生室纳入管理范围，可能致使被告人对非法行医的性质及危害后果产生一定的模糊认识，其主观恶性较小。"将这一论述转换为教义学上的理论话语，就意味着法院承认，被告人陷入违法性认识错误的原因，与其对行政机关的行政行为的信赖密切相关，在这种情况下，应当视作被告人已经尽到查明法律的努力，其错误属于难以避免。

另一方面，信赖或咨询专业人士的私人意见而陷入的违法性认识错误，不能认为难以避免。有的观点认为，除非律师是以一种

---

〔1〕 江苏省连云港市中级人民法院(2002)连刑一终字第130号刑事判决书。

明显不严肃的方式建议行为人使用“愚蠢的阴谋诡计”来规避法律,[1]否则,没有经过法学教育的普通公民咨询律师之后所发生的违法性认识错误,应当被认为是已经尽力而认定为不可避免的错误。相反意见则认为,“从律师、税务代理人等中介组织人员处,而非国家权威机关处得到一些信息,从而认为自己的行为合法,但实质上违反法规范的,不认为欠缺违法性认识可能性。”[2]对后一种观点的批评意见是,从责任主义的角度来思考,“人们无法解释,为什么确保给出法律意见的机构或个人实际上被允许代表国家发言会关系重大,或者说为什么对官方声明的合理信赖更容易成为抗辩事由,而对律师建议的合理信赖与对制定法的合理的私人性误读就不该免责。”[3]

笔者赞成后一种观点,应当区分针对有权机关的咨询与针对个人的咨询。“行为人不能因为征求懂法之人的意见,而完全摆脱就其行为是合法还是违法作出个人判断的义务。”[4]同样,如果行为人本来有机会从权威机关处查明法律,但是却自己研读法律之后得出错误认识,也不能认为是已经努力查明法律。对此,主要有以下两点理由。第一,国家对法律解释的话语垄断权或者说法制的统一性,难以容忍私人意见的分享。“即使是律师、法律学者等专家,也不属于对刑罚法规的解释、运用、执行负有法律责任的司法工作人员,所以,如果允许信赖私人意见而实施行为,就有害于法制度的统一性。”[5]第二,刑事政策上严密法网和一般预防的需要。从刑事政策的角度来说,必须考虑到宽恕对法律的私人性误

---

〔1〕 [德]克劳斯·罗克辛:《德国刑法学总论》(第1卷),王世洲译,法律出版社2005年版,第627页。

〔2〕 周光权:《违法性认识不是故意的要素》,载《中国法学》2006年第1期。

〔3〕 劳东燕:《责任主义与违法性认识问题》,载《中国法学》2008年第3期。

〔4〕 [德]冈特·施特拉腾韦特、[德]洛塔尔·库伦:《刑法总论Ⅰ——犯罪论》,杨萌译,法律出版社2006年版,第234页。

〔5〕 张明楷:《刑法学》(上)(第5版),法律出版社2016年版,第323页。

读可能会带来混乱博弈和逃避责任的后果。按照美国法院的判例意见，之所以否定代理律师的意见成立抗辩事由，也是因为它会"赋予最不受尊重的法律执业者事实上豁免未然犯罪人的巨大权力，而这将产生灾难性的结果，通过由无知的、有偏见的或者可收买的建议者所把守的大门，为具有犯罪倾向者开通了逃避刑事指控的一种途径。"[1]因此，如果在查询了法律条文后得知，还应当向有关机关咨询时，即使是一个看起来在专业上很可靠的人士所给出的法律意见，也不能毫无困难地成为开脱其罪责的理由。[2]

五、小结：法律后果的区分设置

如前所述，以往司法实践对于违法性认识错误基本无视，主要的原因是受到"不知法者不免责"与"不知法者不为罪"二元对立的观念误导，以为一旦承认了违法性认识错误，就必须赋予"不为罪"的法律后果。这种开放出罪大门却没有筛选关卡，可能导致放纵犯罪的灾难性局面，显然无法为司法实践接受。这里的研究表明，通过设置违法性认识错误可避免性审查的环节，司法者不必再担心要把难以洞悉的行为人主观内心中是否曾经存在错误与是否处罚的结果直接挂钩。即使行为人能够令人信服地证明自己确实存在违法性认识错误，或者在存疑的情况下不得不做出有利于被告的存在错误的认定，也不会立即得出无罪的结论，而是要通过继续检验有迹可查的客观表现来判断该错误是否可以避免，这就使得错误与法律后果之间多了一道审查门槛，放纵犯罪的客观可能性和主观上的担忧都会有所降低。

接下来的问题是，根据审查的不同结论，又应当为违法性认识错误分别赋予什么样的法律后果？笔者认为，在目前立法缺失的

---

〔1〕 劳东燕：《责任主义与违法性认识问题》，载《中国法学》2008年第3期。

〔2〕 [德]冈特·施特拉腾韦特、[德]洛塔尔·库伦：《刑法总论Ⅰ——犯罪论》，杨萌译，法律出版社2006年版，第234页。

情况下，关于违法性认识错误的法律后果的规则设计，尚不能简单地仿效其他国家对违法性认识错误的宽宥水平，而是需要考虑到我国目前的法治阶段、一般民众的法律观念以及司法机关对违法性认识错误的接受程度。那些认为欠缺违法性认识可能性或者说违法性认识错误难以避免就阻却责任进而认定为无罪的观点，[1]离现今中国的司法现实过于遥远，以至于很可能沦为一个在理论上自圆其说但却难以被实践接受的口号。

实务界对违法性认识错误的重视程度，总是一个渐进的过程。考虑到这一点，笔者主张，即使对那些确属难以避免的违法性认识错误，与其难以期待地要求司法实践做出必须排除责任的无罪宣告，不如赋予应当减轻或者免除处罚的法律后果（大致相当于防卫过当、避险过当、胁从犯等的量刑情节）；对于那些本可避免的错误，则根据个案的具体情况，由司法者酌定可以从轻处罚。这样的规则设计，没有与我国司法传统中对法律认识错误的宽宥程度发生太大的跳跃，同时可以消除罔顾责任主义和客观归罪的指责，也能保持刑法的威慑力，发挥一般预防的效果，因而能够最大限度地在责任主义与刑法规制之间取得平衡，相对而言，这可能是目前较易被司法实践接受的解决方案。

根据上文的论述，具体规则总结如下：

A. 错误的可避免性的判断：

（a）客观上没有查明法律的机会，则错误属于不可避免；

（b）客观上有查明法律的机会，但是行为人却没有努力查明，则错误属于可以避免；

（c）客观上有查明法律的机会，但行为人虽经努力也未能查明，则错误属于不可避免。

---

〔1〕 参见张明楷：《刑法学》（上）（第5版），法律出版社2016年版，第302页；周光权：《刑法总论》（第3版），中国人民大学出版社2016年版，第242页。

B. 根据可避免性的判断结论赋予不同法律后果：

(a)对于不可避免的违法性认识错误，应当减轻或者免除处罚；

(b)对于可以避免的违法性认识错误，可以(当然也可以不)从轻处罚。

如表 8－1 所示：

表 8－1　错误的可避免性的判断规则及法律后果

<table>
<tr><th colspan="2">违法性认识错误的认定及法律后果</th><th>错误Ⅰ</th><th>错误Ⅱ</th><th>错误Ⅲ</th></tr>
<tr><td rowspan="2">错误可避免性的判断</td><td>客观上有无查明法律的机会</td><td>×</td><td>√</td><td>√</td></tr>
<tr><td>行为人是否努力去查明法律</td><td></td><td>√</td><td>×</td></tr>
<tr><td colspan="2">违法性认识错误是否可以避免?</td><td>×</td><td>×</td><td>√</td></tr>
<tr><td colspan="2">违法性认识错误的法律后果</td><td>减轻或者免除处罚</td><td>减轻或者免除处罚</td><td>可以从轻处罚或者不影响责任</td></tr>
</table>

第九章
刑罚减免事由之罪量

本章基于学术史的视角,描述作为刑罚减免事由(定位存在争议)的罪量,在中国刑法理论研究中的境遇和前景。罪量是中国刑事立法的一个特色。很多分则条文不仅描述了行为特征,而且规定了“数额较大”、“情节严重”或“造成严重后果”。在不符合各种罪量条件的情况下,最终得出减免刑罚的结论。在过去数年中,罪量问题研究的靶心发生了明显地转移,强烈地受到作为问题背景的犯罪论体系变迁的影响:从关于犯罪定义的语境中作为社会危害性程度的标注,到争论如何安放罪量在传统四要件理论中的体系性位置,到最终在阶层犯罪论体系之内反思罪量与责任主义原则的关系。可以说,罪量研究与其他责任论领域中的问题一样,其研究轨迹一直随附于晚近整个刑法知识的转型态势,鲜明地体现出一种“自转加公转”的特点。本章将逐一梳理罪量与但书规定、社会危害性判断、客观处罚条件以及责任主义的关系,揭示中理论研究的深层逻辑。

一、罪量与但书的纠缠

罪量因素在刑法理论上的早期亮相,主要与对总则规定中犯罪概念的理解有关。储槐植教授(1988)最早深入研究了 1979 年

《刑法》第10条后半段的但书规定(情节显著轻微危害不大的,不认为是犯罪)。他认为,与外国刑法的犯罪定义采用的是"立法定性+司法定量"二元化定罪模式相比,中国刑法的犯罪定义采用的则是"立法定性+定量"的一元化定罪模式。文中虽论及数额、情节、后果等分则规定的罪量,但均服务于犯罪概念的定量因素这一中心议题。[1] 当时,罪量因素与但书规定款绑在一起,被作为中国刑事立法的正面特色予以挖掘和论证。1997年新刑法施行之后,仍然保留在犯罪概念中的但书规定受到了批评。樊文教授(1998)认为,但书突出了社会危害性的重要作用,影响了罪刑法定原则在犯罪定义中的实现。[2] 这一批评得到了部分学者的赞同。陈兴良教授(1999、2000)从社会危害性入手,吹响了向传统刑法理论进攻的号角。借用韦伯的形式合理性与实质合理性的范畴,陈兴良教授认为包含但书的犯罪概念最终必然是倒向实质合理性,与罪刑法定原则要求的形式合理性存在冲突。[3] 在此,社会危害性作为一个冲击罪刑法定原则、阻碍刑事法治的负面形象受到了批判。之后,储槐植、张永红(2002)回应指出,但书与罪刑法定在价值和功能上具有一致性,应当善待社会危害性理论。[4] 赵秉志、陈志军(2003)也加入了这场论争,他承认源于刑法秩序价值与自由价值的对立,社会危害性与刑事违法性之间的确存在矛盾,但这种矛盾

---

〔1〕 储槐植:《我国刑法中犯罪概念的定量因素》,载《法学研究》1988年第2期。十余年后,储槐植教授在与汪永乐博士合作的文章中,再次重申并发展了这一观点,"犯罪概念由立法定性,司法定量,这是世界通例,而我国刑事立法中,犯罪概念既定性又定量"。储槐植、汪永乐:《再论我国刑法中犯罪概念的定量因素》,载《法学研究》2000年第2期。

〔2〕 樊文:《罪刑法定与社会危害性的冲突》,载《法律科学》1998年第1期。

〔3〕 陈兴良、刘树德:《犯罪概念的形式化与实质化辨正》,载《法律科学》1999年第6期;陈兴良:《社会危害性理论——一个反思性检讨》,载《法学研究》2000年第1期。

〔4〕 储槐植、张永红:《善待社会危害性观念——从我国刑法第13条但书说起》,载《法学研究》2002年第3期。

可以通过对立统一的视角予以化解。[1]

在2000年前后的这场学术争论中，罪量因素与犯罪定义的但书规定捆绑在一起，扮演的是一个标注社会危害性程度的角色。关注罪量问题的视角，主要从犯罪概念的妥适性出发。尽管罪量本身的理论价值得到了一定程度的挖掘，分则中的数额、情节、后果等规定受到关注，但是，罪量问题活跃化的学术语境，主要是局限在犯罪定义的舞台之内。与此同时，传统的四要件理论在2000年之后受到了撼动。犯罪论体系的变动，形成了"牵一发而动全身"的效果；各种具体问题随着纲举而目张。罪量研究的关注点，也随之悄然发生了转移：从罪量与犯罪定义的关系，转向罪量的体系性地位。

此前，处在四要件理论背景下，罪量的体系性地位并没有被视作一个认真对待的重要问题。主流观点对此表述不一，且放任了内在冲突。[2] 关于罪量的表述呈现出一种零散的无体系状态，一些暧昧甚至矛盾之处没有得到足够的重视。整体而言，罪量研究停留在问题式思考的层面，相应地，罪量的体系性位置不明会产生哪些疑问，没有被清楚地凸显出来。究其原因，可能是在四要件理论的耦合式结构中，内部要素之间没有明确的位阶关系，不易形成体系性思考的强制力。此外，四要件理论处在一支独大的通说地位，缺乏竞争和比较，因此，对于罪量问题的疑问，通常不会导向对

---

〔1〕 赵秉志、陈志军：《社会危害性与刑事违法性的矛盾及其解决》，载《法学研究》2003年第6期。

〔2〕 例如，有时候认为"数额较大"的罪量因素是危害结果的内容，是区分罪与非罪的界限。高铭暄主编：《刑法学》，法律出版社1982年版，第123页。也有的学者将数额与后果分别归入犯罪对象与危害后果。参见何秉松主编：《刑法教科书》，中国法制出版社1997年版，第296～298页。有时候又认为，刑法条文规定的数额是量刑条件，并不是构成盗窃罪必不可少的条件。参见高铭暄、王作富主编：《新中国刑法的理论与实践》，河北人民出版社1988年版，第593页。而"情节严重"又被认为不同于"数额较大"，不属于客观构成要件的一部分。参见高铭暄主编：《刑法学原理》(第1卷)，中国人民大学出版社1993年版，第513页。

整个四要件理论的怀疑，而是陷入“头痛医头脚痛医脚”的思维惯性中。

二、罪量的体系性地位

把罪量的体系性地位作为一个专门问题正式讨论，可以追溯到张明楷教授（1999）提出的“客观的超过要素”的概念，他尝试把部分罪量当作不需要主观认识的客观要素。此时，张明楷教授尚未完全与四要件犯罪构成理论发生公开决裂。因而在文章中讨论罪量时，回避或虚化了“体系背景”，而是尽量把罪量性质处理成一个似乎可以局部解决的技术问题。在这篇文章中，张明楷教授不赞成将罪量视作犯罪成立要件以外的客观处罚条件的理由，是因为“我国刑法理论已经公认，犯罪构成是成立犯罪所必须具备的一切主客观要件的总和，行为符合犯罪构成就成立犯罪，故可以说，行为符合犯罪构成是认定犯罪的唯一依据。在犯罪构成之外承认所谓客观处罚条件……会导致对我国刑法基本原理的致命性打击。”[1]这里的论证逻辑是，犯罪构成只能由主客观要件组成，既然客观处罚条件是主客观要件之外的一种处罚条件，就必然位于犯罪构成之外，而犯罪构成又是认定犯罪的唯一依据，这样一来，客观处罚条件就成为一个与认定犯罪无关的东西，因而无处安放也失去意义。

不过，这一论证是立足于传统的犯罪构成理论来看待客观处罚条件。如果切换到德国的犯罪论体系背景中，可能这样的批评就会被化解掉。一方面，从客观处罚条件概念被提出时的传统观点来看，客观处罚条件本来就与认定犯罪无关，它是处在不法和责任之外，基于刑事政策考虑而设立的处罚条件。行为人不具备客

〔1〕 张明楷：《客观的超过要素概念之提倡》，载《法学研究》1999 年第 3 期。

观处罚条件时,其行为仍然成立犯罪,只是不适用刑罚而已。[1] 例如,按照施特拉腾韦特的经典区分,构成要件要素属于可罚性领域,而客观处罚条件属于需罚性领域。[2] 因此,客观处罚条件不必与可罚性捆绑在一起。另一方面,即使否认可罚性与需罚性的两分,认为成立犯罪就等于成立可罚性,两者不能分离,德国多数学者也承认在犯罪成立条件之内,可以接受客观处罚条件,只是对客观处罚条件的范围存在争议而已。[3] 因此,在1999年的这篇文章中,张明楷教授实际上是试图在不与“我国刑法公认的犯罪构成理论”发生冲突的情况下,在主客观要件的框架内讨论罪量问题的体系性地位,其作为背景的犯罪论体系,此时仍然是传统四要件犯罪构成理论。这不仅是张明楷教授批评客观处罚条件的背景,也是他提出“超过的客观要素”的背景。

“超过的客观要素”是中国学者一个颇具想象力的概念发明,如张明楷自己所言,是在受到客观处罚条件与主观超过要素的双重启发下,尝试解决中国刑法中的罪量问题。这一观点自提出以来,就始终面临着“既认为对超过的客观要素不需要存在与之相应的主观内容,又要求行为人对超过的客观要素有预见可能”这样会导致逻辑上难以保持一致而自相矛盾的批评。为了回避上述批评而对超过的客观要素所做的种种限缩,又最终会使得这一说法逐渐丧失理论概念应有的抽象性和涵括力,而容易越来越具体地沦为针对个别情形的换名描述。之所以会出现这样的困境,主要是由于受到犯罪论体系背景的限制,难以更加全局性的把握和展开,如王钰博士所说,“既想解决问题又要努力维护我国四要件犯罪构

〔1〕 柏浪涛:《构成要件符合性与客观处罚条件的判断》,载《法学研究》2012年第6期。

〔2〕 Stratenwerth, *Objektive Strafbarkeitsbedingungen im Entwurf eines StGB 1959*, ZStW 71(1959), S. 565.

〔3〕 参见王钰:《罪责原则与客观处罚条件》,载《浙江社会科学》2016年第11期。

成体系这样的两难中所做的挣扎。”[1]或者如周光权教授所言，“如果坚持四要件说，如同张明楷教授那样，将某些客观处罚条件作为客观的超过要素看待，承认其在犯罪构成客观方面的地位，但是又不要求行为人认识，就难以令人信服，且与责任主义相抵触。”[2]当然，从文中可以看出，张明楷教授自己也意识到“不要求主观认识的客观要素”与责任主义原理之间的抵牾如何化解的问题，只是在1999年当时，这一问题被掩饰和压制在旧的犯罪论体系背景下，其意义和重要性还没有被充分地暴露出来。

直到进入2000年之后，随着传统的犯罪论体系受到挑战，庞大的背景舞台发生了巨大的波动，在新旧体系论争交替的过程中，再来讨论罪量的“体系性地位”，语境已经发生了重大改变。自此之后的若干年中，罪量与责任主义的关系问题，成为在中国刑法语境下解决罪量问题的关键所在，一直牵引着刑法学界的讨论。

作为推动这场知识转型的关键人物，陈兴良教授(2003)发表了《作为犯罪构成要件的罪量要素》一文，尝试在其自创的“罪体—罪责—罪量”的犯罪论体系中，解决罪量的体系定位问题。在这篇文章中，陈兴良教授与张明楷教授一样，都认为不能将罪量视作客观处罚条件。相对于张明楷教授提出的客观处罚条件“与我国犯罪构成理论相冲突”，陈兴良教授的理由是，客观处罚条件“与刑法关于犯罪概念的规定不相符合”。根据《刑法》第13条的规定，应受惩罚性本身是犯罪成立的条件，如果缺乏应受惩罚性就不构成犯罪。如果承认客观处罚条件，就意味着将犯罪成立与应受处罚两者相分离。这样一来，导致的结果就是，在不具备客观的处罚条件的情况下，虽然成立犯罪，但不应受到刑罚处罚。陈兴良认为这

[1] 王钰:《罪责原则与客观处罚条件》，载《浙江社会科学》2016年第11期。
[2] 周光权:《论内在的客观处罚条件》，载《法学研究》2010年第6期。

显然与上述犯罪概念存在矛盾。[1]

如果不属于客观处罚条件，那么，罪量的体系性地位在何处？在这篇文章中，陈兴良教授的回答是，罪量是处在罪体与罪量之外的第三种独立的犯罪成立条件。与张明楷教授将罪量归为一种"超过的"客观要素相比，陈兴良教授明确主张罪量不属于客观要素。理由在于：一方面，罪量要素中既包括客观性要素也包括主观性要素。这种看法，可能是承继王作富教授而来。王作富教授在20世纪90年代初期就认为，不应将犯罪情节纳入客观构成要件。因为"情节严重、情节恶劣是综合性的概念，既包括客观方面也包括主观方面的情节。而且情节严重之类的用语并不能决定和反映犯罪行为的具体特征，因此不宜与其他构成要件相提并论。"[2]陈兴良教授进一步发挥认为，罪量既不同于罪体具有客观性，也不同于罪责具有主观性，就其内容而言是既有客观要素又有主观要素，因而具有复合性。[3] 另一方面，陈兴良教授以容易造成罪过认定形式的混乱为由，拒绝将罪量归入客观要件。"客观要件是行为人认识的对象，因而对于判断犯罪故意或者犯罪过失具有重要意义。如果将罪量要素当作是客观要件，如果行为人对此没有认识就不能成立犯罪故意而属于犯罪过失，由此而使罪过形式的判断上造成混乱。"[4]

于是，在《本体刑法学》(2001)所提出的"罪体—罪责"的基础上，陈兴良教授进一步加入了罪量的要件，从而形成"罪体—罪

---

〔1〕 陈兴良：《作为犯罪构成要件的罪量要素——立足于中国刑法的探讨》，载《环球法律评论》2003年秋季号。

〔2〕 高铭暄主编：《刑法学原理》(第1卷)，中国人民大学出版社1993年版，第513页。

〔3〕 陈兴良：《作为犯罪构成要件的罪量要素——立足于中国刑法的探讨》，载《环球法律评论》2003年秋季号。

〔4〕 陈兴良：《作为犯罪构成要件的罪量要素——立足于中国刑法的探讨》，载《环球法律评论》2003年秋季号。

责—罪量”的犯罪论体系。在这个体系中,罪量是一个独立的犯罪成立要件,数额、情节都属于罪量的表现形式。在按此体系撰写的刑法教科书中,陈兴良教授明确提出,罪量既然不属于罪体,就不是行为人主观认识的内容,因而与行为人的故意或过失无关。[1]简言之,罪量不是行为人的认识对象。但是,不需要被行为人认识又能够成为决定是否惩罚行为人的条件,在这个意义上的罪量,与客观处罚条件已无实质差异。因此,在其后的论述中,陈兴良教授也正式承认了这一点,“犯罪的数量要件是独立于罪体与罪责的第三要件,在性质上类似于大陆法系刑法理论中的客观处罚条件。因为客观处罚条件除了具有限制刑罚发动的功能以外,还有一个重要特征,就是不需要行为人对其具有主观认识。”[2]至此,陈兴良教授完全接纳了将罪量视作客观处罚条件的观点。

由上可见,作为推动中国刑法知识转型的两位关键人物,陈兴良教授和张明楷教授在推进犯罪论体系从四要件向三阶层转变的过程中,都注意到了具有中国刑事立法特色的罪量规定在新体系中如何安置的问题。尽管两位学者分别把罪量定位在客观要件之内的“超过的客观要素”与客观要件之外的独立要件,而且,相对于陈兴良教授主张所有罪量均无须认识的彻底性,张明楷教授对超过的客观要素的范围及其认识可能性方面有诸多限制,但是就挣脱行为人主观认识的束缚这一点上,两位学者的结论基本一致。因而,他们与那些明确主张引入客观处罚条件的学者(如刘士心,2004)[3]等一样,都被批评者划入了主张或者变相主张客观处罚条件的理论阵营之中。值得注意的是,传统的四要件理论的领军人物赵秉志教授(2003)也将数额型罪量视作客观处罚条件。在

---

〔1〕 陈兴良:《规范刑法学》,中国政法大学出版社2003年版,第96~97页。

〔2〕 陈兴良:《本体刑法学》(第2版),中国人民大学出版社2011年版,第344页。

〔3〕 参见刘士心:《犯罪客观处罚条件刍议》,载《南开学报》(哲学社会科学版)2004年第1期。

《数额较大在盗窃罪认定中的作用》一文中,赵秉志、肖中华认为,"'数额较大'是犯罪客观处罚条件,它本身不是犯罪的构成要件,只是刑罚发动事由。"[1]

三、责任主义对罪量的拷问

如上所述,无论是传统四要件理论的坚定捍卫者,还是德日刑法知识的积极引入者,几位重要的刑法学者在(部分)罪量不需要被行为人所认识这一点上存在共识。概言之,行为人对(部分)罪量缺乏认识或认识错误,不影响成立犯罪或追究责任。这在2003年前后成为中国刑法学界具有代表性的主流看法。

不过,"天价葡萄案"(2003)[2]以一种广受社会舆论关注的方式,将犯罪数额的主观认知问题焦点化,将"(部分)罪量不需要认识"的观点逼到了一个备受质疑的境地。尽管该案以最终重新鉴定葡萄价值为376元,检察机关决定不起诉而收场,但是,由此案引发的社会情绪背后的法理问题,被前所未有地凸显出来:当行为人没有认识到所盗窃财物的价值时,仍然按照财物的实际价值论处,是否妥当?对罪量无认识不影响定罪的观点,能否经受住实践合理性的检验?在刑法理论上,应当如何回应类似疑问?由此,在实践的推动下,学界对罪量问题的研究又进入了一个新的阶段。特别是随着犯罪论体系的演进,学界对责任理论的关注重心,已经开始从犯罪论之外的刑事责任转移到犯罪论之内的责任阶层。顺此东风,罪量与责任主义的关系,成为讨论罪量问题的核心。

---

〔1〕 赵秉志、肖中华:《数额较大在盗窃罪认定中的作用》,载《人民法院报》2003年5月19日。

〔2〕 2003年8月7日,四名在香山某建筑工地打工的河南籍民工,到北京市农林科学院林业果树研究所偷走了一编织袋葡萄。事后获悉,涉案的47斤葡萄是北京农林科学院林业果树研究所葡萄研究园投资40万元、历经10年培育研制的科研新品种。经北京市物价局价格认证中心,对被偷的葡萄进行评估,涉案葡萄直接经济损失为11,220元。该葡萄一时被人们称为"天价葡萄"。

梁根林教授(2009)吹响了在德日阶层犯罪论体系背景下,全面评价责任主义原则与罪量的关系的号角。文章直面四要件理论与阶层犯罪体系的差异,认为张明楷将罪量塞进客观要件的类似做法,注定无法摆脱违背主客观相统一原则的指责。因此,有必要更换问题讨论的犯罪论背景,直接承认客观处罚条件。“我国现行的犯罪构成理论中没有客观处罚条件或者类似的客观的超过要素的存在空间。与其创造一个‘客观的超过要素’概念并强行将其嵌入现行犯罪构成理论,不如坦率地借鉴德、日的犯罪阶层体系,并在传统的构成要件、违法性与有责性的判断之后,将客观处罚条件作为例外的第四犯罪成立条件。”[1]接下来的问题是,在新的犯罪论背景下接纳不需要被行为人所认识的客观处罚条件,与陈兴良教授的独立的罪量要件和张明楷教授的超过的客观要素一样,同样需要在理论上回应类似天价葡萄案引发的质疑。

对此,梁根林教授以“原则—例外”的模式提出了化解方案。他认为,责任主义原则是法治国国民自由保障之基石,但是责任主义原则并非没有任何例外的教条。客观处罚条件就是责任主义原则的例外,是基于刑法以外的目的设定即控制风险的公共政策需要而设置的犯罪成立条件。在此,梁根林引入了风险社会的理论话语,为客观处罚条件为何能够成为责任主义的例外寻找法理依据。按照该文的观点,无论是客观处罚条件还是客观的超过要素,在“由原则与逻辑所构建的古典刑法规范体系”内都找不到其存在的合理根据,它们只能是“作为刑法规范体系的外在参数——风险社会控制风险的公共政策需求渗入现代刑法规范体系、改变现代刑法的机能、面相与内部结构的结果”。[2]

---

〔1〕 梁根林:《责任主义原则及其例外——立足于客观处罚条件的考察》,载《清华法学》2009 年第 2 期。

〔2〕 梁根林:《责任主义原则及其例外——立足于客观处罚条件的考察》,载《清华法学》2009 年第 2 期。

应当说，这是一个很有冲击力的理论解说，试图为客观处罚条件的正当性提供新的理论支持。从文章来看，梁根林教授对罪量的体系性定位，受到德国学者罗克辛的目的理性体系的影响。罗克辛把客观处罚条件定位在构成要件、违法性、责任之后，作为第四个犯罪范畴，即“其他刑事可罚性条件”。梁根林教授对此赞成，并认为：“这样一种安排，没有违反犯罪阶层体系认定犯罪的基本思维逻辑，亦不存在违反不法与责任原则的问题，但又为客观处罚条件提供了合适的理论思维空间，使得客观处罚条件在例外情况下参与对行为可罚性的判断，犯罪的最终认定在合体系、合逻辑、合原则的同时，亦保持了一定的开放性，兼顾了现代社会控制风险的公共政策需要。”这段评价的重点在于最后一句，即梁根林教授认为，罗克辛对于客观处罚条件的体系性设置，“兼顾了现代社会控制风险的公共政策需要”，事实上，围绕着风险社会和公共政策来论证客观处罚条件何以能够挑战责任主义原则的正当化基础，这也是梁根林教授文章的主要论点，“只有在风险社会的公共政策语境以及现代刑法体系的功能主义转向中，才能说明客观处罚条件作为责任主义原则的例外存在的合理根据。”[1]

不过，这一解读不无疑问。从罗克辛的本意来看，设置客观处罚条件的功能，是为了实现“刑法之外的目的设定”。而要把握刑法之外的目的，首先要明确刑法的目的。对此，按照罗克辛的观点，那就是“通过为法益保护提供辅助性服务，来保障个人的自由发展和维护建立在这个原则基础之上的社会秩序”。[2] 所以，刑法之外的目的设定，必须是与服务于法益保护，保障个人自由发展和为了维护个人发展而安排的社会秩序无关的目的。简言之，这

---

〔1〕 梁根林：《责任主义原则及其例外——立足于客观处罚条件的考察》，载《清华法学》2009年第2期。

〔2〕 [德]克劳斯·罗克辛：《德国刑法学总论》(第1卷)，王世洲译，法律出版社2005年版，第36页。

种目的设定,恰恰是与刑事惩罚必要性无关的。因而罗克辛才说,“在一种权衡中,相对于刑事惩罚的必要性来说,刑法之外的目的设定赢得了优先地位。”〔1〕其他学者也对此观点进行了补充,例如,沃尔特(Wolter)认为这种刑法之外的目的设定,包括“家庭政策、外交政策、经济政策或者议会政策意义上的严格处于刑法之外的一般法律政策性的利益”。〔2〕只有基于这些刑法之外的政策考量和目的设定,才能为客观处罚条件奠定法理基础。

例如,德国刑法典第三章规定了针对外国的犯罪行为。在该章最后的第104条a规定,“犯本章之罪,只有当联邦德国与他国有外交关系,并订有互惠担保协议,且互惠担保在行为时有效,经外国政府的刑罚要求,以及联邦政府授权进行刑事追诉的,始得追诉。”显然,第三章规定旨在维护外交关系和确保双边关系。只要实施了对外国机关及其代表的攻击、侮辱,以及对外国国旗和国徽等标识的毁损等行为,就满足了不法和责任,但是,只有同时符合第104条a规定的客观处罚条件时,行为人最终才会被追诉惩罚。该客观处罚条件的设定,体现了德国政府的外交政策。只有他国政府与德国建交且同样地保障德国政府的代表和德国国旗国徽等标识时,才会在德国得到同样的保护。因此,该客观处罚条件就成为实现双边互惠的外交目标的一种压力手段,而这一外交目标,本身是与刑法目的无关的。

因此,梁根林教授的文章引发的问题是,利用风险社会理论和公共政策的话语资源,真的能够清晰合理地划分出刑法目的与刑法之外的目的吗?从他明确支持的一个例子来看,让人不由得怀疑。《刑法》第129条规定的丢失枪支不报罪,其中的“造成严重后

〔1〕[德]克劳斯·罗克辛:《德国刑法学总论》(第1卷),王世洲译,法律出版社2005年版,第695页。

〔2〕Wolter, Verfassungsrechtliche Strafrechts – , Unrechts – und Strafausschlu Bgründe im Strafrechtssystem von Claus Roxin, *GA*, 1996, S. 219.

果”究竟行为为何，是否属于客观处罚条件，是历来兵家必争之地。对此，梁根林教授与张明楷教授、陈兴良教授的结论一致，认为对此严重后果不需要行为人有认识。理由是，“立法上的这种技术性安排，客观上免除了控方对行为人‘造成严重后果’的犯意证明责任，有利于指控犯罪、控制枪支失控的社会风险，同时也限制了对丢失枪支不报行为的处罚范围，在满足现代刑事责任基本原则要求的基础上，既因应了控制风险的公共政策的需要，也体现了收缩刑法干预范围的刑事政策的要求。”〔1〕但是，枪支管制没有争议地属于刑法的任务之一，刑法典分则设置专节对枪支相关的社会风险进行规制，当梁根林把指控犯罪、控制枪支失控风险作为公共政策的需要时，他所说的“公共政策”，不可能处于刑法目的之外，更不可能与惩罚必要性无关，其本身就是实现刑法目的的一种特定的刑事政策内容了。

在这个意义上，梁根林教授在2009年的文章提出了正确的问题，把罪量置于阶层犯罪体系之内接受责任主义原则的拷问，第一次全面地讨论责任主义原理与客观处罚条件的关系，从而把罪量问题的研究推向了一个新的高度。但是，文章使用“原则—例外”的模式来回答这一问题，并不能令人感到满意。特别是借助风险社会的话语资源为“例外”提供法理依据，在引鉴Roxin的犯罪论体系及客观处罚条件概念的同时，又远离了Rxoin的客观处罚条件的含义和功能，因而在逻辑和结论上尚存在诸多值得商榷之处。

四、责任与预防：客观处罚条件之争

与梁根林教授相同，周光权教授（2010）也更换了罪量讨论的语境，放弃四要件理论，肯定阶层犯罪论体系的价值，明确提出，

〔1〕 梁根林：《责任主义原则及其例外——立足于客观处罚条件的考察》，载《清华法学》2009年第2期。

"按照构成要件该当性、违法性、有责性的逻辑顺序认定犯罪,在此前提下,承认客观处罚条件的存在。"[1]与梁根林教授认为客观处罚条件是责任主义例外的观点不同,周光权教授认为,对此不能一概而论,应当区分内在的客观处罚条件与外在的客观处罚条件。前者影响违法性,需要行为人认识;后者与违法性无关,仅属于处罚限制事由,不需要行为人认识。简言之,内在的客观处罚条件仍需受到责任主义的约束。按照周光权的理解,内在的客观处罚条件是一种非典型的违法要素,是常规的违法要素之外的附加要件。"内在的客观处罚条件大多也表现为一种结果,但它不是实行行为自然地、直接地导致的后果,而往往是处在实行行为的'延长线上',由介入的第三人的行为、行为人的后续行为等原因造成的后果。"[2]

周光权教授在这篇文章中批评了张明楷教授提出的"超过的客观要素"的概念,认为只要承认内在的客观处罚条件,就没有必要再"创造"新的概念。从体系性地位来看,同样是处在犯罪成立体系之内,张明楷教授是把部分罪量放在了客观要件之内,名之为"超过的客观要素";而周光权教授是将其放在不法和责任之外,名之为"内在的客观处罚条件"。但是,两者又有相同之处,那就是都没有想要完全排除行为人的认识,都不想面对违背责任主义原则的指责。张明楷教授提出,"当客观的超过要素的内容是危害结果以及影响行为的社会危害性的其他客观因素时,行为人至少对之具有预见可能性。"周光权教授认为,"内在的客观处罚条件要求行为人对于结果有高度模糊性认识"。由此可见,对于结果罪量,张明楷要求行为人"至少具有预见可能性",周光权则要求行为人"有高度模糊性认识"。可以说,在概念表述的游移性上,两者有异曲

〔1〕 周光权:《论内在的客观处罚条件》,载《法学研究》2010年第6期。

〔2〕 周光权:《论内在的客观处罚条件》,载《法学研究》2010年第6期。

同工之妙。

如何评价这种游移性？通常情况下，以是否与不法相关为标准，可以得出两级结论：如果罪量与不法无关，则无须认识，也不会与责任主义产生任何冲突。[1] 如果罪量与不法相关，作为违法要素就受到责任主义的制约。只有在行为人有认识的情况下，惩罚才是正当的。由此可见，提出“超过的客观要素”或者“内在的客观处罚条件”的努力，都是为了想要在上述明确的两级之间，找出一个既不缩小打击犯罪又不违背责任主义的中间道路。持论者一方面认为这些罪量有一种“特殊”的不法性；另一方面又认为对这种特殊的不法性仅需要一种“非典型”的认识（“预见可能性”或者是“高度模糊性认识”）。但是，中间道路的最大疑问，在于难以摆脱经验层面的感觉描述，提出明确的理论标准。

例如，周光权教授认为内在的客观处罚条件与典型的不法要素的差异在于，“与原先的实行行为时间间隔可能特别长，介入因素出现较为异常。”“内在的客观处罚条件所揭示出来的非典型违法要素，能够让人明显感觉到是因为行为人运气不好，碰到了让他‘倒霉’的第三人，由第三人促成了客观处罚条件的成就，从而使得原先实施实行行为的人受到惩罚……内在的客观处罚条件是否能够出现，取决于很多偶然因素，行为人对其要有明确的认识，相对比较困难。”[2]但是，这种对于内在的客观处罚条件与典型不法要素之区别的说明，更多的是对一种经验现象的描述和感觉妥适性的总结。此外，既然使用异常的、偶然的、倒霉遭遇的这样的描述，就说明该后果是行为人难以预见的；而针对缺乏结果预见可能性的惩罚，就有违责任主义原则。所谓高度模糊性的认识，近乎一种“说有就有”的、几乎不必证明的认识，往往实际情况是，只要出现

---

〔1〕 就如同罗克辛对于客观处罚条件的理解，是基于刑法之外的目的设定。

〔2〕 周光权：《论内在的客观处罚条件》，载《法学研究》2010年第6期。

了结果,认识的有无对惩罚的发动几乎没有制约。

针对上述主张或变相主张客观处罚条件的各种观点,黎宏教授(2007)旗帜鲜明地提出了反对意见,核心理由就是客观处罚条件违反责任主义原则。黎宏教授认为,如果承认客观处罚条件,在行为人无认识时也追究其责任,"不仅直接违反我国《刑法》第14条的规定和责任主义原则,落入与主观责任原则相冲突的要求人们对偶然结果承担刑事责任的偶然责任的窠臼,而且会直接破坏构成要件的故意规制机能。"〔1〕梁根林教授(2009)回应认为,这种观点"有将责任主义原则绝对化为神圣不可侵犯、没有任何例外的教条的倾向"。黎宏教授(2010)在后续论文再次表明了坚决捍卫责任主义的态度。针对梁根林教授主张的用"原则—例外"的方式处理责任主义与客观处罚条件的关系,黎宏教授认为,这种方式"长期来看,不仅难以实现其追求一般预防的初衷,反而有弱化一般预防效果以及特别预防效果的趋势。"〔2〕

值得注意的是,作为四要件理论的坚定捍卫者之一,黎宏教授始终是在通说的框架内反对客观处罚条件。他认为在四要件理论当中根本就没有"超过的客观要素"或其他形式的客观处罚条件的存在余地。按照黎宏教授的逻辑,犯罪是应受刑罚处罚程度的社会危害行为,只要结果和行为人的实行行为具有某种关系,表明该行为达到了应受处罚程度的社会危害性,就应当在行为人的认识范围之内,而不可能超出其外。按此,无论是陈兴良教授主张的罪量,还是张明楷教授主张的超过的客观要素,抑或周光权教授主张的内在的客观处罚条件,都不应当成为可以超越主观认识的独立要素,而必须存在于行为人的认识范围之内。唯其如此,才符合责任主义原则。

---

〔1〕 黎宏:《刑法总论问题思考》,中国人民大学出版社2007年版,第191页。

〔2〕 黎宏:《论客观处罚条件的若干问题》,载《河南省政法管理干部学院学报》2010年第1期。

上述学者在罪量问题上纷纷亮剑，彼此之间展开的学术争论，吸引了更多的学者加入讨论，特别是一些年轻学者的研究，在陈兴良、张明楷、梁根林、周光权、黎宏等人的文章和观点的基础上，将刑法学界关于罪量、客观处罚条件和责任主义的关系的研究再次推向一个新的阶段。

柏浪涛教授于2012年发表的《构成要件符合性与客观处罚条件的判断》一文，在很大程度推进了周光权教授的研究。如前所述，周文提出的内在处罚条件，针对的是一种非典型的不法要素。这种内在的客观处罚条件的表现形式，被周光权描述为“不是实行行为自然地、直接地导致的后果，而往往是处在实行行为的‘延长线上’，由介入的第三人的行为、行为人的后续行为等原因造成的后果……与原先的实行行为时间间隔可能特别长，介入因素出现较为异常……让人明显感觉到是因为行为人运气不好，碰到了让他‘倒霉’的第三人，由第三人促成了客观处罚条件的成就。”[1]但是，这种描述更多地停留在经验感觉的层面，内在的客观处罚条件与不法要素到底怎样区分，还未能给出一个明晰的理论界定。柏浪涛教授在文章中对此进行了理论尝试。他借鉴德国理论，提出应当根据客观归责理论来区分不法构成要件要素与客观处罚条件：前者中的构成要件结果，必须是构成要件行为类型性危险的相当性实现；而后者中的后果，无法客观归责于构成要件行为，因而不属于不法构成要件要素。这样一来，柏浪涛的文章就给出了一个理论性标准，在周光权文章的基础和思考方向上，又有进一步的实质性推进。

与客观处罚条件不属于不法要素相呼应，柏浪涛教授在文章中进而认为，作为纯粹的限制处罚事由，客观处罚条件的存在并不违背责任主义。在这里，他同时借助了施特拉腾韦特和罗克辛的

---

〔1〕 周光权：《论内在的客观处罚条件》，载《法学研究》2010年第6期。

理论。一方面，按照施特拉腾韦特的划分，客观处罚条件被归入需罚性的范畴，与不法无关。[1] 而狭义上的责任（罪责）对应的仅仅是不法，因此，责任主义管不到客观处罚条件。另一方面，在罗克辛的功能责任论中，责任不仅包括罪责而且包括预防必要性。柏浪涛教授似乎想由此来进一步证明，在责任概念中，只有罪责部分发挥着责任主义（罪责原则）对应不法的作用，至于预防必要性，则正好对应着他所主张的客观处罚条件。但是，在罗克辛的体系中，客观处罚条件既与罪责无关，也与预防必要性无关，而是为了实现一种刑法目的之外的目的设定，这与施特拉腾韦特所说的客观处罚条件属于需罚性之间是相冲突的。把这两种本不相容的观点强行嫁接到一起，只会造成逻辑上的混乱。

柏浪涛教授的文章引出一个更深层次的问题，进而与罪量理论中的另一条枝蔓实现了汇合。是否将客观处罚条件定位在预防，就可以回避责任主义（罪责原则）的制约？这也是梁根林教授（2009）借助风险社会等话语资源，想要达到的表述目标，即出于特定的预防必要性，在某些场合例外地摆脱责任主义。对此，王钰博士（2016）予以了坚决反对。她简明有力地阐述了责任主义（罪责原则）的重要性，"罪责原则必须被坚持……行为主体对相对自由的滥用才是产生有社会意义结果的原因。行为和行为人不再通过命运而是通过罪责被联系起来了。罪责原则就是自治原则的表达，也就是告别命运世界观的标志。"[2] 在坚持罪责原则的前提下，王钰对于各种主张客观处罚条件或类似观点进行了梳理和评价。她首先抓住了这些观点的要害，即学者们结合中国刑法分则

---

〔1〕 按照 Stratenwerth 做出的"应罚性"与"需罚性"的二分，具备不法和责任只是代表值得科处刑罚性（应罚性），而具备客观处罚条件代表需要科处刑罚性（需罚性）。参见［德］冈特·施特拉腾韦特、［德］洛塔尔·库伦：《刑法总论 Ⅰ——犯罪论》，杨萌译，法律出版社 2006 年版，第 86 页。

〔2〕 王钰：《罪责原则与客观处罚条件》，载《浙江社会科学》2016 年第 11 期。

具体规定所谈论的客观处罚条件,其实都是一种不法相关的客观处罚条件。应当说,这一观察颇具洞见。如果说,学者们津津乐道的《刑法》第129条规定的丢失枪支不报罪中的"造成严重后果",到底是否与不法相关以及相关性的强弱,还存在争议的合理空间,那么,对于分则规定的绝大部分数额、情节、后果等罪量规定,的确都具有难以否认的征表不法的含义,基本上都属于不法要素。而只要承认具有不法性质,就需要行为人的罪责覆盖这些要素。否则,试图摆脱主观认识成为所谓纯粹客观的处罚条件,就一定会面对违背责任主义的抨击。基于这个立场,王钰最后结论是,"在我国刑法中根本不存在客观处罚条件"。

上述罪量问题的讨论,已经触及了责任与预防的关系,这是今天中国刑法学界责任理论研究所面临的岔路口。其实,部分学者的研究,已经或明或暗地以不同方式回答了这个问题。

冯军教授(2012)正式讨论了责任与预防的关系。对于责任与预防存在实质区别的观点,冯军提出,这是规范责任论无法实现的,也是试图折中一般预防与特殊预防的观点无法实现的。"只有采用功能责任论,才可能克服综合刑论在处理责任与预防的关系时所产生的破绽。"站在功能责任论的立场,冯军认为,"责任与预防具有共同的本质,它们都是由行为人是否忠诚于法规范、在何种程度上忠诚于法规范所决定的。责任和预防只是同一个事物的不同侧面。行为人曾经是否忠诚于法规范是责任问题,行为人将来是否忠诚于法规范还是责任问题,但是,行为人是否忠诚于法规范也决定了行为人将来是否犯罪,还会影响一般公众今后对法规范的态度,因此,也是预防问题。"[1]作为功能责任论的积极引入者和先行者,冯军教授所理解和支持的责任原则,显然与德日通说的

〔1〕冯军:《刑法中的责任原则——兼与张明楷教授商榷》,载《中外法学》2012年第1期。

规范责任论下的责任原则是不同的。规范责任论下的可谴责性，让位于“遵守法规范的意愿”和“社会自治系统的完善”。

冯军教授的功能责任论的观点来自于德国学者雅科布斯。责任成立的关键在于一般预防和社会回复能力，至于行为人的意志构成并不重要。[1] 行为人是否具有责任，要根据行为人对法规范的忠诚和社会解决冲突的可能性来决定。一方面，如果行为人没有基于对法律的忠诚而形成一个更强烈的动机去抑制犯罪的动机，那么就是行为人自己的问题，就可以对其进行归责。另一方面，责任被看作是一种解决社会冲突的方式。在社会具有更好的自治能力，即使不追究行为人的责任，也能解决行为人引起的冲突并维护法规范和社会的稳定时，行为人就无责任。相反，“在一个正常社会的正常状态下发生的法益侵害，只要不可能被归属于其他人或者事件，就必须归属于行为人，如果行为人的行为具有导致法益侵害发生的危险的话。”[2]

不过，雅科布斯的功能责任论在德国尚未获得普遍的支持。王钰（2015）也在其论文中提出了反对意见。“用预防代替责任使得责任的实体内容全部丧失，并且责任原则也失去了自身的意义。并且并不存在一个标准来判断某种刑罚对增强民众的法忠诚是否是必要的，所以这样的责任概念是无法被确定的。”在另一篇文章中，王钰（2016）认为，“……罪责不仅与预防不矛盾，而且从始至终都需要与预防的思想相融合……将预防作为罪责之外的纬度是错误的。预防思想和罪责概念是相互交叉深入的”。[3] 按照这样的观点，罪责与预防本就彼此嵌入，合为一体，自然也就不存在将罪责与预防分离之后，再分别对应不法和客观处罚条件的问题。

---

〔1〕 Jakobs, *Strafrecht AT*, 1993, 17/4.

〔2〕 冯军：《刑法问题的规范理解》，北京大学出版社 2009 年版，第 2 页。

〔3〕 王钰：《罪责原则与客观处罚条件》，载《浙江社会科学》2016 年第 11 期。

五、小结：罪量研究的薪火相传

本章对中国刑法学界罪量问题研究之路进行了简要回顾。从储槐植最初提出中国刑法的犯罪定义中包括定量因素的特色开始，几代学者开辟了一条不断深入的长途跋涉之路。从与犯罪概念的关系，到作为社会危害性程度的承载者，卷入社会危害性与罪刑法定原则之争，再到在传统四要件理论中如何定位，直到在阶层犯罪体系中讨论责任主义原则以及客观处罚条件的问题，罪量研究越来越深入，局部地形成了一种薪火相传的气象。面对这个具有中国特色的难题，学者们相继接力，或者引入更加详尽的德日刑法知识作为镜鉴，或者进一步对客观处罚条件等概念正本清源，或者更加细致地对罪量展开类型化研究，大大地推进了罪量研究的深度，形成了值得珍视的学术积累。

参考文献

一、著作

（一）中文著作

1. 蔡墩铭主编:《刑法总则论文选辑》,台北,五南图书出版公司 1984 年版。

2. 蔡枢衡:《刑法学》,独立出版社 1947 年版。

3. 陈兴良:《本体刑法学》,商务印书馆 2001 年版。

4. 陈兴良:《规范刑法学》(第 2 版),中国人民大学出版社 2008 年版。

5. 陈兴良:《规范刑法学》(第 3 版),中国人民大学出版社 2013 年版。

6. 陈兴良:《教义刑法学》(第 2 版),中国人民大学出版社 2014 年版。

7. 陈兴良:《口授刑法学》,中国人民大学出版社 2007 年版。

8. 陈兴良:《刑法的知识转型(学术史)》,中国人民大学出版社 2012 年版。

9. 陈兴良、周光权:《刑法学的现代展开》(Ⅰ)(第 2 版),中国人民大学出版社 2015 年版。

10. 陈兴良主编:《犯罪论体系研究》,清华大学出版社 2005 年版。

11. 陈兴良主编:《刑法各论精释》,人民法院出版社 2016 年版。

12. 陈兴良主编:《刑法学》,复旦大学出版社 2016 年版。

13. 陈忠林:《意大利刑法纲要》,中国人民大学出版社 1999 年版。

14. 陈子平:《刑法总论》(2008 年增修版),中国人民大学出版社 2009 年版。

15. 冯军:《刑法问题的规范理解》,北京大学出版社 2009 年版。

16. 付立庆:《犯罪构成理论:比较研究与路径选择》,法律出版社 2010

年版。
17. 高铭暄、马克昌主编:《刑法学》(第 7 版),北京大学出版社、高等教育出版社 2016 年版。
18. 高铭暄主编:《新中国刑法科学简史》,中国人民公安大学出版社 1993 年版。
19. 高铭暄主编:《刑法学》,法律出版社 1982 年版。
20. 高铭暄主编:《刑法学原理》(第 1 卷),中国人民大学出版社 1993 年版。
21. 郭自力主编:《中国刑法论》(第 6 版),北京大学出版社 2016 年版。
22. 何秉松:《犯罪构成系统论》,中国法制出版社 1995 年版。
23. 何秉松:《犯罪构成系统论》,中国法制出版社 1995 年版。
24. 贺卫方:《运送正义的方式》,上海三联书店 2002 年版。
25. 洪增福:《现代刑法基本问题》,台北,三民书局 1970 年版。
26. 黄荣坚:《基础刑法学》,中国人民大学出版社 2009 年版。
27. 黄荣坚:《刑罚的极限》,台北,元照出版公司 1999 年版。
28. 李海东:《刑法原理入门(犯罪论基础)》,法律出版社 1998 年版。
29. 李立众:《犯罪成立理论研究》,法律出版社 2006 年版。
30. 林东茂:《刑法综览》,台北,一品文化出版社 2007 年版。
31. 林山田:《刑法通论》(增订 10 版),北京大学出版社 2012 年版。
32. 林钰雄:《新刑法总则》(第 5 版),台北,元照出版公司 2016 年版。
33. 刘生荣:《犯罪构成原理》,法律出版社 1997 年版。
34. 刘星:《语境中的法学与法律——民主的一个叙事立场》,法律出版社 2001 年版。
35. 刘英:《立体概念与历史唯物新论》,安徽人民出版社 1993 年版。
36. 马克昌主编:《犯罪通论》,武汉大学出版社 1991 年版。
37. 马克昌主编:《近代西方刑法学说史》,中国人民公安大学出版社 2016 年版。
38. 彭涟漪主编:《概念论——辩证逻辑的概念理论》,学林出版社 1991 年版。
39. 钱大群、夏锦文:《唐律与中国现行刑法比较论》,江苏人民出版社 1991

年版。
40. 沈家本:《历代刑法考·明律目笺一》,中华书局1985年版。
41. 苏力:《道路通向城市——转型中国的法治》,法律出版社2004年版。
42. 苏力:《法治及其本土资源》,中国政法大学出版社1996年版。
43. 苏力:《批评与自恋》,法律出版社2004年版。
44. 田宏杰:《刑法中的正当化行为》,中国检察出版社2004年版。
45. 王健:《沟通两个世界的法律意义——晚清西方法的输入与法律新词初探》,中国政法大学出版社2001年版。
46. 王扬、丁芝华:《客观归责理论研究》,中国人民公安大学出版社2006年版。
47. 吴玉梅:《德国刑法中的客观归责研究》,中国人民公安大学出版社2007年版。
48. 肖中华:《犯罪构成及其关系论》,中国人民大学出版社2000年版。
49. 许永安:《客观归责理论研究》,中国人民公安大学出版社2008年版。
50. 许玉秀:《当代刑法思潮》,中国民主法制出版社2005年版。
51. 许玉秀:《犯罪阶层体系及其方法论》,台北,成阳印刷股份有限公司2000年版。
52. 杨春洗、杨敦先主编:《中国刑法论》,北京大学出版社1998年版。
53. 叶维廉:《中国诗学》(增订版),时代出版传媒股份有限公司、黄山书社2016年版。
54. 曾宪信等:《犯罪构成论》,武汉大学出版社1988年版。
55. 张明楷:《犯罪论原理》,武汉大学出版社1991年版。
56. 张明楷:《刑法学》(第2版),法律出版社2003年版。
57. 张明楷:《刑法学》(第3版),法律出版社2007年版。
58. 张明楷:《刑法学》(第5版),法律出版社2016年版。
59. 张明楷:《刑法学》(第4版),法律出版社2011年版。
60. 张明楷:《刑法学》,法律出版社1997年版。
61. 张中庸:《中华人民共和国刑法》,东北人民大学出版社1957年版。
62. 赵秉志主编:《刑法论丛》(第19卷),法律出版社2009年版。
63. 赵琛编著:《刑法总则》,商务印书馆1945年版。

64. 中央政法干部学校刑法教研室编著:《中华人民共和国刑法总则讲义》,法律出版社 1957 年版。
65. 周光权:《犯罪论体系的改造》,中国法制出版社 2009 年版。
66. 周光权:《刑法总论》(第 2 版),中国人民大学出版社 2011 年版。
67. 周光权:《刑法总论》(第 3 版),中国人民大学出版社 2016 年版。
68. 周光权:《刑法总论》,中国人民大学出版社 2007 年版。
69. 宗白华:《美学散步》,安徽教育出版社 2006 年版。
70. [德]茨威格特、[德]克茨:《比较法总论》,潘汉典、米健、高鸿钧、贺卫方译,中国法制出版社 2017 年版。
71. [德]阿图尔·考夫曼、[德]温弗里德·哈斯默尔主编:《当代法哲学和法律理论导论》,郑永流译,法律出版社 2013 年版。
72. [德]埃里克·希尔根多夫:《德国刑法学:从传统到现代》,江溯、黄笑岩等译,北京大学出版社 2015 年版。
73. [德]安塞尔姆·里特尔·冯·费尔巴哈:《德国刑法教科书》,徐久生译,中国方正出版社 2010 年版。
74. [德]伯恩·魏德士:《法理学》,丁晓春、吴越译,法律出版社 2005 年版。
75. [德]冈特·施特拉腾韦特、[德]洛塔尔·库伦:《刑法总论 I——犯罪论》,杨萌译,法律出版社 2006 年版。
76. [德]哈特穆特·毛雷尔:《行政法学总论》,高家伟译,法律出版社 2000 年版。
77. [德]汉斯·海因里希·耶赛克、[德]托马斯·魏根特:《德国刑法教科书》(上),徐久生译,中国法制出版社 2017 年版。
78. [德]汉斯·海因里希·耶赛克、[德]托马斯·魏根特:《德国刑法教科书》(下),徐久生译,中国法制出版社 2017 年版。
79. [德]赫尔曼·康特洛维茨:《为法学而斗争法的定义》,雷磊译,中国法制出版社 2011 年版。
80. [德]卡尔·拉伦茨:《法学方法论》,陈爱娥译,商务印书馆 2003 年版。
81. [德]克劳斯·罗克辛:《德国刑法学总论》(第 1 卷),王世洲译,法律出版社 2005 年版。

82. [德]克劳斯·罗克辛:《德国刑法学总论》(第2卷),王世洲等译,法律出版社2013年版。
83. [德]克劳斯·罗克辛:《刑事政策与刑法体系》,蔡桂生译,中国人民大学出版社2011年版。
84. [德]李斯特著、[德]施密特修订:《德国刑法教科书》,徐久生译、何秉松校订,法律出版社2006年版。
85. [德]罗伯特·阿列克西:《法律论证理论——作为法律证立理论的理性论辩理论》,舒国滢译,中国法制出版社2002年版。
86. [德]许内曼:《不移不惑献身法与正义——许内曼教授刑事法论文选辑》,许玉秀、陈志辉等合编,台北,新学林出版股份有限公司2006年版。
87. [法]卡斯东·斯特法尼:《法国刑法总论精义》,罗结诊译,中国政法大学出版社1998年版。
88. [韩]李在祥:《韩国刑法总论》,[韩]韩相敦译,中国人民大学出版社2005年版。
89. [美]H. W. 埃尔曼:《比较法律文化》,贺卫方、高鸿钧译,清华大学出版社2002年版。
90. [美]乔治·弗莱彻:《反思刑法》,邓子滨译,华夏出版社2008年版。
91. [日]大木雅夫:《比较法》,范愉译,法律出版社2006年版。
92. [日]大塚仁:《刑法概说(总论)》(第3版),冯军译,中国人民大学出版社2003年版。
93. [日]松原芳博:《刑法总论重要问题》,王昭武译,中国政法大学出版社2014年版。
94. [日]西田典之:《日本刑法总论》,王昭武、刘明祥译,法律出版社2013年版。
95.《瑞士联邦刑法典》,徐久生、庄敬华译,中国方正出版社2004年版。
96. [苏]A. H. 特拉伊宁:《犯罪构成的一般学说》,薛秉忠、卢佑先、王作富、沈其昌译,中国人民大学出版社1958年版。
97. [苏]苏联司法部全苏法学研究所主编:《苏联刑法总论》(下册),彭仲文译,大东书局1950年版。

98. [意]恩里科·菲利:《犯罪社会学》,郭建安译,中国人民公安大学出版社 2004 年版。

(二)外文著作

1. Arzt/Weber/Heinrich/Hilgendorf, *Strafrecht BT*, 2015.
2. Baumann/Weber/Mitsch, *Strafrecht AT*, 2003.
3. Baumann/Weber/Mitsch/Eisele, *Strafrecht AT*, 2016.
4. Beling, *Die Lehre vom Verbrechen*, 1906.
5. Binavince, *Die vier Momente der Fahrlaessigkeitsdelikte*, 1969.
6. Bockelmann/Volk, *Strafrecht AT*, 1987.
7. Eb. Schmidt, *Der Arzt im Strafrecht*, 1939.
8. Ebert, Strafrecht AT, 2001.
9. Feuerbach, *Lehrbuch des gemeinen in Deutschland geltenden Peinlichen Rechts*, 1801.
10. Frisch, *Tatbestandsmaessiges Verhalten und Zurechnung des Erfolgs*, 1988.
11. Frisch, *Vorsatz und Risiko*, 1983.
12. Geerds, *Einwilligung und Einverständnis des Verletzten im Strafrecht*, 1953.
13. Gropp, *Strafrecht AT*, 4. Aufl. , 2015.
14. Horn, *Verbotsirrtum und Vorwerfbarkeit*, 1969.
15. Jakobs, *Strafrecht AT*, 1993.
16. Jescheck/Weigend, *Strafrecht AT*, 1996.
17. Joecks/Miebach, *Münchener Kommentar zum Strafgesetzbuch*, 2017.
18. John P. Dawson, *The Oracles of the Law*, 1967.
19. Jäger, *Zurechnung und Rechtfertigung als Kategorialprinzipien im Strafrecht*, 2006.
20. Kientzy, *Der Mangel am Strafrechtbestand infolge Einwilligung des Rechtsgutträgers*, 1970.
21. Kindhäuser/Neumann/Paeffgen, *Strafgesetzbuch*, 2017.
22. Kioupis, *Notwehr und Einwilligung: eine individualistische Begründung*, 1992.

23. Koriath, *Grundlagen strafrechtlicher Zurechnung*, 1994.
24. Kühl, *Strafrecht AT*, 2005.
25. Kühl, *Strafrecht AT*, 2017.
26. Lackner/Kühl, *Strafgesetzbuch*, 2014.
27. Maurach/Goessel/Zipf, *Strafrecht AT*, 1992.
28. Neumann/Schroth, *Neuere Theorien von Kriminalität und Strafe*, 1980.
29. Roxin, *Kriminalpolitik und Strafrechtssystem*, 1973.
30. Roxin, *Strafrecht AT*, 2006.
31. Rönnau, *Willensmängel bei der Einwilligung im Strafrecht*, 2001.
32. Samson, *Hypothetische Kausalverläuf im Strafrecht*, 1972.
33. Schönke/Schröder, *Strafgesetzbuch*, 2014.
34. Sternberg – Lieben, *Die objektiven Schranken der Einwilligung im Strafrecht*, 1997.
35. Stübel, *Über den Thatbestand der Verbrechen*, 1805.
36. Welzel, *Das Deutsche Strafrecht*, 1969.
37. Wessels/Beulke/Satzger, *Strafrecht AT*, 2016.
38. Wessels/Hettinger, *Strafrecht BT* 1, 2016.
39. Zipf, *Einwilligung und Riskoübernagme im Strafrecht*, 1970.

二、论文

（一）中文论文

1. 陈柏峰：《治理、法治与现代国家——被告山杠爷再解读》，载《云南大学学报》（法学版）2009 年第 6 期。
2. 陈新宇：《近代刑法语词的塑造——以外国刑法典的翻译为研究对象》，载《环球法律评论》2004 年冬季号。
3. 陈兴良：《从归因到归责：客观归责理论研究》，载《法学研究》2006 年第 2 期。
4. 陈兴良：《从刑事责任到责任主义》，载《清华法学》2009 年第 2 期。
5. 陈兴良：《犯罪构成：法与理之间的对应与紧张关系》，载《法商研究》2003 年第 3 期。

6. 陈兴良:《犯罪论体系:比较、阐述与讨论》,载陈兴良主编:《刑事法评论》(第 14 卷),中国政法大学出版社 2004 年版。
7. 陈兴良:《犯罪论体系的位阶性研究》,载《法学研究》2010 年第 4 期。
8. 陈兴良:《论犯罪构成要件的位阶关系》,载《法学》2005 年第 4 期。
9. 陈兴良:《社会危害性理论:进一步的批判性清理》,载《中国法学》2006 年第 4 期。
10. 陈兴良:《社会危害性理论:一个反思性检讨》,载《法学研究》2000 年第 1 期。
11. 陈兴良:《违法性理论:一个反思性检讨》,载《中国法学》2007 年第 3 期。
12. 陈兴良:《刑法教义学的发展脉络》,载《政治与法律》2017 年第 3 期。
13. 陈兴良:《刑法教义学方法论》,载《法学研究》2005 年第 2 期。
14. 陈兴良:《刑法阶层理论:三阶层与四要件的对比性考察》,载《清华法学》2017 年第 5 期。
15. 陈兴良:《刑法学:向死而生》,载《法律科学》2010 年第 1 期。
16. 陈兴良:《刑法知识的教义学化》,载《法学研究》2011 年第 6 期。
17. 陈兴良:《刑法知识的去苏俄化》,载《政法论坛》2006 年第 5 期。
18. 陈兴良:《转型中的中国犯罪论体系》,载《现代法学》2014 年第 1 期。
19. 董邦俊:《教义学发展、功能与内涵之刑法学揭示》,载《环球法律评论》2014 年第 4 期。
20. 樊文:《没有国别的刑法学》,载《法学研究》2010 年第 1 期。
21. 樊文:《罪刑法定与社会危害性的冲突——兼论新刑法第 13 条关于犯罪的概念》,载《法律科学》1998 年第 1 期。
22. 冯军:《被害人承诺的刑法涵义》,载赵秉志主编:《刑法评论》(第 1 卷),法律出版社 2002 年版。
23. 冯军:《刑法教义学的立场和方法》,载《中外法学》2014 年第 1 期。
24. 冯亚东:《刑法典对犯罪论的制约关系》,载《中外法学》2012 年第 3 期。
25. 付立庆:《期待可能性的体系地位》,载《金陵法律评论》2008 年春季号。

26. 高铭暄:《论四要件犯罪构成理论的合理性暨对中国刑法学体系的坚持》,载《中国法学》2009 年第 2 期。
27. 高铭暄、张杰:《刑法学视野中被害人问题探讨》,载《中国刑事法杂志》2006 年第 1 期。
28. 郭自力、李荣:《刑事立法语言的立场》,载《北京大学学报》(哲学社会科学版)2004 年第 3 期。
29. 洪福增:《犯罪论之体系》,载《现代刑法基本问题》,台北,三民书局 1970 年版。
30. 江必新:《司法对法律体系的完善》,载《法学研究》2012 年第 1 期。
31. 劳东燕:《责任主义与违法性认识问题》,载《中国法学》2008 年第 3 期。
32. 雷磊:《法教义学的基本立场》,载《中外法学》2015 年第 1 期。
33. 黎宏:《被害人承诺问题研究》,载《法学研究》2007 年第 1 期。
34. 黎宏:《我国犯罪构成体系不必重构》,载《法学研究》2006 年第 1 期。
35. 李贵连:《近代中国法律的变革与日本影响》,载李贵连:《近代中国法制与法学》,北京大学出版社 2002 年版。
36. 李立众、刘代华:《期待可能性理论研究》,载《中外法学》1999 年第 1 期。
37. 梁根林、何慧新:《二十世纪的中国刑法学》(上),载《中外法学》1999 年第 2 期。
38. 梁启超:《论译书》,载梁启超:《饮冰室文集类编》,帝国印刷株式会社 1904 年版。
39. 倪培兴:《解读客观归责理论》,载《中国刑事法杂志》2007 年第 1 期。
40. 钱叶六:《期待可能性理论的引入及限定性适用》,载《法学研究》2015 年第 6 期。
41. 王立:《交通肇事罪研究》,载陈兴良主编:《刑事法判解》(第 7 卷),法律出版社 2004 年版。
42. 王世洲等:《犯罪论体系的整体性反思》,载陈兴良主编:《刑事法评论》(第 14 卷),中国政法大学出版社 2004 年版。
43. 许德风:《法教义学的应用》,载《中外法学》2013 年第 5 期。

44. 许发民:《风险社会的价值选择与客观归责论》,载《甘肃政法学院学报》2008 年第 5 期。
45. 杨兴培:《犯罪构成的中国春秋》,载《法学》2009 年第 2 期。
46. 杨兴培:《中国刑法学对域外犯罪构成的借鉴与发展选择》,载《法学论坛》2009 年第 1 期。
47. 于改之、吴玉萍:《刑法中的客观归责理论》,载《法律科学》2007 年第 3 期。
48. 于洪伟:《浅谈犯罪构成中消极要件的欠缺》,载陈明华等主编:《犯罪构成与犯罪成立基本理论研究》,中国政法大学出版社 2003 年版。
49. 张明楷:《犯罪论体系的思考》,载《政法论坛》2003 年第 6 期。
50. 张明楷:《构建犯罪论体系的方法论》,载《中外法学》2010 年第 1 期。
51. 张明楷:《行政违反加重犯初探》,载《中国法学》2007 年第 6 期。
52. 张明楷:《以违法与责任为支柱建构犯罪论体系》,载《现代法学》2009 年第 6 期。
53. 张智辉:《回首新中国刑法学研究五十年》,载《国家检察官学院学报》2000 年第 1 期。
54. 周光权:《犯罪构成理论:关系混淆及其克服》,载《政法论坛》2003 年第 6 期。
55. 周光权:《犯罪构成理论与价值评价的关系》,载《环球法律评论》2003 年秋季号。
56. 周光权:《结果假定发生与过失犯——履行注意义务损害仍可能发生时的归责》,载《法学研究》2005 年第 2 期。
57. 周光权:《违法性认识不是故意的要素》,载《中国法学》2006 年第 1 期。
58. [德]沃尔福冈 · 弗里希:《法教义学对刑法发展的意义》,赵书鸿译,载《比较法研究》2012 年第 1 期。
59. [德]克劳斯 · 罗克辛:《构建刑法体系的思考》,蔡桂生译,载《中外法学》2010 年第 1 期。
60. [德]克劳斯 · 罗克辛:《客观归责理论》,许玉秀译,载《政大法学评论》1994 年第 50 期。

61. [德]乌尔弗里德·诺伊曼:《法律教义学在德国法文化中的意义》,郑永流译,载郑永流主编:《法哲学与法社会学论丛》(五),中国政法大学出版社 2002 年版。
62. [德]许内曼:《论客观归责》,陈志辉译,载《刑事法杂志》1998 年第 6 期。
63. [日]大塚仁:《犯罪论体系的基本问题》,冯军译,载陈兴良主编:《刑事法评论》(第 14 卷),中国政法大学出版社 2004 年版。

(二)外文论文

1. Arzt, Über die subjektive Seite der objektiven Zurechnung, *Gedächtnisschrift für Schlüchter*, 2002.
2. Bloy, Straftaten gegen die Umwelt, *ZStW* 100 (1988).
3. Kretschmer, Die Rechtfertigungsgründe als Topos der objektiven Zurechnung, *NStZ* 2012.
4. Roxin, Die durch Täuschung herbeigeführte Einwilligung im Strafrecht, in: Robert Hauser(Hrsg.), *Gedächtnisschrift für Peter Noll*, 1984.
5. Rudolphi, Bespr. v. Arzt, Willensmängel bei der Einwilligung, *ZStW* 86(1974).
6. Rudolphi, Die verschiedenen Aspekte des Rechtsgutsbegriffs, in Eberhard Barth(Hrsg.): *Festschrift für Honig zum* 80. *Geburtstag*, 1970.
7. Schüenemann, Einige vorläeufige Bemerkungen zur Bedeutung des viktimologischen Ansatzes in der Strafrechtsdogmatik, in: H. J. Schneider(Hrsg.), *Das Verbrechensop fer in der Strafrechtspflege*, 1982.
8. Weigend, Über die Begründung der Straflosigkeit bei Einwilligung des Betroffenen, *ZStW* 98(1986).
9. Welzel, Die deutsche strafrechtliche Dogmatik der letzten 100 Jahre und die finale Handlungslehre, *JUS*, 1966.
10. Winkelbauer, Die behördliche Genehmigung im Strafrecht, *NStZ* 1988.
11. Wolter, Verfassungsrechtliche Strafrechts –, Unrechts – und Strafausschlu Bgründe im Strafrechtssystem von Claus Roxin, *GA* 1996.

索　引

（按汉语拼音顺序排列）

图书在版编目(CIP)数据

阶层犯罪论的构造 / 车浩著.--北京：法律出版社, 2017（2024.12重印）

ISBN 978-7-5197-1473-4

Ⅰ.①阶… Ⅱ.①车… Ⅲ.①犯罪学－研究 Ⅳ.①D917

中国版本图书馆CIP数据核字(2017)第243205号

阶层犯罪论的构造
JIECENG FANZUILUN DE GOUZAO
车 浩 著

责任编辑 赵明霞
营销编辑 徐 印
装帧设计 马 帅

开本 A5
版本 2017年9月第1版
出版发行 法律出版社
总发行 中国法律图书有限公司
印刷 北京中科印刷有限公司

编辑统筹 法商出版分社
印张 11 **字数** 275千
印次 2024年12月第6次印刷
经销 新华书店
责任印制 胡晓雅

地址 / 北京市丰台区莲花池西里7号(100073)
网址 / www.lawpress.com.cn
投稿邮箱 / info@lawpress.com.cn
举报盗版邮箱 / jbwq@lawpress.com.cn
销售电话 / 010-83938349
客服电话 / 010-83938350
咨询电话 / 010-63939796

书号： ISBN 978-7-5197-1473-4 **定价：** 58.00元
凡购买本社图书，如有印装错误，我社负责退换。电话：010-83938349